DESVENDANDO
O SÍMBOLO PERDIDO

Do Autor:

Iluminando
Anjos e Demônios

Decifrando
O Código Da Vinci

Desvendando
O Símbolo Perdido

Simon Cox

DESVENDANDO
O *SÍMBOLO PERDIDO*

Os Fatos por trás da Ficção

Tradução
Renato Motta

BERTRAND BRASIL

Copyright © 2009, Simon Cox

Título original: *Decoding The Lost Symbol*

Capa: Silvana Mattievich

Editoração: DFL

Texto revisado segundo o novo
Acordo Ortográfico da Língua Portuguesa

2010
Impresso no Brasil
Printed in Brazil

CIP-Brasil. Catalogação na fonte
Sindicato Nacional dos Editores de Livros, RJ

C916d	Cox, Simon, 1966-
	    Desvendando O símbolo perdido: os fatos por trás da ficção/Simon Cox; tradução Renato Motta. — Rio de Janeiro: Bertrand Brasil, 2010.
	    336p.
	
	    Tradução de: Decoding the lost symbol
	    ISBN 978-85-286-1433-6
	
	    1. Brown, Dan, 1964- O símbolo perdido. 2. Brown, Dan, 1964- – Crítica e interpretação. 3. Sociedades secretas – Estados Unidos – História. 4. Maçonaria na literatura. 5. Cristianismo na literatura. 6. Simbolismo na literatura. I. Título.

10-2094	CDD – 813 CDU – 821.111(73)-3

Todos os direitos reservados pela:
EDITORA BERTRAND BRASIL LTDA.
Rua Argentina, 171 — 2ª andar — São Cristóvão
20921-380 — Rio de Janeiro — RJ
Tel.: (0xx21) 2585-2070 — Fax: (0xx21) 2585-2087

Atendimento e venda direta ao leitor:
mdireto@record.com.br ou (21) 2585-2002

Nullius in Verba

Lema da Real Sociedade, que significa
"Não aceite a palavra de ninguém"

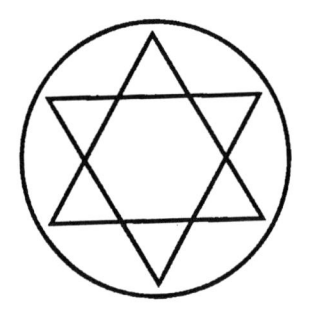

SUMÁRIO

AGRADECIMENTOS

Livros só se tornam possíveis com a participação de muitas pessoas. No caso de livros escritos em um prazo extremamente curto, essa afirmação é ainda mais verdadeira. A gratidão e o amor que eu expresso aqui vão para pessoas surpreendentes que me ajudaram, incentivaram, bajularam e, de modo geral, me apoiaram nos esforços para a realização do livro que está agora em suas mãos. Agradeço a todos do fundo do coração.

Pelo esforço de fazer este livro surgir do nada, como se fosse mágica, agradeço a Susan Davies e Mark Foster, que foram absolutamente maravilhosos. Susan, em especial, é coordenadora de projetos editoriais e sem ela eu certamente não conseguiria trabalhar.

Obrigado a Ian Robertson — maçom, esotérico, escocês e um homem brilhante — e a Ace Trump, pelos esforços sobre-humanos e por ser um amigo verdadeiro ao longo de todo o processo. A Jacqueline Harvey, por produzir maravilhas mais uma vez. A Ed Davies, da Ancient World Research, pelas pesquisas adicionais e pelo material extra.

Obrigado, MJ Miller, Joel Schroeder e Steve Honig — a conexão americana —, que me apoiaram e foram muito generosos e positivos ao longo de todo o processo. E, MJ, saiba que agora as coisas não dependem mais só de mim! A Jennifer Clymer, por ir além de tudo, acima de tudo e a toda parte. A John Payne — gênio musical, amigo e um grande sujeito. Procurem ouvir o CD *Decoding the Lost Symbol*, da banda Architects of Time, formada por John Payne e amigos. A Chris McClintock — tenho certeza de que *Sun of God* vai ser um grande sucesso. À Henu Productions e a todos da www.intotheduat.com pelo emocionante passeio.

A mamãe e papai, que estão em Gozo, vocês foram fantásticos. Por tudo o que passaram, pelo fabuloso espírito de luta e pelo apoio que sempre me proporcionaram, tenho profundo respeito e amor por vocês. A Mark Cox, pelas palavras de incentivo. A Salah Tawfik e Ahmed Ali, no Cairo, grandes amigos, eu brindo a um grande futuro juntos, na amizade e nos negócios. A Mark Oxbrow, pelo otimismo e amizade inabaláveis. A Edgar e Dave, da Casa Hayworth, e a Judith, também da Casa Hayworth, pelos insights. A Gemma Smith — boa sorte em Oz, Gemms! E aos rapazes da Agalloch, por me permitirem usar a música.

No mundo editorial, gostaria de agradecer a Bill, Fiona, Deborah, Sharon e a todo o pessoal da Mainstream, em Edimburgo, pela oportunidade de transformar este livro em realidade. Nos EUA, a Trish Todd, da Touchstone Fireside/Simon & Schuster, com quem foi um sonho trabalhar, e também a todos os seus colegas. A equipe do Pan Macmillan em Oz foi fantástica também. Aos rapazes da Generate — Jared, Chris, Michael, Matthew, minha nova equipe de gerentes em Los Angeles —, todos verdadeiros superstars; estou louco para trabalhar novamente com vocês em meus futuros projetos. A Laurie Petok, por toda a euforia na Upper Class, o surpreendente contato e a amizade. A Betty, Chip Clymer e a toda sua família em Nova Jersey.

A todos os meus amigos no Facebook e seguidores no Twitter (@FindSimonCox). Muitos de vocês me deram um maravilhoso apoio, mesmo sem nunca termos nos encontrado pessoalmente. Torno a mencionar Mark Foster — desta vez pelo seu trabalho como artista e designer gráfico. A capa britânica ficou fantástica, amigão! Ao Sushi Dan, no Sunset Boulevard, onde servem o melhor sashimi de atum branco do mundo! A Aaron e Emily, da Greenblatt, em Los Angeles — eu não disse a vocês que era uma pedreira?! A Yolanda, na Irlanda do Norte, e a Viv, em Edimburgo, pela maravilhosa hospitalidade. A David Ritchie, da Skye, pelos insights, pela inspiração e pelos ensina-

 *u*

mentos. A Beth Andrews — isso é apenas o começo! A Sue McGregor pela entrevista; a Robert John, da Robert John Fotografias, pelas incríveis fotos; a Robert e Olivia Temple pela amizade, pelos papos incríveis e por escreverem o melhor livro já feito sobre a Esfinge!

Ah, claro!... Agradeço a Dan Brown. Continue criando novas aventuras para Robert Langdon, que eu continuarei preparando os guias de leitura!

Finalmente, agradeço a Claire Cox, Mark e Tina Finnel, a Lynn Schroeder e Dennis, em Gozo; a William Henry, Richard Ranken, Richard Belfield, Gordon Rutter e a toda a galera de Edimburgo; ao pessoal da Marina Court, Jane e Alexander, Neil e Alison (além de Joe e Imogen) Roberts, Tricia Legan, Jon Rappoport, Michael Cremo, John Major Jenkins, Kay Davies, Marcus e Hayley, Tracy Boniface, pelos milagres financeiros; a Mark, Jill e Lily Oxbrow e Mandy Brown.

É nesse ponto dos agradecimentos que eu geralmente apresento um resumo das músicas que me deram prazer e me ajudaram a escrever o trabalho que está em suas mãos. Normalmente é uma mistura estranha e pesada de dark e gótico, mas dessa vez a coisa fluiu de um jeito ligeiramente diferente: cantoras de jazz e blues frequentaram o meu CD player tanto quanto as bandas de rock pesado. Melody Gardot, Sophie Milman e Madeleine Peyroux sussurraram coisas maravilhosas em meu ouvido. No outro extremo, Epica, Kamelot, Amorphis, Agalloch e Wuthering Heights, para citar apenas alguns, me fizeram sentir que ainda estou vivo.

Certamente esqueci alguém e peço desculpas por isso. Espero que vocês me perdoem. Empreendi uma longa jornada, foi muito difícil chegar a esse ponto e me sinto em débito com todos.

Obrigado.

INTRODUÇÃO

Era abril de 2009 e eu tinha acabado de chegar à Feira de Livros de Londres, no Centro de Convenções Earls Court. Pretendia me encontrar com amigos e com meus editores britânicos, além de dar uma olhada nas novidades do mundo editorial. Porém, soube que algo marcante havia acontecido no instante em que entrei no pavilhão. Um ar de excitação e expectativa enchia as galerias lotadas e percebi que todos sorriam, em toda parte.

Na mesma hora percebi o que havia acontecido. O novo livro de Dan Brown acabara de ser anunciado.

Esse foi o início de quase cinco meses de loucos preparativos, muitas pesquisas e debates. Algumas pistas e dicas haviam sido plantadas, boatos e opiniões espalhados, e logo especulações malucas encheriam milhares de páginas na internet. Entretanto, vamos voltar atrás por um momento, a fim de analisar o lançamento de *O Código Da Vinci*, o thriller anterior escrito por Dan Brown em 2003. Na ocasião, Dan Brown era um escritor de sucesso mediano, autor de vários romances de ação, entre eles *Anjos e Demônios*, no qual foi apresentado o personagem Robert Langdon. As vendas seguiam um pouco abaixo da média esperada e o editor de Brown resolveu assumir um risco com *O Código Da Vinci*. Ele enviou 10.000 exemplares de graça para livrarias, compradores habituais, jornalistas responsáveis por resenhas literárias e profissionais do ramo. A tática funcionou e logo as vendas começaram a decolar.

Naquela época, eu era o editor-chefe de uma revista americana chamada *Phenomena*. (Chegamos a criar uma escolha de elenco fictícia para a versão cinematográfica de *O Código Da Vinci*, mas nenhum dos atores que sugerimos foi escalado para o elenco.) *O Código Da Vinci* provocara muita agitação no gênero

de ficção histórica alternativa, área em que eu atuava, e vários dos autores para quem eu trabalhava tinham sido creditados como fontes no livro. Certo dia, fui procurado por uma pequena editora de Londres que me perguntou se eu gostaria de escrever, num curto prazo, um guia de leitura para *O Código Da Vinci*. Foi então que *Decifrando o Código Da Vinci* nasceu e teve luz própria para se tornar um bestseller internacional. Em vista disso, pus-me a escrever *Iluminando Anjos e Demônios*.

O que me intrigava, porém, era que a sobrecapa da edição americana de *O Código Da Vinci* parecia trazer pistas e dicas sobre o próximo romance da série. Isso me fascinou e eu pesquisei tudo o que consegui a respeito dessas pistas e dos segredos que ocultavam.

O tempo passou e alguns boatos começaram a circular dando conta de que o título já fora escolhido. O livro seguinte iria se chamar *A Chave de Salomão*. Esse era um título interessante, pois remetia a um livro medieval sobre magia que tinha o mesmo título e que supostamente havia sido escrito no século XIV ou XV na Itália renascentista. Muito impaciente, comecei a pesquisar tudo o que consegui a respeito desse manuscrito que, dizia-se, tinha uma linhagem que remontava a muitos séculos no passado, até o lendário rei Salomão em pessoa. Material perfeito para um thriller de Dan Brown, pensei. O domínio de um site com este título fora registrado na internet pela editora de Brown e tudo parecia estar correndo bem para o lançamento do novo livro.

Alguns meses se passaram e mais um bom tempo depois disso. Nenhuma informação complementar era divulgada sobre o livro. Pesquisadores e comentaristas literários começaram a afirmar que Brown havia desistido do livro e que aquilo não iria dar em nada. Dizia-se que o badalado processo no qual o autor

fora acusado de plágio, em Londres, havia lhe custado muito caro em termos de desgaste e ele decidira parar de escrever por algum tempo. Chegaram a afirmar que o filme *A Lenda do Tesouro Perdido* tinha utilizado tanto material de impacto do novo livro que seria necessário reescrever toda a história. É claro que todos esses rumores eram infundados e totalmente fantasiosos, mas fizeram com que as rédeas das teorias da conspiração corressem frouxas nos sites que monitoravam a produção da nova história, e o carrossel de boatos começou a girar a toda velocidade.

Foi quando aconteceu a Feira do Livro de Londres. Eu tinha feito uma previsão poucos meses antes, junto de meus editores britânicos, de que o lançamento do novo livro seria anunciado no evento daquele ano. Devo confessar que afirmei isso baseado mais em esperanças do que em expectativas, mas a previsão mostrou-se correta.

Um release para a imprensa foi divulgado pelos editores de Brown e o título definitivo veio a público: *O Símbolo Perdido*, que seria lançado no dia 15 de setembro de 2009. Prendi a respiração. O que esse título enigmático poderia representar? Qual era o símbolo perdido? Quase perdi o fôlego. Foi dada a largada, o pontapé inicial da partida, e eu mergulhei de cabeça em pesquisas e leituras. O livro que você tem nas mãos é o resultado desse trabalho.

Logo em seguida então, um novo site foi colocado no ar: www.thelostsymbol.com, embora, por algum tempo, não houvesse nenhuma informação nele, a não ser uma página inicial completamente vazia. Então, de repente, links para o perfil de Dan Brown no Facebook e no Twitter foram adicionados ao site. A empolgação aumentou, virou febre e, da noite para o dia, milhares de pessoas se tornaram amigas e seguidoras de Dan Brown no Facebook e no Twitter.

De forma firme e constante, pistas, dicas e pedacinhos da história começaram a ser revelados por meio dessas redes sociais. Comecei a anotar tudo freneticamente e a pesquisar tudo que conseguia, depois que cada nova pista ou dica era revelada. De repente, um novo mundo se abriu para mim. Os primeiros pesquisadores, que até então eram obrigados a se contentar com os curtos e insubstanciais indícios da sobrecapa de *O Código Da Vinci*, além das dicas avulsas lançadas esporadicamente nas entrevistas, agora eram inundados com informações substanciais obtidas no Twitter e no Facebook. Era uma cornucópia de assuntos, e eu comecei a comprar mais livros para a minha biblioteca pessoal, a fim de pesquisar alguns dos temas mencionados nas dicas que não paravam de chegar.

Algumas delas indicavam coordenadas reais de alguns lugares. A famosa formação rochosa conhecida pelo nome de Estrada de Bimini era um desses pontos. Dizem que essa singular estrutura subaquática localizada junto à ilha de Bimini, nas Bahamas, seria uma edificação construída pelo homem e remanescente da cidade perdida de Atlântida. Na verdade, eu passei dois verões em Bimini, há alguns anos, pesquisando fatos para um livro sobre a Atlântida que eu estava preparando. Excelente!, pensei, agora eu tenho um ponto de partida. Outros lugares sobre os quais algumas coordenadas haviam sido divulgadas incluíam a Grande Pirâmide de Gizé, a única Maravilha do Mundo Antigo remanescente, um local com o qual eu também tinha muita familiaridade. Havia ainda coordenadas que indicavam Newgrange, na Irlanda, uma monumental tumba que faz parte de um conjunto arqueológico famoso pelo alinhamento com o sol nascente no dia do solstício do inverno, momento em que um estreito raio de luz ilumina o piso da câmara central por um curto período de tempo.

 *17*

Eu acabara de visitar Newgrange em companhia de Chris McClintock, escritor e membro da Francomaçonaria.

Possíveis adversários e antagonistas da história foram indicados. Cifras, códigos e criptogramas foram revelados. Várias figuras históricas foram mencionadas. Tudo se somava em um jogo frenético em que o objetivo era ser o primeiro a revelar as respostas para as dicas oferecidas. Websites começaram a pipocar por todo o lado examinando as pistas de forma detalhada, bem como o pano de fundo da história e das pessoas, e também locais e grupos citados. Havia um festival de dicas na internet.

Foi então que eu me lembrei de um detalhe. Aringarosa, personagem de *O Código Da Vinci* cujo nome tinha um significado oculto. *Aringa* é o nome italiano para "arenque" e *rossa* quer dizer "vermelho", o que nos leva a "arenque vermelho", cujo significado em inglês é "pista falsa". Como Dan Brown gosta de atirar várias pistas falsas em suas histórias, comecei a olhar para as dicas do Facebook e do Twitter sob um novo ângulo. E se muitas delas fossem pistas falsas? Fui tomado pelo pânico. E se eu estivesse pesquisando arduamente assuntos que não seriam incluídos no livro? Foi quando eu parei de olhar o Facebook e o Twitter. Afinal, tudo seria revelado no dia 15 de setembro de 2009.

Até mesmo a data do lançamento, segundo nos informaram, era parte do jogo. Comecei a consultar almanaques, livros de história, websites e blogs sobre teorias da conspiração, mas não chegava a lugar algum. Foi então que uma luzinha acendeu na minha cabeça. 15/9/09 — três números que, somados, perfazem 33. Então era verdade. Os francomaçons, especificamente o Rito Escocês dos Francomaçons, seriam um dos temas principais do livro — algo que já havia sido insinuado na sobrecapa de *O Código Da Vinci*, anos antes.

Então, antes que eu me desse conta, o dia do lançamento chegou. Abrindo meu exemplar de *O Símbolo Perdido* com as mãos suadas, comecei a ler com uma ansiedade desenfreada. Mais ou menos 12 horas depois, cheguei à última página. Só então a ficha caiu. As pistas e dicas oferecidas "de bandeja" nas páginas do Twitter e do Facebook de Dan Brown eram, de fato, em sua maioria, "Aringarosas", ou "pistas falsas". Não havia nada sobre o caso Morgan, nem sobre Aaron Burr, ou William Wirt (e a estranha história do seu crânio), nada sobre os Cavaleiros do Círculo Dourado, nenhuma menção específica a Albert Pike, nem a Benedict Arnold, nem ao ouro confederado; nada sobre o Esquema Babington, nem sobre Alexander Hamilton ou as origens da Bolsa de Valores de Nova York; nem Filhos da Liberdade, nem Roanoke e os primeiros colonizadores; nada de Robert Hanssen nem sobre o Posto de Fronteira Charlie, em Berlim.

Todas essas pessoas, locais e grupos haviam sido mencionados nas dicas. Nenhum deles, porém, aparece no livro. Muito perspicaz, o autor não cita nenhuma *Chave de Salomão*. Em vez disso, temos uma família com esse nome, Solomon, que guarda a chave da revelação final. Nem preciso dizer que também não há nada sobre Bimini nem Newgrange. Existe, porém, a Grande Pirâmide — embora não no contexto que muitos haviam prenunciado. Portanto, Dan Brown e seus editores conseguiram armar uma grande jogada publicitária, e mantiveram o enredo de *O Símbolo Perdido* muito bem escondido até o dia do lançamento (embora um ou dois jornais americanos tenham apresentado resenhas um dia antes, em uma espécie de desafio à restrição de venda). Foi uma façanha admirável. Mais de cinco milhões de livros foram distribuídos e, no entanto, não se teve notícia de quebra de sigilo nem de vendas antecipadas em sites

de leilões na internet. Dan Brown conseguiu desviar a atenção da verdadeira trama do livro e manteve as pessoas ocupadas em pesquisar assuntos que, no máximo, apareciam às margens da história principal. Foi realmente um feito fabuloso que gerou um interesse gigantesco da mídia e do público no dia do lançamento.

Então, aonde tudo isso nos leva? *O Símbolo Perdido* é um sucessor digno de *Anjos e Demônios* e *O Código Da Vinci?*

Pois vamos lá... *O Símbolo Perdido* é um excelente thriller de suspense, com uma trama que mantém Robert Langdon em ação o tempo todo. O livro trata de alguns temas importantes e enigmas históricos. Entretanto, são os elementos mais profundos, escondidos sob a história, que, na minha opinião, provocarão mais impacto ao longo do tempo. O que Dan Brown tentou fazer foi escrever nas entrelinhas do romance algo semelhante aos antigos textos herméticos ocultos. Essa é outra façanha corajosa e ambiciosa, e eu o aplaudo por isso. Na verdade, os últimos dez capítulos do livro e o epílogo são uma análise mais ou menos extensa de temas como o deísmo, o pensamento hermético e a tolerância religiosa.

A Francomaçonaria foi a sociedade secreta escolhida dessa vez. Existem pessoas que enxergam na Francomaçonaria um movimento suspeito, sigiloso, velado, sinistro e blasfemo, que visa unicamente a alcançar o poder. Eu encaro tudo isso de forma muito diferente. Não sou francomaçom, nem pretendo ser, pois prefiro escrever a respeito das coisas e julgá-las pela perspectiva de um observador externo, mas conheço muitos francomaçons. Ian Robertson, por exemplo, um dos principais pesquisadores que colaboraram neste livro, é francomaçom, como também meu amigo Chris McClintock, autor de uma série que será publicada em breve, denominada *Sun of God* e que trata das

origens da arte e seus simbolismos. Nenhum dos dois é sinistro, em absoluto, nem os outros muitos francomaçons que conheço e respeito. Meu ponto de vista é o de que Dan Brown defendeu a Francomaçonaria em *O Símbolo Perdido*. Muito se especulou sobre os maçons serem os vilões da trama; isso não aconteceu, e Dan Brown nos ofereceu uma imagem positiva da Francomaçonaria, retratando-a como um movimento tolerante, iluminado, com pensamento avançado e ideias interessantes.

Embora possamos dizer que a Francomaçonaria seja uma sociedade sigilosa, ela não é secreta. A filiação é fácil de ser alcançada e a maioria dos membros não tem problemas em assumir que estuda e pratica a arte. No auge da sua popularidade, em meados do século XVIII, a Francomaçonaria atraiu homens de grande importância social, tornou-se uma sociedade mais aberta e ofereceu facilidades de acesso a novos membros nos séculos seguintes. Espero que essa tendência continue em nossa época.

Uma das coisas que procurei deixar claro em alguns dos verbetes deste livro é que não é com a Francomaçonaria que precisamos ter cautela; os grupos e sociedades fechados dos quais conhecemos muito pouco é que devem ser temidos. Por outro lado, talvez simplesmente nos agrade perseguir os fantasmas, os boatos soltos e as suposições que vêm atormentando os homens há milênios. Talvez tenhamos medo de coisas secretas e escondidas que, no fim, descobrimos não serem tão secretas assim. Outra coisa que vale a pena notar é que muitas das pessoas mencionadas no livro, embora não frequentassem a Francomaçonaria ou, pelo menos, não se sabe ao certo se eram francomaçons (Pierre L'Enfant, o homem que projetou a cidade de Washington, é um dos nomes que me vêm à mente), certamente tinham muita familiaridade com a sociedade e seus trabalhos. Seus contemporâneos e colegas talvez fossem membros, e a arte

devia estar presente em seu cotidiano. Parece provável, por exemplo, que Thomas Jefferson, embora não haja provas concretas de sua filiação a nenhuma loja maçônica específica, fosse simpático aos ideais maçônicos de fraternidade, iluminismo e tolerância religiosa.

Como aconteceu em meus guias anteriores para os livros de Dan Brown, *Desvendando o Símbolo Perdido* é apresentado no formato "de A a Z", para facilitar a leitura. Há cerca de 60 verbetes ao todo, menos do que os guias anteriores tinham, e isso foi uma decisão deliberada. Dessa vez eu quis oferecer uma visão mais aprofundada sobre alguns dos temas, lugares, pessoas e grupos apresentados no romance. Espero ter tido sucesso nessa tarefa.

A BBC uma vez me chamou de "o historiador do obscuro", um título que, na verdade, aprecio muito. Meu objetivo aqui foi trazer um pouco da história dos assuntos escondidos ou obscuros de *O Símbolo Perdido* para meus leitores. Se algum de vocês sentir um impulso para ir mais fundo e investigar melhor alguns dos temas levantados por mim nesta obra, dê uma olhada na Bibliografia e comece a montar sua própria biblioteca de temas arcanos. Cuide-se, porém, e não se esqueça de dormir e comer enquanto se familiariza com os mistérios das tradições antigas, porque essa é uma atividade que vicia. Por outro lado, o estudo desses temas é muito gratificante, e espero que essa se torne uma jornada à qual muitos de vocês se dedicarão.

Se algum dos leitores quiser conversar a respeito de algum assunto, debater, argumentar e esclarecer alguns dos tópicos deste livro ou do romance do qual ele trata, visite o meu site www.decodingthelostsymbol.com, onde há um fórum de debates, artigos e links para blogs sobre muitos dos assuntos discutidos nestas páginas. Se preferir entrar em contato diretamente comigo para conversar sobre algum dos temas abordados,

procure-me na minha página do Facebook ou me siga no Twitter (@FindSimonCox).

Escrever este livro foi muito divertido e serviu para despertar em mim uma admiração e um respeito renovados pelos homens que fundaram os Estados Unidos no fim do século XVIII. Trata-se de um momento da história americana que não me era muito familiar, e adorei pesquisar e depois escrever sobre um período tão tumultuado. Os Pais Fundadores dessa nação eram incrivelmente iluminados, homens que pensavam adiante do seu tempo e que cuidaram da formação da república com mãos firmes e determinação inabalável. Agora enxergo aquele período e os patriarcas da nossa nação sob uma nova luz.

Espero que você aprecie *Desvendando o Símbolo Perdido* e julgue seu conteúdo interessante e inspirador. Eu lhe entrego este volume com a esperança de que você o considere tão divertido de ler quanto foi para mim escrever.

Simon Cox
setembro de 2009

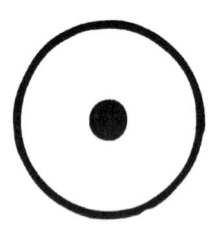

2012

O mundo vai acabar em 2012. Para ser mais exato, vai acabar no dia 22 de dezembro de 2012. Pelo menos é o que garante um crescente número de pessoas que estão convencidas de que o alvorecer desse dia será o último para a raça humana.

Em *O Símbolo Perdido*, o personagem Peter Solomon discute a profecia que fala sobre a iluminação da humanidade com um grupo de alunos, um dos quais lhe assegura que o momento foi marcado para 2012 e revelado por matemáticos da cultura maia.

As raízes dessa profecia repousam nos primórdios da Antiguidade e se apoiam, particularmente, no famoso calendário maia conhecido como Calendário Mesoamericano de Contagem Longa. Em palavras simples, o ciclo atual de 5.125 anos marcado por este antigo calendário chega ao fim em dezembro de 2012.

O Calendário de Contagem Longa está dividido em vários ciclos: um uinal consiste em 20 dias; um tun são 18 uinais ou 360 dias; um katun representa 20 tuns ou 7.200 dias; por fim, 20 katuns formam um baktun ou 144.000 dias.

Sabemos que o Calendário de Contagem Longa teve início em agosto de 3114 a.C. e, até agora, atravessamos mais de 12 baktuns. Para ser exato, no dia 17 de setembro de 2009 nós alcançamos a marca de 12.19.16.12.9. Alguns estudiosos acreditam que, ao chegarmos aos 13 baktuns, na data 13.0.0.0.0 — justamente o dia 22 de dezembro de 2012 —, acontecerá um evento significativo que marcará, literalmente, o fim desse período de Contagem Longa.

O número 13 era, na verdade, o mais sagrado para os antigos maias, e não apenas porque representava as 13 maiores articulações do corpo, mas também porque marcava o número de vezes

que a Lua orbita a Terra durante um ano terrestre. Um dos mais sagrados calendários maias é o Tzolkin, um calendário ritualístico que consiste em 260 dias, corresponde exatamente à duração de uma gestação humana e é também utilizado para calcular as conjunções entre a Terra e Vênus. Pelo calendário Tzolkin, o número 13 aparece com destaque, e os 260 dias que ele abrange se dividem em 13 "meses" de 20 dias.

As pessoas dão tanta importância aos calendários maias — especialmente ao de Contagem Longa, com sua indicação funesta sobre o ano 2012 — porque a cultura que o criou tinha obsessão em marcar o tempo e conseguia fazer isso com precisão espantosa. Lawrence E. Joseph destaca no livro *Apocalypse 2012*:

> Os maias adoravam calendários, pois os consideravam representações visuais da passagem do tempo, que é a forma como a vida se desdobra. Eles marcavam esse desdobramento não só com um, mas com vinte calendários, sendo que só quinze deles foram divulgados para o mundo; os outros cinco são mantidos em segredo até hoje pelos Anciãos Maias. Os calendários maias são baseados nos movimentos do Sol, da Lua e dos planetas visíveis, e se propõem a analisar as colheitas e os ciclos de vida dos insetos.

Essa atitude compulsiva em relação ao tempo os levou a medir coisas espantosas. Os maias conseguiram calcular, por exemplo, a órbita de Vênus com precisão de um dia a cada intervalo de 1.000 anos.

Treze desses ciclos conhecidos como baktun, ou 5.125 dos nossos anos, abrangiam uma "era", sendo conhecidos pelos maias como um Sol. Segundo as suas crenças e vários estudos

detalhados, estamos atualmente no quarto Sol, depois de passarmos por três sóis no passado. O quinto Sol — se é que vai haver um quinto — começará no dia 22 de dezembro de 2012, que corresponde a 13.0.0.0.0 no Calendário de Contagem Longa. Literalmente, o ano zero.

Segundo antigas lendas maias, a nossa era atual do quarto Sol começou, na verdade, com o nascimento de Vênus, no ano 3114 a.C. No livro *The Mayan Prophecies* [As profecias maias], Adrian Gilbert e Maurice Cotterell explicam por que isso é significativo, em relação a 2012:

> À medida que nos aproximamos do Dia do Juízo Final, em 2012, que os antigos maias profetizaram que seria o fim da última era, só nos resta sentir apreensão pelo futuro do nosso planeta. O início da última era maia foi marcado pelo nascimento de Vênus, a estrela Quetzalcóatl, em 12 de agosto de 3114 a.C. No último dia dessa era, 22 de dezembro de 2012, as ligações cósmicas entre Vênus, o Sol, as Plêiades e Órion estarão mais uma vez em evidência. Pois do mesmo modo que Vênus realmente "nasceu" na data especificada, com seu surgimento pouco antes da alvorada proclamada pelas Plêiades no meridiano, agora ela deve, simbolicamente, "morrer".

Apesar de isso funcionar para a criação de uma leitura dramática, o que não é conclusivo é o que a "morte" de Vênus significa para nós, no planeta Terra. Muitas pessoas partem do princípio de que o fim de uma era simplesmente leva ao início de outra; que nós passaremos de um dos ciclos definidos pelos maias para outro é indiscutível; o único fator desconhecido é quanto sangue e agonia, se houver tudo isso, estará associado a esse "nascimento".

Muitos acadêmicos acreditam ter encontrado, dentro das inscrições maias, referências a datas que estão depois de 13.0.0.0.0.0; na verdade, existem datas mencionadas que ficam a milhares de anos no futuro. Um evento que acontecerá no ano 4772, por exemplo, tem destaque entre as inscrições encontradas em Palenque, no sul do México.

Será que os acadêmicos estão certos? Será que o fim dessa era maia, e a chegada do 13.0.0.0.0.0, não é um evento magnífico a ser celebrado, mas apenas uma virada da folhinha do grande calendário?

Se você está ao lado dos profetas do Apocalipse que acreditam que o mundo realmente vai acabar em 2012, existem atualmente vários cenários de destruição planetária à sua disposição. Além dos conhecidos perigos das guerras nucleares, temos ameaças que vão desde mudanças climáticas até pragas que podem arrasar com toda a humanidade, entre várias possibilidades.

Algumas teorias sugerem que o que vai destruir a todos em 2012 será um deslocamento no eixo dos polos. Isso, supostamente, levaria a um deslocamento da crosta terrestre, segundo a teoria de Charles Hapgood, apresentada em seu livro *Earth's Shifting Crust* [Deslocamento da crosta terrestre]. A ideia é aterrorizante. Hapgood chegou a atrair a atenção de Albert Einstein em sua época. Einstein não apenas se correspondia com o autor e concordava com suas pesquisas como as endossou ao escrever o prefácio do livro de Hapgood.

Em poucas palavras, a teoria apresentada no livro sugere que a cada período de tempo composto por alguns milhares de anos os polos da Terra literalmente se deslocam, movendo-se muitas vezes por longas distâncias. Quando isso acontece, pode vir acompanhado de um deslocamento da crosta, um cenário no qual a crosta do planeta se movimenta de forma transversal ao

seu núcleo, deslocando os polos por grandes distâncias e, em última análise, aproximando-os do equador. Não precisa ser dito que tal movimento resultaria não só na destruição da maior parte do mundo civilizado que existe sobre esta fina crosta, como também provocaria fortes inundações que varreriam do mapa qualquer coisa ou pessoa que tivesse conseguido sobreviver ao deslocamento inicial.

Outra teoria popular é de que o Sol vai exercitar a musculatura e demonstrar seus verdadeiros poderes em 2012. Colocado de forma simples, o Sol não é um corpo celeste estável; ele se apresenta em constante fluxo e sua superfície não tem nem sequer uma temperatura estável. Ao longo do tempo, seu poder aumenta e diminui, de acordo com ciclos tão complexos que até hoje ainda não puderam ser mapeados. Supõe-se que sua superfície possua uma temperatura média de 5.800 graus Celsius; entretanto, existem áreas em que a temperatura é menor (às vezes, cerca de 1.500 graus mais fria), devido a fortes concentrações de fluxo magnético na superfície, e esses locais aparecem como pontos pretos na superfície. São as chamadas manchas solares. A ação dessas manchas solares está intimamente ligada aos ciclos do Sol, que são períodos de atividade máxima (muitas manchas solares) ou mínima, quando observamos poucas manchas e pouca atividade.

Um grupo de cientistas, entre eles S. K. Solanski, do Instituto Max Planck para Pesquisas sobre o Sistema Solar, publicou um relatório na revista *Nature*, em 2004, explicando que, de acordo com seus dados, o Sol vem se mostrando singularmente ativo desde 1940:

Neste artigo apresentamos uma reconstrução do número total de manchas solares ao longo dos últimos 11.400 anos...

De acordo com esta reconstrução, o nível de atividade solar nos últimos 70 anos é excepcionalmente alto, sendo que um período de atividade tão elevada quanto este só ocorreu há mais de 8.000 anos. Descobrimos que, ao longo dos 11.400 anos englobados pela pesquisa, o Sol passou apenas 10% do tempo em um nível de atividade magnética tão elevada e quase todos os períodos anteriores foram mais curtos que o atual episódio.

Esta é, de fato, uma perturbadora coincidência; o Sol apresentará uma atividade ainda maior do que a normal nos meses que antecedem o fim do calendário maia de Contagem Longa, o final de 2012. Será que o Sol desempenhará um papel essencial e nos reservará uma surpresa para o dia 22 de dezembro de 2012?

Embora não exista nenhuma prova conclusiva de que o Sol vá desempenhar um papel de destaque nos eventos do dia 22 de dezembro de 2012, devemos lembrar que a civilização que inventou o Calendário de Contagem Longa passou uma quantidade espantosa de anos observando os céus, e muitos dos seus calendários estão intimamente ligados ao Sol.

Se bem que devemos lembrar que o Sol não é a única força da natureza capaz de nos levar à extinção em 2012. Existem também muitos asteroides a considerar. Um impacto semelhante ao que ocorreu há mais ou menos 65,5 milhões de anos na massa de terra próxima à costa de Yucatán, por coincidência o mesmo local onde se desenvolveu a cultura maia, certamente acabaria com a civilização como a conhecemos.

Além dessas, existe ainda a ideia de que todo o Sistema Solar está se movimentando em um único bloco através do espaço interno da nossa galáxia, a Via Láctea. Alguns cientistas levantaram a hipótese de que o nosso sistema pode estar se movendo

rumo a uma região do espaço muito mais ativa e instável. Nosso Sol e seus planetas, inclusive a Terra, poderiam correr riscos nessas perigosas regiões, e nem preciso lembrar que estaríamos totalmente expostos e completamente indefesos contra tais fenômenos naturais. Como engrenagens em uma vasta e antiquíssima máquina, não temos controle algum sobre a direção para a qual o nosso planeta — todo o Sistema Solar, na verdade — está se dirigindo. A Terra já passou por tais lugares antes, sem dúvida. A questão é: será que os antigos maias tinham conhecimento dessas regiões celestes e sabiam a data precisa na qual retornaríamos a essas extensões siderais possivelmente mortíferas?

Houve extinções em massa ao longo da história do nosso planeta. A verdade inegável é que isso tornará a acontecer em algum momento do futuro; entretanto, será possível que tal evento possa estar tão poucos anos à nossa frente?

Depois de deixar todo mundo apavorado, é hora de colocar os pés no chão e tentar analisar de forma lógica o ponto em que estamos. Toda essa agitação começou por causa de uma data assinalada em um calendário antigo. Embora, sem dúvida, estejamos diante de um fato significativo, não temos certeza de que ele marque o fim dos tempos. Na verdade, muitos autores dos movimentos da Nova Era sugerem que, em vez do fim do mundo, esta data marca um renascimento.

Autores como John Major Jenkins propõem que os maias anteviram uma grande mudança no potencial espiritual da humanidade ao fim deste baktun, ou era. Muitos outros autores concordam com esta ideia, prevendo que a consciência humana vai se desenvolver exponencialmente a partir do raiar de 2012, prenunciando o limiar de uma nova era — uma era de ouro para a humanidade, se desejarem.

Muitas outras pessoas acreditam que o calendário vai se desdobrar em dias comuns, sem nenhum drama, e o dia 22 de dezembro será um dia como outro qualquer.

A verdade é que, se basearmos as nossas crenças sobre a destruição do mundo unicamente nos complexos calendários mesoamericanos, estaremos diante de um problema. Tantos textos antigos foram destruídos após a conquista do México em 1521, liderada por Fernão Cortéz, que a história completa simplesmente não está mais disponível para nós. Embora fragmentos das crenças maias ainda existam, uma porção muito maior foi perdida. Portanto, tudo o que podemos fazer, na verdade, é aguardar o dia 22 de dezembro de 2012. Se acordarmos ilesos na manhã desse dia, deveremos celebrar esse fato, não importam quais sejam nossas crenças.

Temas como 2012 servem para nos lembrar o quanto é frágil a própria existência da humanidade. A verdade é que é um milagre ainda estarmos aqui. O fato de toda a nossa civilização existir sobre a superfície desta rocha minúscula que vive sujeita a todos os perigos da galáxia é sempre motivo de deslumbramento.

Abadom

Um dos pseudônimos utilizados pelo personagem Mal'akh em *O Símbolo Perdido* é dr. Christopher Abaddon. Este nome é uma escolha interessante, pois engloba o nome de Cristo e o nome do demônio Abadom.

Nas lendas hebraicas, Abadom significa "perecer", "local de destruição" e também "destruidor". No Novo Testamento, no Apocalipse, escrito por São João (Apocalipse 9:11), Abadom é o

rei dos gafanhotos da tormenta e anjo do abismo. Segundo o Apocalipse, ele enviou seus gafanhotos quando se ouviu a quinta trombeta. Ao soar dessa trombeta, uma estrela caiu do céu e recebeu as chaves do abismo. Quando o abismo se abriu, uma fumaça espessa se elevou das profundezas, seguida pelos gafanhotos, liderados por Abadom. Esses gafanhotos tinham uma forma extraordinária, pareciam animais híbridos, com cabelos de mulher, dentes de leão e cauda de escorpião, entre outros estranhos atributos.

Em grego, Abadom é conhecido como Apoliom, palavra que significa "destruidor". Abadom também está associado à morte e ao inferno nos antigos escritos rabínicos, e no Antigo Testamento é o nome poético do domínio dos mortos, Hades ou inferno (ver Livro de Jó 26:6). Nesses textos antigos, fica claro que Abadom pode tanto ser um indivíduo, como no Apocalipse, quanto também um lugar para a morte e a destruição. Nos Pergaminhos do Mar Morto, Abadom é mencionado no contexto de um lugar chamado "o Sheol de Abadom". Em outras palavras, o nome é sinônimo de "submundo dos mortos".

A Igreja Cristã Copta apresenta esse nome, em alguns textos, como Abbaton e, também sob esse codinome, ele é o anjo da morte. Em alguns escritos coptas, fica claro que Abadom/ Abbaton é, para todos os efeitos, uma espécie de reflexo da figura de Cristo. De fato, segundo o texto conhecido como O Apocalipse de Bartolomeu, Abbaton estava presente no sepulcro, no momento da ressurreição de Cristo.

Curiosamente, vemos ecos da natureza do caráter do personagem Christopher Abaddon/Mal'akh ao analisarmos de perto as lendas coptas associadas a este demônio. Segundo elas, qualquer homem que venerasse essa entidade tinha chance de ser salvo no Fim dos Tempos, e a figura de Abbaton/Abadom

desempenha um papel importante no cenário do Juízo Final. Sob este ângulo, Abadom pode ser visto quase como uma figura anticrística, que combina perfeitamente com o personagem do livro. Em contraste com os que buscam conhecimento e iluminação, Mal'akh/Christopher Abaddon está firmemente determinado a impedir que as descobertas da ciência noética sejam reveladas ao mundo de forma ampla, ao mesmo tempo que espera que a Maçonaria seja desacreditada publicamente e descartada como algo sinistro. Ele é a antítese de seu pai.

O nome Abadom foi muito usado na moderna cultura popular. Até mesmo J. K. Rowling, na série Harry Potter, nos apresentou um personagem batizado com a versão grega do nome: Apollyon — que recebeu o nome de Apolíneo na versão brasileira. Ele era um antigo zelador da Escola de Magia Hogwarts e, sistematicamente, punia os alunos.

Akedah

No livro *O Símbolo Perdido*, Mal'akh empunha uma arma antiquíssima com um passado notório: a faca Akedah. Não satisfeito em fornecer ao vilão do romance simplesmente uma arma antiga para representar poder, Dan Brown nos explica que essa é a faca mais famosa que já existiu.

Na história, o autor relata que Mal'akh gastou grande parte de sua fortuna para obter essa arma lendária. Ela teria sido forjada a partir do ferro de um meteorito que caiu na Terra há 3.000 anos e seria a mesma faca que Abraão empunhou, no Livro do Gênesis, quando se preparava para oferecer seu filho, Isaque, em sacrifício, obedecendo a um comando de Deus. Somos informados também de que a faca possui uma história longa, muito

variada, e que passou pelas mãos de nazistas, papas e alquimistas europeus, entre outros antigos donos.

No fim de *O Símbolo Perdido*, Mal'akh coloca a faca Akedah na mão de seu pai, Peter Solomon, e tenta coagi-lo a matar o filho que lhe fora tomado. O ponto interessante a notar aqui é que Mal'akh coloca a faca Akedah na mão esquerda de Peter Solomon, que foi a que lhe restou. O leitor é informado de que a mão esquerda serve às trevas, e que a remoção da mão direita de Peter Solomon foi planejada desde o início tendo em mente esse exato momento, o clímax da trama. O personagem não teria escolha, sendo obrigado a usar a mão esquerda para empunhar a faca. Se Peter Solomon levasse em frente a execução desse crime sacrifical com a mão esquerda, segundo as crenças distorcidas de Mal'akh, o sacrifício ficaria completo, assegurando a Mal'akh seu lugar como demônio no pós-vida.

Além disso, a cena acontece sobre um altar de granito na Casa do Templo, e o leitor se dá conta de que tudo aquilo é uma recriação do sacrifício bíblico de Isaque pela mão de seu pai, Abraão.

No Antigo Testamento, em Gênesis 22:2, encontramos a história chamada, tradicionalmente, de Akedah ou Sacrifício de Isaque. Segundo o livro, Deus resolve testar Abraão e lhe diz: "Toma agora teu filho; o teu único filho, Isaque, a quem amas; vai à terra de Moriá e oferece-o ali em holocausto sobre um dos montes que te hei de mostrar."

Abraão saiu assim que amanheceu, seguindo as instruções de Deus. Levou com ele dois rapazes, além de seu filho Isaque, e seguiu para o monte Moriá, chegando ao lugar sagrado três dias depois. Abraão amarrou seu filho sobre um altar e estava prestes a tirar-lhe a vida com a faca quando um anjo apareceu e implorou a Abraão que parasse, dizendo-lhe que passara no teste de

Deus. Desse modo, Isaque foi poupado e um carneiro foi sacrificado sobre o altar, em seu lugar.

Essa história se encaixa de maneira perfeita em *O Símbolo Perdido*, pois somos informados de que Mal'akh assumiu este nome e esta identidade por causa de Moloch, um temível anjo caído que aparece na obra de John Milton, *O Paraíso Perdido*, poema épico que descreve a Queda do Homem. Percebemos a relação entre Moloch e o sacrifício nessas linhas do poema:

> Primeiro foi Moloch, rei horrendo, coberto de sangue
> De sacrifícios humanos e lágrimas paternas.

Existem também referências a Moloch (ou Moloque, ou Molech) nos textos bíblicos que ligam a deidade com o sacrifício, e isso está de acordo com a história da Akedah e a ordem de Deus de que Isaque fosse oferecido por Abraão. Em Levítico 18:21, encontramos a seguinte passagem: "Não oferecerás a Moloch nenhum dos teus filhos, fazendo-o passar pelo fogo; nem profanarás o nome de teu Deus."

Dan Brown juntou todos esses elementos em seu livro, e essa cena no clímax da trama, em plena Casa do Templo, está cheia de referências históricas e símbolos relacionados ao sacrifício. Temos não apenas Mal'akh, cujo modelo de construção foi Moloch, uma deidade a quem os cananeus costumavam oferecer em sacrifício seus filhos, como também o vemos empunhando a verdadeira faca de Abraão. Além disso, ele pede a seu pai que o mate e, para completar, isso ocorre sobre o altar em um templo sagrado. Quando Dan Brown explica que mais uma vez aquela lâmina seria usada em um ritual de sacrifício para o qual fora forjada, vemos como ele reuniu, de forma inteligente, todos esses símbolos poderosos e referências a sacrifício para criar um

momento fundamental para o desenvolvimento da trama e obter um impacto máximo na cena.

Outro ponto fascinante aqui é que Mal'akh oferece a si mesmo como vítima sacrifical voluntária, um tema muito visitado pelos textos do mundo antigo. Existem provas cada vez mais abundantes de que muitas culturas praticavam sacrifícios humanos, e muitas vezes a vítima se oferecia não só por vontade própria, como também com júbilo por isso. Aparentemente, oferecer-se em sacrifício representava uma grande honra e inspirava admiração. Ainda hoje vemos que este conceito de sacrifício continua a influenciar o comportamento de idealistas que oferecem suas vidas, de forma incondicional, sob a forma de homens-bomba.

Muitos estudiosos acreditam que, na época da Akedah, quando Isaque foi amarrado ao altar, ele já não era uma criança. Mais do que isso, várias fontes afirmam que ele tinha entre 25 e 37 anos, sendo, portanto, perfeitamente capaz de impedir o pai, caso desejasse. Flávio Josefo, historiador judeu do primeiro século da era cristã, se refere a este conceito; em sua obra *Antiguidades Judaicas* ele afirma que Isaque reagiu à notícia de que seria sacrificado com tranquilidade:

> Isaque possuía uma disposição tão generosa por ser filho de um pai como o seu que se mostrou satisfeito com a determinação e disse "que não seria digno da sua primogenitura se rejeitasse a determinação de Deus e do seu pai; que deveria desistir imediatamente dos prazeres da vida e seria injusto não obedecer à ordem, mesmo que ela fosse determinada unicamente por seu pai". Desse modo, ele se dirigiu na mesma hora ao altar para ser sacrificado.

Sem dúvida, a Akedah é uma das passagens mais controversas do Gênesis, e até hoje provoca acirrados debates não só sobre os motivos de Deus, mas também sobre os de Abraão e Isaque. Ao ordenar que Abraão mate seu filho primogênito, muito amado — um filho que Sara, sua mulher, só logrou conceber após muito sofrimento —, vemos Deus testando os limites absolutos da fé de um homem. Esse teste continua a ser ensinado como uma lição moral em várias religiões hoje em dia, e essa mesma história pode ser encontrada nos escritos sagrados judaicos e também no Alcorão, por exemplo.

O cenário em que a Akedah original ocorreu também tem um significado especial em *O Símbolo Perdido*. Diz a tradição que ela ocorreu no monte Moriá, e essa montanha sagrada — a montanha do Senhor, segundo o Gênesis — é também o ponto exato em que o Templo de Salomão foi construído, muitos anos depois. O monte Moriá é, para muitos estudiosos, o Monte do Templo. Eu analiso o Templo de Salomão com mais detalhes adiante neste livro. Entretanto, vale mencionar aqui que não apenas o Templo de Salomão possui importância fundamental para a Francomaçonaria, como também serviu de modelo para a construção do Capitólio, na cidade de Washington. Assim, o monte Moriá, local da Akedah, foi não apenas o local da tentativa de sacrifício de Isaque, mas também o ponto escolhido para o mais sagrado dos templos antigos, no qual o próprio Capitólio foi inspirado.

Em *O Símbolo Perdido*, outro atributo intrigante que Dan Brown empresta à faca Akedah é a maneira pela qual ela foi fabricada. Ele nos diz que foi forjada do ferro de um meteorito que caiu no deserto de Canaã há muito tempo. Embora essa afirmação não esteja na versão original da Akedah, no Gênesis, tal possibilidade não foi inventada para o romance.

É fato conhecido que povos antigos do Oriente Médio fabricavam facas sagradas e armas poderosas utilizando ferro obtido de meteoritos que caíam sobre a terra. Esse material era muito valorizado, não só por ser uma fonte a partir da qual se podia forjar o ferro, mas também porque os meteoritos muitas vezes eram descritos pelos antigos como raios vindos dos céus, pois era isso que eles observavam quando um meteoro entrava na atmosfera e se lançava com grande impacto sobre a superfície do planeta. Portanto, uma arma moldada a partir de um raio celestial seria um símbolo poderosíssimo.

G. A. Wainwright, em um importante artigo intitulado "O ferro no Egito", afirma que muitos povos ancestrais se acostumaram a chamar essa forma de ferro de "ferro do relâmpago". Ele também oferece um exemplo de outras armas desse tipo, citando a história de Antar, o guerreiro e poeta árabe pré-islâmico, possuidor de uma poderosa espada que ele chamava de Dhami:

> Ao descobrir que a pedra era um raio caído do céu, o homem a entregou a um ferreiro para fabricar uma espada a partir dela. Em duas ocasiões, um único golpe dessa arma sobrenatural penetrou a armadura do inimigo e o partiu ao meio, bem como o seu cavalo, "e eles se separaram em quatro partes". Em outra ocasião, ela destruiu a armadura de um cavaleiro, deixando-o vestido apenas por sua "malha de metal". Naturalmente, essas armas mágicas eram muito procuradas por todo o Oriente.

O próprio deus egípcio Hórus empunhou uma arma cuja lâmina havia sido feita com o ferro de um meteorito em seu lendário confronto com o deus Seth, no qual Hórus o derrotou em vingança pela morte do seu pai, Osíris.

Além do poder de tal ferro meteorítico, o material também possuía um profundo significado religioso. Existia um ritual sagrado no Antigo Egito conhecido como a Cerimônia de Abertura da Boca. Ele era realizado no faraó morto, e uma faca sagrada, chamada de lâmina-ntrwj, era utilizada para forçar a boca do rei a permanecer aberta, para que ele pudesse falar e se alimentar no mundo dos mortos. Essas facas, ou enxós, sagradas, possuíam lâminas criadas a partir de ferro meteorítico, também conhecido no Egito como *bja*. Para complementar a origem celestial das armas, seus cabos eram moldados na forma da constelação da Ursa Maior, também conhecida como "caçarola" ou "arado", devido ao seu formato.

Eis por que, aos olhos dos antigos sacerdotes, essas lâminas feitas de meteoros que caíam sobre a terra eram tão poderosas. Elas se mostraram instrumentos perfeitos para abrir a boca dos mortos em rituais religiosos porque eram feitas de raios celestes. Que outra forma física ou metafórica seria mais apropriada para manter abertos os lábios dos mortos?

Os antigos egípcios também acreditavam que o próprio cofre dos céus era construído de *bja* e que, depois de morrer, os membros superiores e inferiores dos mortos também se transformavam em *bja*. A palavra *bja* também era usada para representar "um milagre" ou "partir de algum lugar".

A partir daí, fica fácil compreender por que o ferro que caía na Terra não apenas representava o metal vindo do céu, mas era visto como o próprio céu. Era, nada mais, nada menos, que o mesmo material a partir do qual o céu fora construído. Uma vez que eles também significavam "partir de algum lugar", fica claro que os antigos egípcios acreditavam que esses meteoros haviam partido do céu para cair na Terra.

Os muçulmanos, mais tarde, desenvolveram a crença de que os anjos de Alá utilizavam os meteoros para afastar Satanás e lutar com os djinns, ou gênios, vistos como seres sobrenaturais. Com tantos conceitos poderosos em jogo, não é de espantar que as facas e armas fabricadas com este material fossem consideradas armas dos próprios deuses, raios celestes que podiam ser brandidos por mãos mortais.

Resumindo tudo, vemos o porquê de um personagem como Mal'akh, em *O Símbolo Perdido*, ter de usar uma faca manufaturada a partir de um ferro meteorítico; não existe arma mais potente do que a que forjada desse material. Abraão, em sua época, também teria conhecimento do significado de tal faca. Se ele de fato utilizou uma arma de ferro forjado a partir de um meteoro durante os eventos que passaram a ser conhecidos como Akedah, nunca saberemos com certeza.

Ver também: Templo de Salomão.

Alquimia

Em *O Símbolo Perdido*, Dan Brown entremeou várias tradições cobertas pelo título genérico de Mistérios Ocidentais ou Tradição Esotérica. A Grande Biblioteca de Alexandria é mencionada no romance, bem como as antigas culturas do Egito, de Roma e da Grécia. As escolas de mistério do mundo antigo também aparecem na trama, bem como a Cabala hebraica, o hermetismo, os místicos Rosa-Cruzes, as cartas de Tarô e a Francomaçonaria. Podemos afirmar com razoável grau de certeza que a mais importante dessas tradições que influenciaram todas as outras citadas acima é a alquimia, vista como "filosofia perene".

A alquimia é o cerne dos Mistérios Ocidentais e permeia todas as tradições, de algum jeito, característica ou forma, por meio de sua admirável linguagem de símbolos.

Sua origem se perdeu nas brumas do tempo, mas trata-se de uma atividade espantosamente arcaica, e muitas histórias se referem aos seus primeiros tempos. Diz-se que ela era conhecida e praticada pelos egípcios e pelos chineses, na Antiguidade. Seu nome significa "a Terra de Khem" ou "a terra negra", a partir do antigo nome árabe para o Egito, *Al-Khemia* ou *Kemet*. Essa referência ao negro guarda relação com o fértil solo do delta do Nilo, que se espalha ao longo de todo o vale a cada cheia anual do rio. É devido à sua etimologia que a alquimia é muitas vezes chamada de "Arte Negra", e é também dela que se originou a moderna ciência da Química, embora esse nome só tenha aparecido oficialmente no século XVII. Robert Boyle, alquimista e amigo de Isaac Newton, escreveu o livro *The Sceptical Chymist* [O químico cético], em 1661; esse livro é amplamente reconhecido como o primeiro já escrito sobre química.

O professor Robert Langdon, em *O Símbolo Perdido*, afirma que nas cartas de Newton a Boyle ele alertava o amigo de que o conhecimento místico que eles estudavam não poderia ser amplamente divulgado sem que isso resultasse em perigosas consequências para o mundo.

Existe um leque amplo de relatos lendários sobre as origens da alquimia. O rei egípcio Thoth é citado como seu fundador. Ele é descrito como o "homem-deus" que trouxe a religião e os ensinamentos para o Egito, e também leva o crédito de ter sido o inventor da escrita, da matemática, da música, da astronomia, da arquitetura e da medicina. As similaridades entre Thoth, Hermes e Mercúrio como guardiães de todo o conhecimento, além de servirem de intermediários entre o céu e a Terra em suas respectivas

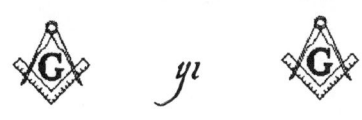

culturas (egípcia, grega e romana), explicam a criação de um personagem coletivamente moldado a partir deles e conhecido pelo nome de "Hermes Trimegistus", que é o pai da alquimia.

Foi Hermes Trimegistus que emprestou seu nome ao termo hermetismo, basicamente devido a uma coleção de textos helênicos conhecidos como *Corpus Hermeticum*. Esses textos foram, de início, muito populares no auge da cultura alexandrina, e voltaram a ganhar destaque durante a Renascença europeia, quando se tornaram leitura essencial na retomada do interesse pelo esotérico e pelo oculto.

Segundo a lenda, Hermes Trimegistus criou a fabulosa tábua esmeralda, que, dizia-se, revelava os segredos da criação para aqueles que conseguiam desvendar seu significado. Sir Isaac Newton, por volta de 1680, traduziu para o inglês o suposto conteúdo da Tábua Esmeralda, cujo teor fora passado adiante através de textos antigos. Eis um trecho da tradução de Newton:

> Esta é a verdade sem mentiras, precisa e real. O que está embaixo é como o que está no alto, e o que está no alto é como o que está embaixo para fazer os milagres daquele que é um único elemento. E assim como todas as coisas foram e surgiram a partir do Um e por meio do Um, assim também todas as coisas nasceram a partir da adaptação desse Um. O Sol é seu pai, a Lua é sua mãe, o Vento foi gerado em seu ventre e a Terra o amamentou. O pai da perfeição no mundo todo está aqui. Sua força e seu poder serão completos se forem transformados em terra. Separai, então, a Terra do Fogo, o sutil do denso, com doçura e muita dedicação. Ele ascende da Terra para o Céu, torna a descer sobre a Terra e recebe a força das coisas superiores e inferiores. Desse modo tereis a glória do mundo todo e, por meio dela, toda a obs-

curidade se desprenderá de vós. Sua força está acima de todas as forças, pois ela subjuga todas as coisas sutis e interpenetra todas as coisas sólidas. Foi assim que o mundo foi criado. A partir daí existiram e vieram admiráveis adaptações a partir das quais os meios (ou processos) estão aqui apresentados. A partir de agora eu me chamo Hermes Trimegistus e possuo as três partes da filosofia do mundo inteiro. Aquilo que eu disse sobre a forma de operação do Sol está realizado e encerrado.

"A Tábua Esmeralda" é o texto-chave usado em alquimia, pois especifica os sete passos de transformação que são exigidos para se criar a fugaz Pedra Filosofal.

Segundo outras lendas, o pai dos conceitos sobre a alquimia foi Seth, terceiro filho de Adão e Eva, que teria criado a Tábua Esmeralda na esperança de que os que seguissem seus ensinamentos pudessem corrigir a Queda de Adão do Jardim do Éden, pois isso lhes permitiria descobrir o segredo da perfeição. Em algumas lendas gnósticas, Seth também recebeu os segredos da Cabala por intermédio de Adão. Outras versões da história afirmam que a tábua foi salva do dilúvio por Noé, que a levou para dentro da Arca e, mais tarde, a escondeu em uma caverna próxima a Hebron. Sara, esposa de Abraão, descobriu a tábua, que teria servido de inspiração para a fé hebraica. Em outra narrativa, Miriam, filha de Moisés, foi encarregada de zelar pela sua segurança e a teria colocado na Arca da Aliança, ao lado das relíquias sagradas. "A Tábua Esmeralda", segundo outra versão, seria uma das tábuas que Moisés trouxe do monte Sinai. Nos círculos esotéricos, diz-se que os Dez Mandamentos eram os ensinamentos exotéricos, divulgados para as massas, enquanto "a Tábua Esmeralda" era reservada apenas aos iniciados nos mistérios.

 *43*

Na tradição islâmica, Hermes Trimegistus é identificado como o sábio Idris, que revelou as leis divinas para os fiéis. Alguns estudiosos muçulmanos também associaram Idris a Enoque. O Livro de Enoque, um texto apócrifo, descreve a sabedoria angélica que foi compartilhada com Enoque. Em algumas tradições cabalísticas, Enoque aparece transformado no arcanjo Metatron, que se tornou Chanceler do Céu. Todos os personagens mencionados acima têm uma coisa em comum: cada um deles personifica as qualidades, os valores e as características que os alquimistas, tradicionais buscadores da verdadeira perfeição, ansiavam alcançar.

Existe outra lenda relacionada à origem da "Tábua Esmeralda" segundo a qual ela foi descoberta por Alexandre, o Grande, e, mais tarde, exibida na Grande Biblioteca de Alexandria, no Egito. Diz a tradição que esta biblioteca era um repositório magnífico de textos alquímicos que foram destruídos, mais tarde, por um grande incêndio. Felizmente, estudiosos árabes tinham copiado muitas dessas obras, preservando, assim, o conhecimento desse conteúdo para os séculos vindouros. A alquimia alcançou a Europa por meio da invasão islâmica da Espanha e do sul da França no ano 711 da era cristã. Traduções latinas começaram a aparecer no início dos séculos XII e XIII, e se espalharam a partir da Renascença.

A influência da alquimia aparece de forma nítida nas lendas do Santo Graal, à medida que elas foram se desenvolvendo na Europa. O Sacro Catino, uma tigela sagrada verde translúcida de formato hexagonal encontrada em Gênova, foi identificado, por muitos como o Santo Graal. Segundo a lenda, ele teria sido criado a partir de uma peça sólida de esmeralda, tendo sido utilizado na Última Ceia. Em *Parsifal*, um poema épico de Wolfram von Eschenbach, o Graal é descrito como sendo uma pedra

verde e não como um cálice, a imagem que nos é tão familiar. Possuir a pedra conferia ao indivíduo a vida eterna, do mesmo modo que a Pedra Filosofal para os alquimistas. "A Tábua Esmeralda", segundo um último relato fantástico, teria sido vista uma última vez na tumba de Christian Rosenkreutz, o lendário fundador da Ordem Rosa-Cruz.

A alquimia parece um assunto complexo devido à sua estranha linguagem e aos seus simbolismos. O propósito da alquimia é a transmutação e, embora muitos alquimistas da Idade Média assegurem ter conseguido transformar chumbo em ouro, Robert Langdon está certo ao declarar que a alquimia espiritual tem a ver com iluminação interior. A investigação profunda da filosofia hermética busca a descoberta da interligação de tudo o que existe, o macrocosmo e o microcosmo, assim no alto como embaixo, a fim de utilizar esse conhecimento de maneiras tanto espirituais quanto práticas. Isso explica o porquê de os membros da Real Sociedade, ou "Colégio Invisível" — homens fortemente voltados para o estudo dos mistérios —, terem ficado fascinados por tais ensinamentos.

Com o surgimento das várias ciências modernas, a partir do século XVIII, a alquimia começou a ser considerada pelas massas como algo ultrapassado e baseado em superstições. Hoje, entretanto, os conceitos alquímicos vêm passando por um renascimento, sendo encarados de forma completamente diferente, pois psicólogos e físicos quânticos estão descobrindo caminhos paralelos em seus trabalhos. O famoso psicanalista Carl Gustav Jung passou a última parte da vida estudando a riquíssima simbologia da alquimia; isso serviu de inspiração para seu trabalho pioneiro e inovador sobre arquétipos e ajudou muitos de seus pacientes a alcançar transformações internas. Hoje existe uma enorme variedade de websites e grupos dedicados

 *45*

ao estudo da alquimia, dos textos e dos esquemas gráficos alquímicos, o que possivelmente tornará a chamada Arte Negra mais acessível do que ela jamais foi.

O processo figurativo de uma mudança pode ser caracterizado de várias maneiras, que correspondem aos sete passos. Por exemplo, no caso dos metais, o processo para se transformar chumbo em ouro se desenvolve em etapas: primeiro, o chumbo se transforma em estanho, depois em ferro, cobre, mercúrio, prata e, por fim, ouro. Os metais aparecem nessa ordem porque cada um é considerado superior ao que veio antes, sendo que o ouro é o mais perfeito. Cada passo apresenta uma variedade de outras correspondências, tais como os corpos celestes: Saturno, Júpiter, Marte, Vênus, Mercúrio, a Lua e o Sol. Em termos de elementos alquímicos (que não devem ser confundidos com os elementos químicos contidos na tabela periódica), eles são, por ordem: fogo, água, ar, terra, enxofre, mercúrio e sal. A antiga expressão "o sal da terra" começa a fazer mais sentido quando analisada sob este contexto. Na alquimia, esses elementos são utilizados para descrever as características ou a natureza das coisas. Por exemplo, o ácido seria uma mistura dos elementos fogo e água: água porque é líquido, e fogo porque queima; juntos, eles produzem as características do ácido. Os nomes dos passos são calcinação, dissolução, separação, conjunção, fermentação, destilação e coagulação.

Utilizando a linguagem dos símbolos, os diagramas alquímicos nos parecem cheios de estranhas imagens. Para quem compreende o que tais imagens representam, porém, um diagrama desses serve para mapear os estágios do processo alquímico, conforme ele aparece descrito na "Tábua Esmeralda". Os diagramas precisam ser estudados cuidadosamente observando-se o que está no alto e embaixo da imagem, ou à esquerda e à direita.

Isso acontece porque a alquimia busca unir os opostos, criando a união de todas as coisas. A Pedra Filosofal, muitas vezes descrita como sendo possuidora de características andróginas, é também retratada, às vezes, como a representação do "Casamento Químico".

No simbolismo utilizado pela Francomaçonaria, os passos para a iluminação são ilustrados pelas imagens da pedra bruta e da pedra polida. O candidato à ordem maçônica é a matéria simples que serve de base, o chumbo ou a pedra bruta, e é transformado no iluminado Mestre Maçom, no ouro ou pedra polida. A Francomaçonaria descreve isso, no terceiro grau de iniciação, como o ponto dentro do círculo, ou circumponto, a partir do qual nenhum Mestre Maçom pode errar. Este processo ocorre por meio da entrada no pórtico ou no portal do Templo do Rei Salomão, em meio aos pilares de Boaz e Jaquim, subindo em seguida pela escada espiralada a fim de alcançar o Santo dos Santos, ou o *sanctum sanctorum*. Outras alegorias maçônicas discutem a Palavra Perdida e o olho onividente de Deus, que representam mais metáforas para a Pedra Filosofal. No Rito Escocês da Francomaçonaria, a águia bicéfala do 33º grau serve a um propósito similar.

Em *O Símbolo Perdido*, Robert Langdon apresenta uma palestra na qual descreve "a coisa mais oculta dentre todas as coisas". Ele explica que o circumponto é o símbolo alquímico do ouro, e é também o símbolo de Rá, o deus egípcio do Sol. Ele oferece outros exemplos, mas termina dizendo que o verdadeiro significado da imagem é que a mente e a alma são uma coisa só.

Langdon também aborda as representações da pirâmide e o simbolismo das pedras ao discutir o lema alquímico VITRIOL: *visita interiora terrae rectificando invenies occultum lapidem*. Dennis William Hauck, em seu livro *The Complete Idiot's Guide*

to Alchemy [Guia sobre alquimia para o completo idiota], oferece a seguinte explicação:

> Visita Interiora Terrae Rectificando Invenies Occultum Lapidem (Visite as partes mais profundas da terra; ao colocar as coisas corretamente [retificando-as], você descobrirá a Pedra oculta). As primeiras letras dessas sete palavras, em latim, formam a palavra VITRIOL, que é uma forma natural de ácido sulfúrico. Este fogo líquido é o agente fundamental da mudança na maioria das experiências alquímicas, e é também o símbolo do Fogo Sagrado que promove a perfeição espiritual do alquimista.

Utilizando essa frase para descrever as sete etapas definidas na "Tábua Esmeralda", descobrimos que "Visita" representa o que chamamos de "fase negra" do trabalho, e a palavra significa "visitar ou dar início a uma jornada". O processo alquímico correspondente é chamado de calcinação, seu elemento é o Fogo, e o verso correspondente na "Tábua Esmeralda" é: "O Sol é seu pai."

"Interiora" se refere ao nosso próprio trabalho interior, por meio do qual dissolvemos nosso velho eu. Esta etapa é denominada dissolução e o seu elemento é a água. O verso correspondente a esse passo na "Tábua Esmeralda" é: "A Lua é sua mãe."

"Terrae" significa "o solo", e é uma referência às essências de uma pessoa sendo separadas dos seus resíduos de matéria, como preparação para uma vida mais espiritualizada. Essa fase do trabalho é denominada separação, seu elemento é o ar e o verso correspondente na tábua é: "o Vento foi gerado em seu ventre."

"Rectificando" significa "colocando as coisas em ordem", e essa é a quarta fase do trabalho. Seu elemento é a terra e a operação representa a alma e o espírito deixando a Terra, elevando-se

juntos. Isso representa a quintessência, ou o quinto elemento, recuperado a partir das operações anteriores. Essa fase alquímica é chamada de conjunção e está descrita na "Tábua Esmeralda" como "a Terra o amamentou".

"Invenies" significa "você descobrirá". Essa é a "fase vermelha" do trabalho alquímico, onde a alma e o espírito do alquimista nutrem o ovo alquímico. Essa etapa recebe o nome de fermentação, seu elemento é o enxofre e seu verso é: "Separai, então, a Terra do Fogo, o sutil do denso, com doçura e muita dedicação."

"Occultum" significa "secreto" ou "escondido" e se aplica ao estágio da destilação. Seu elemento alquímico é o mercúrio, e o verso diz: "Ele ascende da Terra para o Céu, torna a descer sobre a Terra e recebe a força das coisas superiores e inferiores."

"Lapidem" significa "pedra" — a Pedra Filosofal propriamente dita, o objetivo máximo do alquimista. Essa fase é denominada coagulação e reúne as mais puras essências do nosso corpo, da nossa alma e do nosso espírito. Seu elemento é o sal e "a Tábua Esmeralda" descreve essa transmutação final: "Desse modo tereis a glória do mundo todo, e, por meio dela, toda a obscuridade se desprenderá de vós. Sua força está acima de todas as forças, pois ela subjuga todas as coisas sutis e interpenetra todas as coisas sólidas. Foi assim que o mundo foi criado."

A busca para encontrar Deus, a "Mente Única" na linguagem da "Tábua Esmeralda", representa o nosso próprio eu superior, nosso objetivo máximo. Os alquimistas explicam que isso é alcançado por meio da descoberta da Coisa Única ou Matéria Primordial. Isto, então, dá ao alquimista a capacidade de criar a Pedra Filosofal e o Elixir da Vida. "A Tábua Esmeralda" declara: "Assim como todas as coisas surgiram e se elevaram do Um por meio do Um, assim também todas elas deverão nascer a partir desse Um, por adaptação."

Portanto, a busca dos alquimistas e místicos de todas as eras é esta: para tornar o mundo um lugar melhor, o trabalho deve começar e acabar dentro de nós!

Ver também: Francomaçonaria; Hermetismo; Sir Isaac Newton; Pedra Filosofal; Rosa-Cruzes.

Apoteose de Washington, A

Apoteose é uma palavra do grego arcaico (*apoteosis*) que pode ser traduzida por "transformar-se em Deus" — *apo* significa "modificar" e *theos* significa "deus". Muitas culturas ancestrais acolheram essa ideia: o homem sendo elevado à divindade é um tema muito comum ao longo da história. Embora não tenhamos registro do termo até o domínio de Alexandre, o Grande, não há dúvida de que o conceito já existia muito antes dele. A antiga religião grega do orfismo, baseada nos textos do poeta mítico Orfeu, chega a declarar que a alma humana não se torna divina no momento da morte, pois já era divina antes.

Muito antes dos antigos gregos, aceitava-se a ideia de que os reis do Egito se transformavam em deuses depois da morte; alguns dos textos mais antigos descrevem em detalhes o processo sagrado no qual repousava o núcleo da religião do Antigo Egito, que data de 2400 a.C. nos textos gravados nas pirâmides.

O conceito de apoteose também era popular na Roma antiga, e a deificação do imperador romano, por fim, se tornou uma prática religiosa padrão. Uma ilustração disso pode ser vista hoje no Arco de Tito, em Roma, erguido logo depois da morte do imperador Tito, no ano 81 da era cristã. No monumento, vemos

cenas de Tito depois de passar pela apoteose, sendo levado por asas de águias enquanto ascende aos céus.

Essa prática de retratar líderes famosos subindo ao céu continuou nos tempos modernos. Um desses exemplos é o quadro de Jean Dominique Auguste, *A Apoteose de Napoleão I*. E foi assim que George Washington veio a receber o mesmo tratamento.

A Apoteose de Washington é a glória suprema do Capitólio. Trata-se de um enorme afresco que decora o interior do próprio domo. Pintado em 1865 por Constantino Brumidi, ele côbre 435 metros quadrados e está a 55 metros acima do piso. O domo original do Capitólio, feito de madeira e cobre, foi substituído depois que o Congresso ordenou a Thomas Walter, arquiteto do Capitólio, que construísse um novo domo em 1855, muito maior que a estrutura anterior e dessa vez feito de ferro.

Um ponto muito interessante a notar a respeito do afresco é que ele fica entre a parte mais elevada do domo e uma cúpula interna um pouco mais baixa. Ali se encontra uma abertura circular com quase 20 metros de diâmetro e, no recesso desse espaço, há um baldaquino de gesso suspenso no ar, preso a suportes laterais de ferro. Foi esta a tela em branco que foi fornecida ao pintor Brumidi. Devido a essa construção peculiar, a claraboia superior do domo é, na verdade, menor que o afresco em si, o que torna impossível ver a obra por inteiro a partir de algum ponto privilegiado dentro da Rotunda.

A autorização para o afresco foi dada em agosto de 1862. George Washington, o primeiro presidente dos Estados Unidos e comandante em chefe do Exército Continental durante a Guerra da Revolução Americana, nascera há 131 anos e, ao longo de todo esse tempo, sua reputação não parou de crescer. O afresco

deveria ser criado em sua honra. Washington era visto como o pai da nação e, já no início do século XIX, em 1802, a ideia da apoteose de George Washington circulava pela sociedade; John James Barralet terminara uma gravura onde mostrava o momento exato em que Washington ascendia aos céus.

Barralet escolheu o monte Olimpo para retratar a ascensão de Washington, recriando a imagem com base nos registros pictóricos sobre a apoteose feitos na Grécia antiga. Ele também escolheu figuras simbólicas para colocar em torno de Washington, tais como a Liberdade, o Pai Tempo, a Fé, a Esperança e a Caridade, e chegou a incluir uma figura representando um nativo ameríndio no canto inferior direito. Em 1860, mais uma litogravura colorida ilustrando a apoteose de Washington foi terminada. Dessa vez era obra do artista alemão H. Weishaupt. Todas essas obras de arte reforçavam a ideia da divindade de George Washington e pavimentaram o caminho para a encomenda feita a Brumidi.

Foi assim que, em 1862, Brumidi recebeu uma carta de Thomas Walter, anunciando:

> Pretendemos instalar uma imagem de 20 metros de diâmetro, pintada sob o método de afresco no baldaquino central que ficará sob a abóbada do Novo Domo do Capitólio. Agradeceríamos se o senhor nos fornecesse o projeto da obra o mais rápido que lhe for possível.

Depois de Brumidi providenciar os esboços preliminares, as duas partes concordaram com os termos da encomenda e ficou acertado que, a partir de abril de 1863, Brumidi receberia parcelas mensais de 2.000 dólares, sendo que o custo total da obra não deveria passar dos 40.000 dólares.

Brumidi começou a pintar o afresco propriamente dito em 1865, e os andaimes foram desmontados em 1866. Quando o público finalmente teve acesso à incrível pintura, a resposta foi muito favorável. Brumidi criara o que, até hoje, é considerado um dos melhores exemplos de pintura acadêmica nos Estados Unidos.

Vemos, ao olhar para cima e contemplar o imenso afresco, George Washington sentado no céu, em glória, com a Liberdade à sua esquerda, e a Vitória/Fama à direita. Ele está rodeado de 13 donzelas, representando as 13 colônias originais que formaram os Estados Unidos. Também temos os Estados Unidos prosperando sob a orientação dos deuses. As seguintes entidades divinas oferecem sua proteção: Mercúrio entrega uma sacola de ouro a Robert Morris, para ajudá-lo a financiar a Guerra Revolucionária; Minerva, deusa da sabedoria, dá instruções a Benjamin Franklin; Ceres, Flora e Pomona, deusas romanas ligadas à agricultura e às colheitas férteis, ajudam a Jovem América, que é vista usando um barrete vermelho que representa a liberdade, ao mesmo tempo que recolhe uma generosa colheita; Netuno abre uma trilha submarina como preparação para a instalação de um cabo submarino para telecomunicações; Vulcano, em sua forja, fabrica um canhão e uma máquina a vapor; e, finalmente, a Liberdade combate os inimigos da América, com a espada erguida e uma águia de cabeça branca, símbolo do país, à sua esquerda.

A obra-prima de Brumidi bebe na fonte de muitas pinturas e afrescos clássicos, mas ele mesclou tais influências com imagens do mundo moderno, criando uma visão renovada de George Washington como o deus de um novo e progressista país: os Estados Unidos.

Em *O Símbolo Perdido*, *A Apoteose de Washington* aparece no centro da história. Um dos temas fundamentais do romance é o deus que existe dentro de todos nós e a afirmação de que somos

deuses de nós mesmos. Dan Brown nos explica que o conceito do homem se transformando em deus é o ponto central da magnífica obra de arte que decora a Rotunda do Capitólio. Aprendemos que não se trata unicamente de George Washington se tornando deus; o simbolismo exibido na cúpula do Capitólio tem um único objetivo: nos ajudar a compreender que, para termos acesso a Deus, tudo que realmente precisamos é olhar para nós mesmos.

Um recente livro de William Henry e do dr. Mark Gray lança nova luz sobre *A Apoteose de Washington*. Intitulado *Freedom's Gate: The Lost Symbols in the U.S. Capitol* [O portal da liberdade: os símbolos perdidos no Capitólio], um dos muitos detalhes curiosos que ele revela se refere ao círculo ou "portal" de 72 estrelas que envolve a obra de arte:

> O afresco retrata o primeiro presidente dos Estados Unidos elevando-se aos céus em nuvens de glória, como se flutuasse no centro da pintura. Washington deificado está sentado em um trono que fica acima de um arco-íris — o trono do juízo no Céu — e dentro de um círculo ou "portal" formado por 72 estrelas.

É fascinante descobrir que esse anel de 72 estrelas está situado, na verdade, sobre a borda externa da abertura do domo, em seu ápice, permitindo que o afresco que fica acima dele possa ser admirado. Ao inspecionar o anel mais de perto, notamos que ele é formado por estrelas de cinco pontas. Isso é significativo porque estrelas de cinco pontas, no Egito antigo, retratavam o Duat, ou céu, um universo paradisíaco subterrâneo por onde a alma do faraó falecido viajava para se tornar um deus entre as estrelas. Estrelas de cinco pontas formando um círculo são geralmente vistas nos tetos das tumbas dos antigos egípcios.

Considerando que os primeiros relatos sobre a apoteose tiveram origem do Antigo Egito, parece adequado que tal auréola de estrelas circunde *A Apoteose de Washington*. Além disso, se olharmos com atenção à forma como as estrelas estão dispostas, vamos reparar que elas estão envoltas por uma longa cadeia de representações do algarismo oito deitadas e encadeadas ou, como parece mais provável aqui, símbolos do infinito. George Washington está sobre um anel de eternidade, uma metáfora visual muito apropriada.

Outro detalhe intrigante da *Apoteose de Washington* é o arco-íris que passa sob a nuvem onde George Washington está sentado. Em seu livro *Freedom's Gate*, os autores, Henry e Gray, destacam o significado disso ao explicar que os arcos-íris são, muitas vezes, usados para transmitir a ideia de apoteose:

> Em cenas alusivas ao Juízo Final, é comum vermos Jesus sobre um arco-íris. Portanto, o arco-íris está associado à glória. Isso faz sentido. Simbolicamente, os arcos-íris são intermediários entre o céu e a Terra. São pontes que os deuses utilizam para se alternarem entre os mundos... Nos ensinamentos sobre a Grande Perfeição ou Corpo de Arco-Íris, o corpo humano é considerado uma espécie de fase intermediária, uma ponte. A fase seguinte, que é entrar no Corpo de Luz, representa vestir a armadura de Deus, como vemos na Epístola aos Efésios 6:10-20. Esse Corpo de Luz (ou Corpo de Estrelas, ou Corpo de Arco-Íris) é o nosso corpo "espiritual" interno e oculto, citado em muitas tradições. No sufismo ele é chamado de "o corpo mais sagrado" ou "corpo supracelestial". Os taoistas o chamam de "corpo-diamante", e os que o alcançam são "imortais" ou "caminhantes das nuvens". Os antigos egípcios o chamavam de "corpo luminoso" ou "ser luminoso".

Analisando por essa perspectiva, o significado simbólico de George Washington sentado sobre um arco-íris é claro. Washington simboliza o homem perfeito, não só um Grão-Mestre iluminado, mas o "Cristo americano", em sintonia com sua natureza divina. Ele está em algum lugar acima do arco-íris, e sua imagem é uma ponte entre o Céu e a Terra.

Brumidi, pelo visto, era versado no simbolismo da transformação e fez de tudo para codificar muitos desses elementos em sua obra *A Apoteose de Washington*. O que, à primeira vista, parece apenas um afresco bem executado e com a finalidade de venerar o primeiro presidente norte-americano se revela uma pintura literalmente transbordante de simbolismo para os olhos de quem entende. Considerando as ligações entre o Capitólio e a Francomaçonaria, isso não é nem um pouco surpreendente.

Quase no fim de *O Símbolo Perdido*, Dan Brown faz com que Robert Langdon, em uma cena em que ele está apreciando *A Apoteose de Washington*, cite palavras de Manly P. Hall, retiradas de um livro espantosamente revelador denominado *The Secret Teachings of All Ages* [Os ensinamentos secretos de todas as eras], escrito em 1928: "Se o Infinito não desejasse que o homem se tornasse sábio, não teria lhe concedido o poder do conhecimento."

Essa é uma citação adequada para usar neste ponto do livro, porque muitos antigos ensinamentos secretos estão certamente incorporados ao afresco *A Apoteose de Washington*. É necessário um conhecimento especializado para reconhecer os sinais, mas, quando estudamos a obra em detalhes, começamos a perceber que Brumidi era profundamente versado na linguagem não só inebriante como também empolgante do simbolismo.

Ver também: Constantino Brumidi; Capitólio; George Washington.

Bacon, Sir Francis

Sir Francis Bacon foi um homem que exerceu grande influência sobre o pensamento filosófico do mundo ocidental. Fazia parte do que, segundo Dan Brown, era o "reservatório intelectual das mentes mais iluminadas do mundo", ao lado de Sir Isaac Newton, Robert Boyle e Benjamin Franklin. Ele é o autor de *A Nova Atlântida*, livro que descreve uma visão utópica da sociedade e que dizem ter influenciado os Pais Fundadores dos Estados Unidos no estabelecimento do seu novo mundo.

A Sociedade Bacon, nos Estados Unidos, fundada em 1922, presta uma grande homenagem a sir Francis Bacon ao afirmar que:

> Deveria ser do interesse de todo norte-americano conhecer, de maneira mais aprofundada, a participação de Bacon na instalação e na promoção das primeiras colônias britânicas na América do Norte, porque, embora esse fato não seja muito conhecido, ele prestou assistência na preparação das diretrizes da companhia da Virgínia, entre 1609 e 1612.

Esta contribuição é, talvez, uma das razões de ele ter sua importância reconhecida no salão de leitura principal da Biblioteca do Congresso, onde vemos, acima de uma estátua que representa a Filosofia, uma citação do ensaio "Da verdade", de Bacon: "A busca, o conhecimento e a crença na verdade são o bem supremo da natureza humana."

Bacon (1561-1626) foi autor do livro *A Sabedoria dos Antigos*, no qual explica os significados escondidos que, segundo ele, nos foram revelados pelos mitos antigos. Alguns estudiosos afirmam que o rei George I da Inglaterra (VI da Escócia) escolheu

Bacon para ser o editor da nova tradução da Bíblia, conhecida como a Versão Autorizada. Em seu livro *Sir Francis Bacon: Poet, Philosopher, Statesman, Lawyer, Wit* [Sir Francis Bacon: poeta, filósofo, estadista, advogado, intelectual], Parker Woodward diz:

> Tradicionalmente, sugere-se que a Versão Autorizada da Bíblia, impressa em 1610/11, foi submetida a Francis Bacon apenas para revisão final de ortografia e gramática, e que a tradução teria sido realizada por uma comissão de clérigos especialistas.

O ocultista e filósofo Manly P. Hall estava convencido de um papel muito mais importante de Bacon na criação da versão conhecida como Bíblia do Rei George. Em uma palestra intitulada "Origens da Maçonaria e da Ordem Rosa-Cruz", ele afirma: "A primeira edição da Bíblia do Rei George, editada por Francis Bacon e preparada sob supervisão maçônica, exibe mais sinais da presença dos maçons do que a Catedral de Estrasburgo."

Francis Bacon estudou no Trinity College, em Cambridge, e depois passou três anos na França, a serviço do embaixador inglês. Trabalhou como advogado e chegou a procurador-geral e promotor-geral da justiça britânica. Segundo suas palavras, seu principal interesse na vida era adquirir conhecimento sobre todas as coisas, e seus trabalhos escritos exibem um admirável domínio do idioma inglês.

Bacon se tornou membro do Parlamento em 1584. Alguns anos depois, o conde de Essex, aristocrata ambicioso e um dos favoritos de Elizabeth I, reconheceu seus talentos e se tornou seu patrono. O comportamento rebelde de Essex o levou a um julgamento e subsequente execução, depois de uma tentativa de

apoderar-se do trono. Bacon, tendo se distanciado desse complô traidor, foi o relator oficial do caso. Ele caiu nas graças do rei James, após este subir ao trono, e tornou-se seu cavaleiro em 1603. Sir Francis, depois de servir em várias posições legais, tornou-se Lorde Chanceler em 1618 e recebeu o título de barão Verulam; dois anos depois recebeu o título de visconde de Saint Albans. Posteriormente, acusado de corrupção, caiu em desgraça junto ao poder. Sua convicção lhe impôs o fim da carreira política. Os últimos anos de Bacon foram ocupados principalmente por seu trabalho literário.

A maneira pela qual Bacon morreu é uma boa indicação de sua natureza inquisitiva. Ele vinha pensando seriamente na ideia de preservar carne por meio do congelamento. Certo dia, depois de uma nevasca, fez uma incursão a Highgate, em Londres, acompanhado pelo médico da corte; trouxe de lá um galináceo e o recheou com neve para testar sua teoria. Infelizmente, a exposição ao frio afetou sua saúde de forma dramática e o levou à morte, dois ou três dias depois, por pneumonia. Mas conseguiu tempo para escrever uma carta antes de falecer, onde explicava, alegremente, que "quanto ao experimento em si, o resultado fora excelente".

Katherine Solomon e Robert Langdon passam pela Biblioteca Folger Skakespeare, em Washington DC, onde está exposto o exemplar original de *A Nova Atlântida*, de Bacon, em latim. Embora Langdon esteja preocupado em fugir da CIA, ele não deixa de comentar sobre o significado do livro. Na biblioteca é onde estão guardados muitos manuscritos raros e valiosíssimos, incluindo cópias do *First Folio*, de Shakespeare, a primeira coletânea de suas peças completas, datadas da época de Shakespeare e Bacon. É possível que esses dois autores contemporâneos tenham um relacionamento mais próximo do que se imagina.

Muitos especialistas acreditam que William Shakespeare, um rapazinho interiorano de Stratford-upon-Avon, na Inglaterra, não poderia ter adquirido conhecimento que o capacitasse a escrever as famosas peças de que é autor. Se ele não as escreveu, a pergunta que surge é: quem as teria escrito então? Existem vários candidatos possíveis para a autoria verdadeira das peças publicadas sob o nome de Shakespeare, incluindo sir Francis Bacon, Christopher Marlowe e os condes de Oxford e Derby. Sir Francis Bacon é a possibilidade mais forte, segundo alguns. Suas extensas viagens ao continente europeu o expuseram aos rituais fidalgos presentes nas peças de Shakespeare. Alguns pesquisadores, baseados nos detalhes e procedimentos legais incluídos em algumas de suas peças, lançaram a teoria de que o autor era um advogado treinado e Bacon, obviamente, se encaixaria nessa hipótese. Ele possuía as habilidades diplomáticas, filosóficas e linguísticas tão evidentes na obra do famoso dramaturgo.

Um dos mais entusiasmados defensores da teoria de que sir Francis Bacon era o verdadeiro autor das obras de Shakespeare foi Ignatius Donnelly, no século XIX. Donnelly foi senador pelo estado de Minnesota entre 1874 e 1878, tempo em que usou as instalações da Biblioteca do Congresso para aprofundar seus estudos a respeito dessa ideia. Depois de deixar seu cargo na política, teve tempo para seguir seus interesses literários. Estava convencido de que a resposta para o enigma repousava no próprio texto das peças, e dedicou-se a decifrar o trabalho de Shakespeare. A chave que Donnelly tentou aplicar foi a cifra Bacon, um método para ocultar mensagens dentro de um texto que Bacon descrevera e ilustrara em seu livro *O Avanço do Conhecimento*. Que sir Francis Bacon fosse o autor de um código não é surpresa, pois se presume que seu papel no governo exigisse que mensagens

fossem enviadas de forma segura. Como resultado de seu exaustivo estudo, Ignatius Donnelly publicou *The Great Cryptogram* [O grande criptograma], em 1888, volume com mais de 1.000 páginas no qual afirma ter descoberto muitos padrões que forneciam a mensagem de que "Shakespeare não escreveu nem uma linha de suas peças", segundo um código oculto nas obras. O confuso método que ele usou para chegar a essa suposta admissão do próprio Shakespeare, declarada em algumas de suas peças, acabou por embaçar a percepção de outras provas mais convincentes que ele incluiu no livro.

Ignatius Donnelly é mais famoso hoje pelo seu livro *Atlantis: The Antediluvian World* [Atlântida: o mundo antediluviano], um dos favoritos entre revisionistas da história, partidários de teorias da conspiração e historiadores alternativos. Como sir Francis Bacon, a quem tanto admirava, Donnelly tinha convicção absoluta de que Platão registrava fatos históricos ao escrever sobre Atlântida.

Para os que curtem simbolismo numérico, e isso obviamente incluiria Robert Langdon, existem "coincidências" demais na Versão Autorizada da Bíblia. Por exemplo: ela foi concluída em 1611, quando William Shakespeare tinha 46 anos de idade. Consultando o Salmo 46, descobrimos que a 46ª palavra contada do início é "shake" e a 46ª contada a partir do fim é "spear". É irresistivelmente delicioso imaginar que o "ghostwriter" de Shakespeare tenha inserido um pequeno gracejo com base no livro sagrado.

Em *O Símbolo Perdido*, o decano da Catedral Nacional de Washington, reverendo Colin Galloway, dá crédito a sir Francis Bacon por este "escrever em linguagem clara", antecipando a iluminação da raça humana, e Robert Langdon sabe que Bacon foi um membro da Ordem Rosa-Cruz. O símbolo rosa-cruz é uma

rosa desabrochando sobre uma cruz. Galloway chega a sugerir que talvez Bacon fosse o lendário Christian Rosenkreutz, fundador da Fraternidade Rosa-Cruz.

No livro *The Occult Philosophy in the Elizabethan Age* [A filosofia oculta na era elisabetana], a renomada estudiosa Frances Yates se refere a um de seus primeiros trabalhos, no qual apresenta argumentos que dão conta do envolvimento de Bacon com os rosa-cruzes:

> Eu afirmei no livro *The Rosicrucian Enlightenment* [O iluminismo rosa-cruz] que o movimento liderado por Francis Bacon para o avanço do aprendizado estava intimamente ligado ao movimento rosa-cruz germânico, compartilhando o mesmo enfoque místico e milenar... Enfatizei também que a obra *A Nova Atlântida*, de Bacon, publicada em 1627, um ano após sua morte, está cheia de ecos dos manifestos rosa-cruzes.

Bacon descrevia um movimento ou grupo com ideias semelhantes às da Ordem Rosa-Cruz em seu livro *O Avanço do Conhecimento*, no qual ele escreveu:

> ... sendo assim, de que modo não estaria uma fraternidade sobre aprendizado e iluminação relacionada à paternidade atribuída a Deus, que é chamado de Pai da iluminação ou das luzes?

Sir Francis tinha consciência de que realizar e observar experimentos científicos não era o bastante. Para ter pleno valor, essas observações exigiam uma análise cuidadosa. Em *A Nova Atlântida* ele conta uma história que fez crescer sua reputação entre os

homens que formaram a Real Sociedade. Eles se inspiraram na visão de Bacon para a "Casa de Salomão" na "Ilha de Bensalem". A Casa de Salomão, uma espécie de conselho de pesquisas, tinha seu nome derivado do rei Salomão bíblico, e ali se desenvolviam pesquisas científicas por meio das quais as criações de Deus eram analisadas.

A história de *A Nova Atlântida* se passa em Bensalem, uma ilha utópica do Pacífico Sul. Bensalem, especialmente se considerarmos que o livro foi escrito em torno de 1623, no início do século XVII, nada mais é do que um paraíso do Iluminismo, e representa um contraste marcante com a Europa da época, onde várias formas de protestantismo e catolicismo romano viviam em conflitos muitas vezes fatais. O nome Atlântida vem de uma misteriosa civilização que, segundo a lenda, foi criada por um povo avançado em uma época remota. Seu desaparecimento e sua localização original têm sido motivos de especulação há milênios.

A influência de Bacon no desenvolvimento científico não repousa unicamente no fato de ele ter feito grandes descobertas ou realizado experiências elaboradas. Seu grande triunfo foi delinear os mais importantes princípios da moderna investigação científica e também o fato de ele se manter de mente aberta a respeito das conclusões de uma experiência até a obtenção de uma prova irrefutável. Em *O Avanço do Conhecimento* ele declarou:

> Se começarmos com certezas, acabaremos com dúvidas, mas se começarmos com dúvidas e formos perseverantes, obteremos certezas.

Sir Francis Bacon foi autor de muitos livros e propagador de muitas ideias. Era, sem dúvida, um gênio multifacetado. Alexander Pope, poeta e erudito literário, disse a seu respeito:

 63

"Lord Bacon foi o maior gênio que a Inglaterra, ou talvez qualquer país, jamais produziu."

Ver também: Manly P. Hall; Rosa-Cruzes; Real Sociedade e Colégio Invisível.

Biblioteca do Congresso

Depois de escapar das garras da CIA, Robert Langdon e o homem que o resgatou, Warren Bellamy, chegam à Biblioteca do Congresso por meio de um túnel que sai do Capitólio. Ao entrarem no prédio da biblioteca, eles passam pelo grande saguão e chegam ao salão principal de leitura, onde Bellamy garante a Langdon que eles estarão a salvo. Apesar de seu desespero devido ao desenrolar frenético dos acontecimentos, Langdon faz uma pausa para analisar o esplendor da sala, e reflete que aquela, possivelmente, é a sala mais surpreendente em todo o mundo.

A Biblioteca do Congresso data de 1800, quando uma lei do Congresso disponibilizou 5.000 dólares para a aquisição de "tantos livros quantos fossem necessários para uso dos congressistas". A biblioteca deveria, originalmente, ser montada dentro do Capitólio, em "uma ala adequada para comportá-la". Entretanto, logo depois da derrota americana na Batalha de Bladensburg, em 24 de agosto de 1814, as tropas britânicas invadiram Washington, queimaram e saquearam muitos prédios públicos, inclusive o Capitólio, e destruíram 3.000 volumes da coleção da biblioteca. Para suavizar a perda, o ex-presidente Thomas Jefferson ofereceu para venda sua imensa coleção pessoal de 6.487 livros, pela quantia que o Congresso estivesse disposto a pagar, e escreveu:

"Que eu saiba, não existe nenhum ramo da ciência que o Congresso deseje excluir de sua coleção."

Por fim, o Congresso concordou em adquirir a biblioteca de Jefferson por 23.950 dólares, formando, desse modo, a base da nova coleção. Infelizmente outro incêndio, na véspera do Natal de 1851, destruiu 35.000 títulos, incluindo 4.324 da coleção original de Jefferson. Embora novos fundos fossem aprovisionados pelo Congresso para completar novamente a coleção, só a partir do momento em que a biblioteca passou pela administração de Ainsworth Rand Spofford, bibliotecário do Congresso de 1864 a 1897, foi que a coleção se expandiu consideravelmente. Ela foi beneficiada pela lei dos direitos autorais, de 1870, que determinava que, no mínimo, dois exemplares de todos os livros publicados, bem como de qualquer material impresso, deveriam ser enviados à Biblioteca do Congresso. O influxo resultante dessa lei criou a necessidade da mudança para um prédio maior, construído especialmente para abrigar esses livros. A construção do novo local teve início em 1892. Construída em estilo renascentista, a Biblioteca Thomas Jefferson já foi citada como "a maior, mais cara e mais segura" biblioteca do mundo.

A biblioteca é a principal fonte de pesquisas para o Congresso Americano. Sua missão oficial é tornar seus recursos disponíveis e úteis para o Congresso e para o povo americano, além de sustentar e preservar sua coleção universal de conhecimento e criatividade para as futuras gerações.

Em termos de tamanho da coleção, a biblioteca é a maior do mundo, com quase 142 milhões de itens, sendo mais de 32 milhões de livros e 62 milhões de documentos guardados em mais de 1.000 quilômetros de prateleiras. A cada dia, o espantoso número de 10.000 novos itens é adicionado à coleção da biblioteca, principalmente devido às exigências da lei do direito

autoral. Para abrigar todos os departamentos e recursos, as instalações se espalham, atualmente, por três prédios ao longo de Capitol Hill — o Edifício Thomas Jefferson, o Edifício John Adams (construído em 1938) e o Edifício James Madison Memorial (inaugurado em 1981). Além da biblioteca, outras instalações incluem os Escritórios Administrativos do Bibliotecário-Geral, o Serviço de Pesquisa Congressional, o Departamento de Direitos Autorais e a Biblioteca Legal do Congresso, que se orgulha de possuir três milhões de volumes sobre direito.

O prédio original, o mais famoso entre os que compõem a Biblioteca do Congresso — e também o local em que Langdon se esconde —, é o magnífico Edifício Thomas Jefferson. Seu exterior é retangular, composto de uma estrutura em T que forma o Grande Salão e o Salão Principal de Leitura. O interior do Grande Salão é muito opulento, revestido de mármore italiano, com piso de mármore com detalhes em latão incrustado que formam a imagem de um sol rodeado pelos 12 signos do zodíaco. Acima, o teto de estuque é folheado a ouro, enquanto suas vigas, almofadadas, são revestidas por folhas de alumínio e montadas entre vitrais.

Olhando para baixo, na direção do salão, existem oito estátuas de Minerva, a deusa romana do aprendizado e da sabedoria, em suas duas formas: Minerva da Guerra e Minerva da Paz. Minerva era a versão romana da deusa grega Atena, e muitas imagens dela podem ser vistas por toda Washington. Um imenso mosaico retratando Minerva se encontra no Grande Salão. Ele foi executado pelo artista Elihu Vedder, que tinha fortes ligações com maçons e rosa-cruzes.

O Grande Salão é decorado com muitos exemplos das ocupações e hobbies dos americanos em 1897, quando o prédio foi inaugurado. As duas imensas escadarias são decoradas com

crianças com ares de querubins (*putti*) apresentadas em várias poses, além de um jardineiro com ferramentas de jardinagem, um médico com uma vasilha e um pilão, além da serpente de Esculápio, símbolo da medicina. Um mecânico, um entomologista, um fazendeiro e um cozinheiro, para citar algumas profissões, também aparecem retratados ali.

O corredor leste presta uma homenagem em particular ao importante papel dos Estados Unidos nas descobertas e avanços científicos, nas artes, nas questões humanitárias, no direito e na medicina. É por ali que Langdon passa, ao longo das vitrines com vidro à prova de bala que protegem a Bíblia de Gutemberg, o primeiro livro impresso no mundo, e também a Bíblia Gigante de Mainz, escrita à mão, ambos produzidos na Germânia, nos anos 1450. Logo abaixo do teto estão seis pinturas de John White Alexander, intituladas *A Evolução do Livro*, com destaque para os estágios do desenvolvimento humano que levaram ao aparecimento da palavra impressa.

Saindo do grande saguão, o Salão Principal de Leitura fornece acesso à coleção geral da biblioteca, com mais de 70.000 livros, e é um espaço aberto a qualquer pessoa com mais de 16 anos. A sala que mais impressiona tem formato octogonal e seu teto abobadado tem quase 50 metros de altura. Em volta do octógono, as oito colunas de mármore exibem estátuas de mulheres, cada uma delas representando a arte, o comércio, a história, a lei, a filosofia, a poesia, a religião e a ciência.

Os oito vitrais nos arcos sob o domo representam os selos de cada um dos 48 estados americanos (Havaí e Alasca ainda não faziam parte dos EUA quando o prédio foi construído). Em torno das galerias do piso superior estão 16 estátuas de bronze retratando homens que exemplificam as atividades humanas representadas pelas oito estátuas femininas. A arte está personi-

ficada por Michelangelo e Ludwig van Beethoven; o comércio, por Cristóvão Colombo e Robert Fulton; a história, por Heródoto e Edward Gibbon; a lei, por Sólon e James Kent; a filosofia, por Platão e sir Francis Bacon; a poesia, por Homero e William Shakespeare; a religião, por Moisés e São Paulo; e a ciência, por sir Isaac Newton e Joseph Henry.

É a estátua de Moisés, completa, inclusive com os pequenos chifres, que leva Langdon a considerar o equívoco na transcrição da Bíblia (Êxodo 34:29), em que São Jerônimo traduziu, de forma incorreta, a passagem "seu rosto parecia radiante" — significando que Moisés estava glorificado e iluminado por ter estado na presença de Deus — como "seu rosto parecia ter chifres" o que levou à representação de Moisés com chifres desde então.

A grandeza na arquitetura e na decoração continua ao longo das outras salas e galerias da biblioteca que se espalham pelos dois andares do prédio. Entre elas estão a Sala dos Membros do Congresso, o Salão de Leitura Jefferson Congressional, a Sala de Leitura Asiática, o Salão de Leitura Europeia e o Centro de Folclore Americano, entre muitos outros.

O Salão de Livros Raros e Coleções Especiais possui um conjunto de 650.000 livros e outros materiais impressos, inclusive manuscritos medievais, 3.000 do quais foram adquiridos pelo Congresso de uma coleção pessoal que incluía a famosa Bíblia de Gutemberg, uma das três únicas que existem no mundo.

Uma parte importante da coleção de livros raros está em exibição na Mostra da Coleção Jefferson. Desde 1998, a biblioteca substituiu mais de 4.000 títulos perdidos na destruição de 1814 por meio de pesquisas minuciosas nos papéis pessoais, na correspondência de Jefferson e em outras fontes históricas, a fim de comparar tudo e remontar a lista completa dos livros originais

do ex-presidente, para que a biblioteca consiga readquirir exatamente as mesmas edições da coleção original de Jefferson.

Ver também: Thomas Jefferson.

Boaz e Jaquim

Em *O Símbolo Perdido*, Dan Brown informa ao leitor que o personagem Mal'akh tem muitas tatuagens por todo o corpo. As duas tatuagens que adornam suas pernas são representações de Boaz e Jaquim, os misteriosos pilares associados à localização lendária do Templo de Salomão em Jerusalém. Esses pilares têm dois conjuntos distintos de referências mitológicas associadas a eles, uma bíblica e outra maçônica.

Etimologicamente, Jaquim significa "estabelecer", e Boaz, embora isso seja discutido, quer dizer "força". Alguns estudiosos enxergam uma relação metafórica entre o rei Salomão, representado por Jaquim, e o rei Davi, representado por Boaz. Outros veem Boaz como a representação do avô do rei Davi, enquanto Jaquim seria um alto sacerdote. Esses dois pilares, então, se tornaram representações simbólicas do sacerdócio (Jaquim) e da linhagem real (Boaz).

O que se sabe ao certo, no entanto, é que esses dois pilares ficavam no portal do Templo de Salomão, com Jaquim à direita e Boaz à esquerda da entrada oriental. Algumas edições da Bíblia afirmam que os pilares eram feitos de cobre, enquanto outras dizem que eles eram de bronze ou latão. A construção desses pilares pode ter sido influenciada por sua utilização no Egito, onde eles guardavam as entradas dos templos, ou pelo seu uso nos templos romanos do Levante, região a leste do Mediterrâneo.

Em II Crônicas 3:15-17, está escrito, a respeito dos pilares:

Diante da Casa fez duas colunas de trinta e cinco côvados de altura; o capitel que estava sobre cada uma era de cinco côvados. Também fez cadeias no Oráculo, e as pôs sobre o alto das colunas; fez também cem romãs, as quais pôs nas cadeias. E levantou as colunas diante do Templo, uma à direita e outra à esquerda; e chamou o nome da que estava à direita Jaquim, e o nome da que estava à esquerda, Boaz.

Em II Crônicas 4:13-17, os pilares são descritos como sendo decorados por:

... quatrocentas romãs nas duas redes, duas fileiras de romãs em cada rede, para cobrir os dois globos dos capitéis que estavam em cima das colunas. Também fez as bases, e as pias sobre as bases; o Mar, e os doze bois debaixo dele. Do mesmo modo, as caldeiras, as pás, os garfos e todos os vasos, os fez Hiram Abi de bronze luzente para o rei Salomão, para a Casa do Senhor. Na campina do Jordão os fundiu o rei, na terra argilosa entre Sucote e Zeredá.

Entretanto, em II Reis 25:17, uma discrepância no tamanho dos pilares surge na descrição:

A altura duma coluna era de dezoito côvados, e sobre ela havia um capitel de bronze, cuja altura era de três côvados; ao redor do capitel havia uma rede e romãs, tudo de bronze; e semelhante a esta era a outra coluna com a rede.

A última vez em que ouvimos falar dos pilares na Bíblia é quando eles são desmontados e carregados para a Babilônia, em Jeremias 52:17.

Boaz e Jaquim se tornaram os pilares sobre os quais a Francomaçonaria foi construída. O papel que eles desempenham nas cerimônias, mistérios e rituais nas lojas maçônicas é evidente, e o simbolismo ligado a eles é considerado muito importante. Esses dois pilares se encontram em todos os salões maçônicos do mundo, embora sua localização não seja padronizada nem uniformizada na arte maçônica.

Em *O Símbolo Perdido*, as tatuagens de Boaz e Jaquim são descritas do seguinte modo: "... a da perna esquerda era espiralada e a da direita se erguia reta. *Boaz e Jaquim*." O que isso significa?

Parece que temos aqui uma referência a um local que Dan Brown explorou em detalhes em seu livro anterior, *O Código Da Vinci*: a Capela Rosslyn. As tatuagens de Mal'akh representam dois pilares da Capela Rosslyn: o chamado Pilar do Aprendiz, com sua espiral maravilhosamente entalhada, que representa o pilar de Boaz; e o Pilar Maçom, com suas estrias verticalmente entalhadas, que se diz ser a imagem de Jaquim. Esses pilares muito decorados formam a peça central de um dos mitos mais duradouros a respeito da Capela Rosslyn, e muitos maçons acreditam que representam Boaz e Jaquim em uma capela que, por si própria, representa, simbolicamente, o Templo de Salomão.

Em algumas tradições maçônicas, diz-se que eles são o "pilar de fogo" e o "pilar de nuvem".

Ver também: Francomaçonaria; Templo de Salomão.

Brumidi, Constantino

Constantino Brumidi é um artista nascido na Itália, responsável pela principal obra de arte do Capitólio: *A Apoteose de Washington*, o imenso afresco que adorna o teto do domo, um dos melhores exemplos de pintura em estilo acadêmico nos Estados Unidos.

Nascido em Roma em julho de 1805, seu pai era grego, da região da península do Peloponeso, e sua mãe era italiana. Brumidi estudou na famosa Accademia di San Luca, depois de mostrar grande aptidão pelas artes quando criança. A academia recebeu esse nome em homenagem a São Lucas, pois se supõe que ele tenha pintado a Virgem Maria e, por isso, é o santo padroeiro dos pintores. Fundada em 1593, a academia possui uma longa história baseada na tradição de ensinar artistas na área das belas-artes, especialmente pintores, escultores e arquitetos.

Depois de deixar a academia, Brumidi decidiu estabelecer uma carreira própria em Roma. Seu talento prodigioso foi reconhecido e o próprio papa Gregório XVI foi seu mecenas, oferecendo-lhe a tarefa de trabalhar nos afrescos do Vaticano e restaurar a Galeria de Rafael. Um conflito com o secretário de Estado do papa, por motivos políticos, colocou um ponto final no trabalho de Brumidi no Vaticano, e sua missão seguinte foi para o príncipe Torlonia. Mais tarde, em 1847, ele trabalhou para o papa Pio IX, pintando um retrato de corpo inteiro do pontífice, o que, mais uma vez, reforçou o status de Brumidi como um dos maiores pintores de Roma.

A carreira de Brumidi parecia estar definida. Ele conseguira um nicho para seu trabalho e continuava a atrair o patrocínio da abastada aristocracia da cidade. Subitamente, porém, a febre

revolucionária chegou a Roma e o mundo virou de ponta-cabeça.

No dia 15 de novembro de 1848, Pellegrino Rossi, ministro da Justiça do papa, foi assassinado. Sua morte foi seguida por revoltas nas ruas de Roma e reivindicações do povo, que exigia um governo democrático. O papa fugiu e a república romana foi fundada. Brumidi se colocou ao lado dos revolucionários e isso representou sua derrocada.

O papa, auxiliado por vários poderes de toda a Europa, conseguiu obter de volta o controle da república que mal conseguira se instalar. Brumidi foi preso em 1851 — acusado de tomar parte nas revoltas — e sentenciado a 18 anos de prisão. Logo depois, o papa Pio IX, de quem Brumidi se tornara amigo pessoal ao pintar seu retrato anos antes, concedeu perdão ao pintor, sob a condição de que ele abandonasse a Itália para sempre. Foi então que Brumidi, sua esposa, Anna, e seus dois filhos deixaram a Itália e foram para Nova York.

Brumidi se tornou cidadão americano em 1852 e começou a construir uma nova carreira. Dando continuidade ao que fazia em Roma, completou o afresco que estava inacabado, atrás do altar da Igreja de Santo Estêvão, em Nova York. Em seguida, foi para Baltimore e depois para o México.

Ao voltar do México para Nova York, em 1854, Brumidi passou pela capital do país, Washington. Imensamente impressionado com a arquitetura grandiosa que encontrou pela cidade, e especialmente com o Capitólio, conseguiu um encontro com o capitão Montgomery C. Meigs, engenheiro supervisor do Capitólio, e lhe informou que estava disponível para decorar os muitos espaços vazios do prédio.

Meigs era uma figura polêmica na época, pois muitas pessoas achavam que um posto importante como esse, dentro do

Capitólio, não deveria ser ocupado por alguém como ele, que tinha um passado de guerras. Ele conseguiu se indispor e criar problemas com muitos artistas do seu tempo, e petições foram submetidas ao Congresso solicitando sua remoção do cargo. Entretanto, Meigs era um homem de grande visão e estava decidido a transformar o Capitólio no maior monumento nacional da república. Ele decidiu fazê-lo transbordar de brilho com toda habilidade e criatividade de grandes artistas americanos que conseguisse arregimentar.

Nessa época, a edição de Washington do American Guide Series, um guia de profissionais de diversas áreas, referia-se a Brumidi como "um pintor decorativo de talento mediano que trabalha com o que sobrou da tradição de Rafael e Correggio". Hoje essa descrição nos parece quase engraçada, diante das maravilhas que, conforme sabemos, Brumidi estava prestes a criar.

Kent Ahrens, no livro *Nineteenth Century History Painting and the United States Capitol* [História da pintura no século XIX e o Capitólio], nos conta como Brumidi conseguiu se estabelecer em Washington:

> Embora mediano, Brumidi era, basicamente, um pintor de afrescos, e possuía, nessa área, uma habilidade que não se encontrava em nenhum outro artista americano de sua época. Talvez ele também já alimentasse a semente de um sonho e, assim como Michelangelo, que dedicou a parte final da sua vida à glorificação da Basílica de São Pedro, também ele, Brumidi, dedicaria a vida à nova catedral da liberdade humana, o Capitólio dos Estados Unidos. Assim, pediu a Meigs um emprego como artista e sugeriu que a tarefa que mais se adequava a seus talentos era a de adornar paredes e tetos de prédios públicos com afrescos.

Foi assim que Brumidi contribuiu com uma série de afrescos para o prédio que abrigava o Departamento de Agricultura do país, em 1855. Meigs escreveu: "Esse trabalho fará com que o Congresso conheça um exemplo de altíssimo estilo em decoração arquitetural." Os resultados decerto atraíram muita atenção e garantiram a Brumidi trabalho constante para os 25 anos que se seguiram, no Capitólio.

Em 1856, Brumidi começou a fazer esboços para o que é hoje conhecido como os Corredores de Brumidi. O arquiteto do Capitólio, Thomas Walter, projetara os corredores de forma a eles serem decorados com simplicidade, à base de quadros a óleo. O capitão Meigs, porém, tinha outros planos. Já que Brumidi adquirira experiência na restauração da Galeria de Rafael, no Vaticano, Meigs pediu ao artista que preparasse um projeto artístico elaborado para a capital americana. Trabalhando com uma equipe de artistas e assistentes, Brumidi tomou posse dos corredores e a decoração altamente ornamental ainda pode ser apreciada hoje. Brumidi trabalhou nos corredores durante as décadas de 1850, 1860 e 1870.

Brumidi sempre desejou pintar um grande afresco para o domo do Capitólio e fez um esboço a óleo do que se tornou conhecido como *A Apoteose de Washington* no início de 1859, embora só tenha recebido a encomenda em 1863. Ao completar finalmente o que é considerada a sua realização mais magistral, Brumidi assegurou que seu nome seria eternamente lembrado entre os grandes artistas americanos.

Brumidi continuou a trabalhar dentro do prédio do Capitólio muito depois de *A Apoteose de Washington* ter sido completada, colaborando para a decoração dos corredores e de muitos salões na ala do Senado. Seu projeto final foi o friso que

circunda a base do domo, a 18 metros do piso da Rotunda, no centro do Capitólio.

Entretanto, os muitos anos de trabalho começavam a cobrar seu preço e, em 1879, aos 74 anos, sua saúde estava frágil. Ele vivia tendo crises de asma, e eram frequentes os episódios de diarreia. Para piorar, suas condições de trabalho eram exaustivas, para dizer o mínimo. Barbara A. Wolanin, autora de *Constantino Brumidi: Artist of the Capitol* [Constantino Brumidi: artista do Capitólio], nos oferece um relato realista das condições de trabalho que Brumidi, muito idoso e frágil, tinha de enfrentar:

> ... esse maravilhoso ancião tinha que subir, diariamente, até uma altura de 25 metros, entrar por uma abertura para, então, tornar a descer quase oito metros por uma escada de mão que o levava a um pequeno cercado, onde trabalhava. Estava tão velho e fraco que precisava de ajuda para alcançar seu pequeno espaço; dá para imaginar o fatigante esforço que representava chegar e sair do seu local de trabalho, diariamente. Além disso, em dias de chuva e vento forte ele não conseguia subir até lá.

Para lhe oferecer algum conforto, uma cadeira foi providenciada e colocada sobre um andaime precário. Em outubro de 1879, Brumidi caiu dessa cadeira, com consequências quase fatais. Novamente transcrevo um trecho de *Constantino Brumidi: Artist of the Capitol*:

> ... enquanto estava sentado sobre um andaime improvisado, um dos pés da cadeira resvalou para fora da prancha e derrubou o artista; ele se segurou na haste da escada e se man-

teve suspenso no ar, preso unicamente pela força dos seus braços, por quase quinze minutos, até que um funcionário chamado Lammon desceu do topo do domo até o andaime e chamou mais dois homens que trabalhavam no piso da Rotunda para ajudá-lo a puxar o pintor.

Apesar de Brumidi ter se recuperado dessa experiência terrível (na verdade, ele voltou a trabalhar no mesmo dia no andaime instável), sua saúde, que se deteriorava, impediria-o de ver terminado seu trabalho no friso. Acabou confinado à sua casa durante todo o inverno e faleceu em fevereiro de 1880.

Hoje, um busto de Brumidi pode ser visto nos Corredores Brumidi, uma homenagem aos longos anos que ele dedicou ao embelezamento dos muitos salões e espaços do Capitólio. Ele completou mais obras de arte no Capitólio do que qualquer outro artista e seu nome ficou estampado para sempre em todo o prédio.

Brumidi assinava o seu nome desse modo: "C. Brumidi: cidadão artista dos Estados Unidos." Seu país de adoção certamente tem tanto orgulho dele e de suas realizações quanto ele tinha de ser americano.

Ver também: A Apoteose de Washington*; Capitólio.*

Capitólio

Os Estados Unidos são geralmente representados em todo o mundo pela imagem do Capitólio, com seu domo em branco, puro e perfeito, tendo ao fundo o céu azul. Essa imagem se tornou um ícone americano tão forte quanto a famosa bandeira vermelha, branca e azul. No entanto, a maioria das pessoas não

conhece nada além dessa gloriosa fachada; elas não fazem ideia das maravilhas que estão expostas dentro do domo, nem de quão grande e complexo é o prédio do Capitólio.

Trata-se não só de um museu cheio de finíssimos tesouros de arte, mas também de um local de trabalho. Ali o Congresso Americano se reúne diariamente, e é também a partir dali que todo o governo federal funciona.

É difícil imaginar a sede do governo fora de Washington, longe do Capitólio, mas foram necessários esforços extraordinários para criar aquilo que se tornaria o coração da nação. Apesar da vitória na Guerra da Revolução Americana, em 1781, mais oito anos se passaram, até 1789, para ser formado o que é conhecido hoje como Congresso dos Estados Unidos. O recém-formado Congresso se instalou, a princípio, em Nova York, mas se mudou para a Filadélfia depois de duas sessões. Uma lei aprovada em 1790, conhecida como Lei da Residência, estabeleceu um plano detalhado para a construção de uma nova cidade para ser a capital dos Estados Unidos e, depois de muitos debates, chegou-se a um consenso: a nova capital ficaria em um lugar localizado junto ao rio Potomac, na região conhecida como Distrito de Colúmbia. Deputados de Nova York e da Filadélfia protestaram, desejosos de manter a sede do governo em suas cidades, mas foi decidido que a Filadélfia funcionaria apenas como sede temporária do governo, até o novo Capitólio ser inaugurado na cidade que se chamaria Washington. A Lei da Residência determinava que o presidente George Washington deveria garantir que o novo prédio do Capitólio estivesse terminado e pronto para receber o Congresso até dezembro de 1800.

O planejamento da nova capital teve início imediato, e George Washington desempenhou um papel ativo em sua execução. Pierre L'Enfant, um arquiteto nascido na França e veterano

 *78*

da Guerra Revolucionária Americana, foi escolhido para planejar a nova cidade. O projeto definitivo do que se tornaria Washington DC foi apresentado e aprovado em 19 de agosto de 1791, com a localização do Capitólio e de outros prédios federais, inclusive a da Casa Branca, devidamente definidas.

Do mesmo modo que uma pintura importante merece uma moldura que faça jus à arte retratada, o Capitólio foi planejado dentro de um grande e elaborado conjunto de avenidas e vistas panorâmicas que se uniam na direção do que era, na época, um monte, o Jenkin's Hill. Em uma carta a George Washington, L'Enfant escreveu que o intocado Jenkin's Hill era como "um pedestal à espera de um monumento".

Apesar de a localização do Capitólio ter sido definida, ainda não havia projeto para o prédio em si, embora o nome da nova sede do governo já tivesse sido escolhida: Capitólio (que venceu a segunda opção, Casa do Congresso). Jenkin's Hill, em Washington, foi renomeado monte Capitólio, em homenagem ao famoso monte da Roma antiga conhecido como monte Capitolino.

Em 1792, L'Enfant se desentendeu com George Washington. Seu mandato como projetista-chefe se encerrou e foi efetuada mais uma busca por um novo estilo para o que seria o prédio mais importante dos Estados Unidos.

É difícil acreditar que o projeto do que acabou se tornando um dos prédios mais facilmente reconhecíveis em todo o mundo tenha se iniciado como uma competição cujo prêmio era 500 dólares. Revendo alguns dos projetos concorrentes, é de imaginar o que poderia ter acontecido se um dos outros tivesse sido escolhido. Poderíamos estar olhando hoje para uma curiosa águia gigante entalhada em pedra e pousada no alto de um pedestal.

O projeto que venceu a competição foi o do dr. William Thornton, um médico que também se dedicava, de forma amadora mas apaixonada, à arquitetura. Thornton recebeu os 500 dólares e um lote de terra na cidade como prêmio. Embora seu projeto tenha sido modificado e alterado de forma considerável ao longo dos anos, o prédio que vemos hoje nasceu do que ele apresentou. O famoso domo, no entanto, não fazia parte do seu plano original. A primeira construção do Capitólio tinha um domo modesto, feito de madeira e cobre, projetado por Charles Bullfinch e com menos da metade da altura do domo que existe hoje. Mas o Capitólio continuaria sem domo por muito tempo ainda.

Com a localização no monte Jenkin's definida e as fundações devidamente construídas, a pedra angular do Capitólio foi colocada no dia 18 de setembro de 1793. O evento foi acompanhado de uma grande cerimônia, a primeira da nova capital federal, e conduzida por ninguém menos que o presidente dos Estados Unidos, George Washington. Ele conduziu os trabalhos não apenas como presidente, mas também como líder da Maçonaria, vestido com seu uniforme maçônico de gala. Depois de toda a pompa e circunstância, uma placa de prata foi colocada na pequena fossa sobre a qual a pedra angular seria colocada. A placa dizia:

Esta pedra fundamental, colocada no canto sudeste do Capitólio dos Estados Unidos da América, na cidade de Washington, foi lançada no dia 18 de setembro, no décimo terceiro ano da independência americana, no primeiro ano do segundo mandato da Presidência de George Washington, cujas virtudes na administração civil deste país têm sido tão evidentes e benéficas quanto seu histórico militar e sua

prudência foram úteis para o estabelecimento das liberdades desta pátria; no ano maçom de 5793, pela Grande Loja de Maryland, por várias lojas sob a sua jurisdição, e pela Loja 22, de Alexandria, na Virgínia.

A despeito dos problemas com fornecimento de mão de obra suficiente para a construção do Capitólio, bem como constantes dificuldades de financiamento, a ala do Senado foi completada em 1800 e, embora o prédio continuasse incompleto, o Congresso dos Estados Unidos empreendeu sua primeira sessão no Capitólio em novembro daquele ano. Na época, havia 16 Estados na União.

George Washington não viveu para ver o Congresso de casa nova, no Capitólio, pois faleceu quase um ano antes disso, e foi o presidente Adams que pronunciou o primeiro discurso no prédio ainda inacabado:

> Seria impróprio os representantes desta nação se reunirem pela primeira vez neste *templo solene* sem olhar para o Governante Supremo do universo e pedir sua bênção. Que este território se torne a morada da virtude e da felicidade! Que nesta cidade possam reinar a piedade e a virtude; possam reinar a sabedoria e a magnanimidade; possam reinar a constância e o autogoverno que adornaram a grande figura de quem a cidade herdou seu nome; que eles possam ser mantidos em veneração eterna! Aqui e em toda a parte em nosso país, que as maneiras simples, a moral pura e a verdadeira religião floresçam para sempre!

Esse foi um discurso cheio de promessas do que o Capitólio e a própria nação poderiam se tornar, mas o fato é que o Capitólio

não estava nem perto de estar terminado. Na verdade, só em 1811 a ala projetada para ser a Câmara dos Deputados foi completada. A seção central que seria coroada pelo domo ainda não havia sido tocada desde a data da fundação do complexo, quase 20 anos antes.

No fatídico ano de 1812, Benjamin Latrobe estava encarregado da construção, tendo assumido o cargo de supervisor dos prédios públicos dos Estados Unidos em 1803, tornando-se, assim, o quarto arquiteto encarregado da construção do Capitólio. Seus projetos evoluíam de forma favorável, mas a eclosão da Guerra Anglo-Americana ameaçou destruir todo o progresso alcançado nos 20 anos anteriores.

O Exército Britânico assumiu o controle de Washington em agosto de 1814, com consequências desastrosas para os Estados Unidos. No que é conhecido como a Queima de Washington, George Cockburn, almirante britânico, ordenou que muitos prédios federais fossem incendiados por completo. Embora o interior do Capitólio tenha sido destruído quase por completo, a parte externa da construção permaneceu de pé. Mesmo assim, muito do trabalho das duas décadas precedentes foi perdido. É de imaginar o que George Washington teria achado disso, se estivesse vivo.

Latrobe voltou a Washington em 1815, depois da guerra, com a nova incumbência de reconstruir o Capitólio. Dessa vez ele obteve mais liberdade e conseguiu introduzir algumas de suas próprias ideias no projeto anterior. Ele surgiu com um novo projeto para o domo, substituindo o que fora imaginado originalmente por Thornton, mas o destino determinou que ele não o veria pronto. Em 1817, Latrobe renunciou ao cargo, enormemente frustrado por relatórios diversos que o apontavam como responsável pelo lento progresso na obra do Capitólio, o que o

levou a uma famosa explosão de raiva diante do presidente James Monroe.

Foi assim que Charles Bullfinch assumiu como arquiteto do Capitólio. Sob sua liderança, o Capitólio foi finalmente terminado em 1829 — quase 36 anos depois de George Washington ter colocado a pedra angular. O Capitólio já tinha até mesmo um domo, uma estrutura de cobre e madeira projetada por Bullfinch. Dentro do domo estava a Rotunda, construída para reproduzir as dimensões e a grandeza do Panteão em Roma, inclusive com o óculo na abóbada.

Ao longo dos 20 anos que se seguiram, entre 1830 e 1850, o trabalho continuou dentro do Capitólio. Do lado de fora, porém, o prédio permaneceu como Bullfinch o deixara.

Teve início a construção de um túmulo sob a Rotunda, um andar abaixo do piso principal. Seria uma cripta para George Washington, em homenagem ao centenário do seu nascimento, a ser comemorado em 1832. Entretanto, no último instante, os herdeiros de Washington não deram autorização para remover os restos mortais do presidente para o Capitólio, pois não queriam contrariar as próprias instruções de Washington quanto ao seu enterro. Foi assim que a tumba proposta para ficar sob o Capitólio acabou se transformando num almoxarifado.

Desapontado por esses eventos, o Congresso começou a discutir outras formas de homenagear Washington e decidiu encomendar uma estátua de mármore, que receberia um lugar de honra na própria Rotunda. O escultor Horatio Greenough foi designado para a tarefa e o resultado de seu trabalho retratava Washington como Zeus, sentado em um trono, envolto em um manto drapeado, com o peito desnudo, apontando para o alto e segurando uma espada embainhada na direção do observador.

A estátua completa — uma escultura verdadeiramente épica que pesava quase 20 toneladas — foi instalada sob a Rotunda em 1841, mas só ficou exposta no Capitólio durante dois anos. A indignação do público diante da forma como Washington foi retratado fez com que ela fosse rapidamente removida para o subsolo do Capitólio, e hoje está em exibição no Museu Nacional da História Americana, no Instituto Smithsonian. Embora as pessoas estivessem dispostas a ver o falecido Washington como divino, não estavam dispostas a considerar seu primeiro presidente *literalmente* como um deus, pelo menos não de forma tão óbvia.

Em seu livro *History of the United States Capitol* [A história do Capitólio dos Estados Unidos], William C. Allen declara que Charles Bullfinch resumiu bem o estado de espírito do povo da época — uma mistura de indignação e divertimento — em uma carta para seu filho:

> Receio que isso vá provocar muita indignação — pode até ser uma magnífica obra de arte, mas o nosso povo dificilmente vai ficar satisfeito em olhar para músculos desenvolvidos, pois desejariam ver este grande homem como a imaginação coletiva o criou... [Eu] não estou convencido de que a escultura seja adequada para os tempos modernos; suas vestimentas apresentam dificuldades incontornáveis... Receio que a figura transmita a ideia de que o presidente está entrando ou saindo do banho.

Em *O Símbolo Perdido*, Robert Langdon se refere à estátua ao dizer que a mão decepada de Peter Solomon, que aparece apontando para o alto, não é a primeira mão a fazer isso dentro da Rotunda. Quando a estátua de Washington foi instalada naquele

espaço, porém, o famoso afresco *A Apoteose de Washington*, na direção da qual a mão de Peter Solomon aponta, ainda não havia nem mesmo sido concebido.

E foi assim que o primeiro capítulo da história do Capitólio se encerrou.

Com o rápido crescimento interno dos Estados Unidos durante a década de 1850, o Capitólio ampliou-se e cresceu. Parecendo não ter aprendido nenhuma lição das dores do parto provenientes do projeto original e da implantação do Capitólio, o Senado propôs outra competição e colocou um anúncio em um dos jornais locais de Washington. O anúncio dizia:

> Esperamos que planos e estimativas sejam apresentados visando à ampliação do Capitólio, seja por meio de alas adicionais criadas ao norte e ao sul do atual prédio, ou por meio da edificação de uma estrutura distinta e separada da principal, dentro da área delimitada a leste da edificação hoje existente.

Depois de um grande período de estudos, em maio de 1851, Thomas U. Walter se tornou o novo arquiteto do Capitólio. Seus projetos iriam modificar o Capitólio para sempre, transformando-o em um dos mais famosos e facilmente reconhecíveis prédios do mundo moderno. Durante a administração de Walter o Capitólio triplicou de tamanho. Ele acrescentou o domo que conhecemos hoje, substituindo o antigo arcabouço de Bullfinch, feito de ferro e cobre, por uma estrutura em pedra e ferro muito maior que a anterior — na verdade, com mais do dobro da altura.

A data mais antiga que Walter menciona para os trabalhos visando à construção do novo domo é maio de 1854. Sabemos

que ele foi inspirado pelo domo da Catedral de São Paulo, em Londres, bem como pela Basílica de São Pedro, em Roma, e pelo Panteão, em Paris. Apesar de projetar o domo atual, ele não estava encarregado da construção e não trabalhou no projeto sozinho. O capitão M. C. Meigs colocara um engenheiro para cuidar da restauração de todo o Capitólio em 1853 e, apesar das muitas diferenças, brigas e ressentimentos mútuos, os dois homens trabalharam juntos na construção do domo. Meigs tinha um talento inegável como administrador, um olho atento para os mínimos detalhes e levou o projeto em frente, muitas vezes à base de pura determinação.

Sob a orientação atenta de Meigs, o Capitólio se transformou numa obra de incrível beleza, tanto por dentro quanto por fora. O interior recebeu pródigos luxos e tanta atenção quanto a parte externa. Ele supervisionou os mais fantásticos tetos em ferro e vidro, instalou fabulosos entalhes em mármore e contratou os mais talentosos artistas para criar salões e corredores de tirar o fôlego. Um desses artistas foi Constantino Brumidi, que conseguiu completar *A Apoteose de Washington*.

Seriam necessários muitos volumes para descrever com precisão a miríade de salões e maravilhas do Capitólio, pois cada centímetro quadrado do prédio exibe uma decoração suntuosa, belíssima e com a mais alta qualidade artesanal. E a beleza do Capitólio continua evoluindo até hoje.

A fim de providenciar uma entrada separada, necessária para atender aos turistas, com as instalações modernas exigidas por um local que atrai cada vez mais visitantes, um novo centro de recepção foi criado em 2000. Isso aparece em *O Símbolo Perdido*, quando Langdon chega ao Capitólio para apresentar uma palestra.

Dan Brown escreve em seu romance que, no passado, havia uma chama perene na cripta do subsolo; entretanto, embora seja verdade que o piso da Rotunda tenha estado aberto durante algum tempo para permitir que a cripta fosse vista do alto, tal grade foi instalada apenas para que os visitantes observassem o túmulo de Washington. Vivien Green Fryd descreve a retirada dessa grade do piso em seu livro *Art and Empire: The Politics of Ethnicity in the U. S. Capitol* [Arte e império: a política de consciência étnica no Capitólio]:

> Durante os preparativos para a transferência dos restos mortais de Washington para o subsolo do Capitólio, os construtores deixaram uma abertura circular com cerca de três metros de diâmetro no centro do piso da Rotunda, possibilitando aos visitantes ver a cripta e a estátua de Washington que seria colocada sobre seu túmulo. Em 1828 o Congresso ordenou o fechamento dessa abertura, pois a umidade que vinha do andar de baixo prejudicava as pinturas de John Trumbull, que enfeitavam as paredes da Rotunda.

Não existem dados sobre a chama perene mencionada em *O Símbolo Perdido*; a estrela no piso acima da cripta e bem no centro da Rotunda, na verdade, marca o ponto a partir do qual todas as ruas da cidade de Washington se originam.

No fim de *O Símbolo Perdido*, vemos Robert Langdon e Katherine Solomon deitados de costas meditando sobre o significado da *Apoteose de Washington* e a frase pintada na superfície curva: *E pluribus unum**. É nesse ponto que os leitores especulam,

---

* A tradução dessa inscrição ("de muitos, um") representa a integração das 13 colônias originais e, com o tempo, passou a significar também a natureza plural da sociedade americana, por causa da imigração. (N. T.)

e não pela primeira vez ao longo da história, o que, exatamente, estava na mente dos grandes homens que ergueram essa construção em pedra no alto de um monte.

No livro *Freedom's Gate* [Portal da liberdade], os autores, William Henry e o dr. Mark Gray, lançam a ideia de que o Capitólio, além de ser a sede do governo norte-americano, representa, na verdade, um templo para o povo, um lugar de iluminação que todos podem vivenciar e ao qual todos podem ter acesso:

> Será o Capitólio, na verdade, um templo? Ao buscarmos a resposta para essa pergunta, descobrimos que sim. No âmago desse templo cívico cheio de vida e em constante evolução reside a visão iluminada da Liberdade transformada na nova religião secular da Luz, conforme Thomas Jefferson a vivenciou. O poderoso monte Capitólio é um grande monte Santo, na tradição de todos os montes sagrados. A construção que encima esse monte emerge como um Templo de Iluminação e de Transformação, onde foram utilizados princípios arquitetônicos sagrados e simbolismo espiritual para criar um magnífico espaço ou lugar onde o Céu e a Terra se unem. Por definição, ele é uma entrada ou portal estelar, para usarmos um termo do século 21.

Não há dúvida de que o Capitólio foi construído com o mesmo propósito e visão das maravilhosas catedrais da Idade Média. Muitos o consideram um verdadeiro lugar espiritual e se sentem imensamente comovidos pela experiência de visitar a secular Rotunda. Alguns poderiam argumentar que isso se deve ao peso da história sobre o observador, mas certamente é mais que isso. O Capitólio foi cuidadosamente esculpido para ser um local de transcendência. Henry e Gray ressaltam o que a construção real-

mente representa, e afirmam que o Capitólio deve ser colocado ao lado de uma longa linhagem de prédios sagrados, como o Templo de Salomão, em Jerusalém, e o Panteão de Roma:

> Os Estados Unidos foram o lugar para onde os refugiados religiosos e políticos da Irlanda, França, Alemanha, Itália e outras partes da Europa correram em busca de segurança e de melhores vidas, livres da tirania e da perseguição religiosa e civil. Eles vieram à procura de liberdade religiosa, liberdade física e liberdade de pensamento. Muitas pessoas apoiaram com entusiasmo os líderes que tentaram criar uma "cidade sobre um monte" ou uma "experiência sagrada", o cumprimento da promessa da Nova Jerusalém.

Ao olharmos para a imponente estrutura do Capitólio, não vemos uma construção moderna, e sim o passado, o presente e o futuro mesclados e unificados — um monumento ao amor duradouro que a humanidade tem pelos mistérios do universo e pelo desconhecido.

Ver também: A Apoteose de Washington*; Constantino Brumidi; Pierre L'Enfant.*

Casa do Templo

A Casa do Templo é a sede do Rito Escocês da Francomaçonaria para a Jurisdição Sul dos Estados Unidos. Fica localizada em Washington DC, na rua 16 NW, número 1.733, entre as ruas R e S, a 13 quarteirões da Casa Branca. O local é a sede da Suprema

Corte do Rito Escocês desde 1915. O prédio é conhecido pelos maçons do Rito Escocês pelo nome de Heredom.

Esse surpreendente prédio desempenha um papel fundamental na trama de *O Símbolo Perdido*, pois é o local do confronto decisivo entre Mal'akh e seu pai, Peter Solomon. Esse enfrentamento acontece na Sala do Templo, o local mais íntimo da construção, sob a imensa abertura do teto. É sobre o "altar" central dessa sala que Mal'akh tenta fazer com que seu pai o ofereça em sacrifício usando a faca Akedah que ele comprou para esse fim.

O arquiteto que projetou a Casa do Templo, John Russell Pope, não era, na verdade, um francomaçom. Um de seus assistentes, Elliot Woods, foi designado para ajudá-lo com o simbolismo maçônico que era necessário incorporar ao estilo. A estrutura teve como modelo uma das Sete Maravilhas do Mundo Antigo, o Mausoléu do Rei Mausolo, em Halicarnasso. O projeto do prédio foi considerado uma maravilha arquitetônica, e Pope foi muito elogiado pelo trabalho. E realmente, em 1917, Pope recebeu a medalha de ouro da Liga Arquitetônica de Nova York pelo seu trabalho na Casa do Templo. O prédio foi a obra mais importante de Pope em Washington DC; o arquiteto tinha 36 anos da ocasião. Depois disso, ele continuou trabalhando em diversos projetos e supervisionou a criação de algumas das mais famosas construções da cidade, como o Memorial de Thomas Jefferson, o conjunto do Arquivo Nacional e a Galeria Nacional de Arte.

Segundo informa David Ovason, a pedra fundamental da Casa do Templo foi lançada no dia 18 de outubro de 1911, diante de centenas de maçons. A cerimônia foi conduzida por J. Claude Keiper, o Grão-Mestre do Distrito de Colúmbia, utilizando o mesmo martelo cerimonial que George Washington havia usado na cerimônia de colocação da pedra fundamental do Capitólio.

Dentro do Templo existe uma câmara onde estão os restos mortais de Albert Pike, general confederado e também autor do livro que se tornou a principal fonte de referência para o Rito Escocês da Francomaçonaria, *Morals and Dogmas of the Ancient and Accepted Scottish Rite of Freemasonry* [Os dogmas e princípios morais do Rito Escocês da Francomaçonaria Antigo e Aceito], escrito em 1871. Na biblioteca do Templo existe uma das maiores coleções de livros relacionados à Maçonaria em todo o mundo; mais de 250.000 livros estão guardados ali. Existe ainda um salão para banquetes, vários escritórios para altos funcionários maçons e também um espaço para exposições. Visitas guiadas são oferecidas de segunda a sexta-feira, e mostras de artefatos maçons são organizadas regularmente. Acima da porta principal do Templo está inscrita a máxima: "A Francomaçonaria Constrói os seus Templos nos Corações dos Homens e entre as Nações".

Do lado de fora da porta principal estão instaladas duas esfinges gigantescas. Uma tem os olhos abertos e significa Poder, a outra tem os olhos fechados e simboliza a Sabedoria.

A toda a volta da estrutura do prédio estão 33 colunas, cada uma com 33 pés (10 metros) de altura, representando os 33 graus do Rito Escocês da Francomaçonaria. A estrutura piramidal instalada acima do templo possui 13 degraus, parecendo espelhar a pirâmide inacabada do Grande Selo dos Estados Unidos.

Na Casa do Templo, o ritmo rápido da trama de *O Símbolo Perdido* acelera-se ainda mais através de uma série de eventos dramáticos que ocorrem no principal salão do templo, onde são realizados cerimônias e rituais do Rito Escocês Antigo e Aceito.

O templo possui um enorme altar de mármore belga preto polido que fica no centro do salão, dominando o ambiente de

forma grandiosa. Os visitantes da Casa do Templo notam que em volta das paredes existe um friso, também em mármore, onde está inscrito, em letras de bronze:

DAS TREVAS DA IGNORÂNCIA EXTERNA E ATRAVÉS DAS SOMBRAS DA NOSSA VIDA TERRENA SOPRA A MARAVILHOSA SENDA DA INICIAÇÃO À LUZ DIVINA DO ALTAR SAGRADO.

O altar propriamente dito possui caracteres em hebraico incrustados na pedra, que oferecem aos iniciados a seguinte mensagem:

DEUS DISSE "FAÇA-SE A LUZ", E A LUZ SE FEZ.

Dan Brown menciona em vários pontos, ao longo do romance, que os únicos focos de luz que iluminam o altar em determinados momentos são os "pálidos raios de luar" que descem do imenso óculo (*oculus*) no topo do teto do prédio em forma de pirâmide. Os visitantes da Casa do Templo são informados que o óculo que se encontra 30 metros acima do altar é um simbolismo de que a luz, como metáfora para iluminação e luz do aprendizado, é algo muito respeitado pelo Rito Escocês. Nos rituais maçônicos britânicos, existe uma referência a uma janela que está instalada no teto e fornece luz. A luz brilha sobre o piso xadrez, símbolo dos opostos — trevas e luz. Os iniciados aprendem que a janela serve para a descida da luz ao *sanctum sanctorum*, ou Santo dos Santos no Templo de Salomão. Curiosamente, a palavra *oculus* é também a palavra em latim para "olho", além de se referir à abertura em um domo. Em *O Símbolo Perdido*, o óculo tem os dois significados. É a metáfora do

Templo representando as ligações humanas com a máxima hermética "Assim no alto como embaixo".

Na busca de Mal'akh pelo conhecimento, ele descobre que a fontanela é o óculo do cérebro. Percebe que, embora esse portal físico sobre a cabeça se feche, ele continua sendo a ligação perdida entre nossos mundos interior e exterior. Langdon também acredita que a Palavra Perdida está bem diante dos seus olhos quando olha para cima e vê o óculo da sala ligando o céu com o altar abaixo dele.

Ver também: Heredom; Rito Escocês da Francomaçonaria.

Catedral Nacional de Washington

Depois de escapar da CIA, Robert Langdon e Katherine Solomon correm até a Catedral Nacional de Washington, para onde foram chamados por um enigmático ancião, seguindo suas instruções de ir ao refúgio onde existem dez pedras do monte Sinai, incluindo "uma que veio do próprio céu" e "uma com a imagem do pai obscuro de Luke".

Localizado em um terreno de 230.000 metros quadrados, a magnífica Catedral Nacional de Washington levou 83 anos para ser completada, desde que a pedra fundamental foi colocada, em 1907, pelo presidente francomaçom Theodore Roosevelt. Essa pedra veio de Belém, na Galileia. Os 65 milhões de dólares que a catedral custou foram arrecadados unicamente com doações públicas, forma pela qual ela é mantida hoje em dia. Projetada pelo arquiteto inglês George Frederick Bodley, um famoso defensor da revalorização neogótica, essa catedral episcopal é dedicada a São Pedro e São Paulo.

Quando Bodley faleceu, em 1907, sua função foi assumida, dez anos depois, por Henry Vaughan, seu arquiteto supervisor, e o projeto da catedral passou para o arquiteto americano Philip Frohman. Ele continuou a trabalhar dentro do espírito do projeto inicial de Bodley, acrescentando alguns itens e efetuando mudanças conforme elas eram necessárias. Hoje, a Catedral Nacional de Washington é a sexta maior catedral do mundo, capaz de abrigar 4.000 pessoas. Seu corredor central, que segue do leste para o oeste, tem 157 metros até o altar e continua por mais 31 metros; as duas enormes torres que faceiam a entrada têm 70 metros de altura, e a torre central se eleva a uma altura maior que um prédio de 30 andares. Se considerarmos a elevação do local onde a catedral foi construída, a torre central fica a 206 metros acima do nível do mar, tornando-a o ponto mais alto de Washington DC.

As duas torres simétricas da fachada do lado oeste estão decoradas por nada menos de 288 anjos. Erguendo-se a partir da nave central, a enorme torre do sino, denominada Torre Gloria in Excelsis, abriga 53 sinos de carrilhão e dez sinos de badalo, o único conjunto completo desses dois tipos de sinos nos Estados Unidos.

Construída em um estilo neogótico, a Catedral Nacional de Washington possui todos os elementos convencionais do gótico: reforços alados, arcos estreitos e altos, tetos abobadados, pedras entalhadas, muitos vitrais e rosáceas. Gárgulas e grotescos são elementos arquitetônicos importantes em qualquer catedral gótica, e a Catedral Nacional de Washington não é exceção. As gárgulas chegam a 112 e foram entalhadas nas calhas de pedra; quase todas exibem formas de seres humanos e animais com aparência diabólica, e foram projetadas para drenar a água da chuva que cai sobre os telhados. Os grotescos, por outro lado,

 *94*

embora tenham o mesmo propósito, não formam calhas, e a água da chuva simplesmente jorra para fora a partir deles. Exemplos de gárgulas e grotescos podem ser vistos na frente e nas laterais da catedral, e incluem um homem de cabelos cacheados lendo um livro, um gato subindo pelo tronco de uma árvore, um dragão, uma serpente anelada, um homem de três olhos com uma pedra redonda pendurada no pescoço, o deus grego Pã com sua flauta de juncos, um demônio segurando um tridente e uma cesta de frutas, uma serpente se enroscando em torno do esqueleto de uma criatura alada, além de um sapo gordo e verruguento. A gárgula mais famosa e inusitada, porém, é a do rosto de Darth Vader — a face do "pai obscuro de Luke" mencionada em *O Símbolo Perdido*. Localizada no alto da torre de São Pedro, ela recebeu o terceiro lugar em uma competição lançada nos anos 1980 para a criação de novas gárgulas.

Construída basicamente de calcário de Indiana, a catedral também contém materiais arquitetônicos de vários lugares do mundo. O Púlpito Canterbury, que exibe uma tradução da Bíblia do latim para o inglês, foi entalhado com pedras trazidas da Catedral de Canterbury, e o local onde se senta o bispo, a Cátedra Glastonbury, é feita com pedras de Glastonbury, na Inglaterra. A pedra do Altar de Jerusalém veio de uma pedreira que fica perto dessa cidade, e as dez pedras diante do altar, que representam os Dez Mandamentos, vieram do monte Sinai. São essas as pedras mencionadas em *O Símbolo Perdido*.

Na frente da catedral, acima das três portas, há um friso onde vemos entalhes em pedra com temas sobre a Criação. A criação do dia é mostrada acima da porta à esquerda, a criação da humanidade está sobre a porta do meio e a criação da noite está sobre a porta à direita. Para retratar o conceito de redenção por meio da fé, existem estátuas mostrando São Pedro com sua

rede de pescar, reproduzindo o momento em que ele foi chamado para atuar no ministério de Cristo. Vemos também Adão emergindo de uma pedra e São Paulo, depois de ser cegado por Deus, representando o momento de sua conversão ao cristianismo.

Dentro da catedral, 16 recessos de cada lado da larga nave exibem estátuas, entalhes e mosaicos onde estão detalhados diversos aspectos da herança dos Estados Unidos, tais como: a luta pela liberdade; a expedição exploratória de Lewis e Clark em 1803; aspectos e visões da lei; Woodrow Wilson, o vigésimo oitavo presidente; uma imagem de Martin Luther King, que fez seu último sermão nessa catedral poucos dias antes de ser assassinado; imagens da paz no mundo; os papéis das mulheres cristãs; uma descrição do Salmo 23 ("O Senhor é meu pastor") e uma estátua em bronze de Abraham Lincoln. Existem também vitrais dedicados a Robert E. Lee e Thomas "Stonewall" Jackson, generais da Guerra Civil Americana, e o Vitral do Espaço, contendo um pedaço de rocha lunar, em comemoração à missão da Apolo 11.

Ao todo, a catedral possui 215 vitrais, incluindo três rosáceas, tudo composto de cristais brilhantes, muito coloridos. No meio da nave, a rosácea da face oeste mostra detalhes da Criação; a rosácea da face norte retrata o Juízo Final; a rosácea sul celebra a Igreja Triunfante. Os 18 vitrais na parte superior da igreja mostram a preparação para a vinda do Messias.

Na face leste da catedral está o altar-mor, separado do corredor principal por uma divisória em madeira entalhada. Atrás do altar-mor está o magnífico *Ter Sanctus*, tela decorativa que apresenta 110 imagens entalhadas rodeando a figura central de Jesus. Além do altar principal, a catedral tem nove capelas: a Capela Memorial da Guerra; a Capela das Crianças (construída na escala

de uma criança de seis anos); a Capela de São João e Santa Maria, ao fundo. Além dessas, temos a Capela do Bom Pastor; a Capela de Belém; a Capela de São José de Arimateia e a Capela da Ressurreição, essas últimas localizadas na cripta. As quatro capelas da cripta têm estilo românico, que imita a tradição das catedrais góticas que surgiram depois das primeiras igrejas normandas.

Uma vez por mês, um imenso labirinto feito de lona é estendido sobre o piso da nave central para permitir que o público caminhe em oração seguindo o padrão do famoso labirinto da Catedral de Chartres, na França.

A Catedral Nacional de Washington se tornou local para preces em nível nacional e foi usada para o serviço de ação de graças no fim da Primeira Guerra Mundial. Os funerais de quatro presidentes foram realizados na catedral, bem como muitos serviços de preces nos dias da posse de vários chefes de Estado norte-americanos. Há 220 pessoas sepultadas lá, incluindo o presidente Woodrow Wilson, Helen Keller, sua professora Anne Sullivan e os arquitetos da catedral, Philip Frohman e Henry Vaughan.

Ver também: Pierre L'Enfant.

Centro de Apoio dos Museus Smithsonian (CAMS)

Uma das mais importantes cenas de ação em *O Símbolo Perdido* acontece em um laboratório secreto escondido em um imenso complexo de apoio aos museus do Instituto Smithsonian.

O Smithsonian possui a maior coleção de artefatos e obras de museu em todo o mundo, e é também uma das mais importantes instituições do planeta. Por conta de sua gigantesca coleção e do espaço relativamente pequeno para expor tudo, só pequenas parcelas do acervo podem ser exibidas de cada vez. Além disso, muitos dos artefatos possuem valor incalculável para a pesquisa científica. Sendo assim, o Smithsonian permite que pesquisadores tenham acesso a elementos de sua vasta coleção, visando a assegurar esse legado para as futuras gerações.

Com essa finalidade, o Centro de Apoio dos Museus Smithsonian (CAMS) foi criado, por visão de Vince Wilcox, diretor da gigantesca estrutura desde 1981. Wilcox passou vários anos projetando as instalações para estocagem, feitas com a mais alta tecnologia, a fim de preservar algumas das mais valiosas coleções históricas do país. Inaugurado em maio de 1983, depois de dois anos de obras, o CAMS foi construído usando tudo de mais moderno em tecnologia para museus, criando a área de reserva técnica perfeita para a imensa coleção dos museus Smithsonian.

Essas instalações ficam situadas em Suitland, no estado de Maryland, arredores de Washington, aproximadamente a dez quilômetros do famoso Mall no coração da cidade. Abrange uma área de quatro acres e meio e oferece, no total, mais de 40.000 metros quadrados de espaço para reserva e conservação das peças. O CAMS é composto de um imenso escritório com espaço para um laboratório e cinco galpões que abrigam as coleções. Esses galpões foram projetados para assegurar que as coleções dos museus Smithsonian sobrevivam por muitas gerações. Eles utilizam os mais modernos recursos em controle climático e os melhores sistemas de proteção conta agentes químicos e naturais de todo o mundo.

Cada galpão tem o tamanho aproximado de um campo de futebol e nove metros de altura. Possuem paredes externas isoladas, com 45 centímetros de espessura, posicionadas em padrão de ziguezague, para que futuros galpões possam ser adicionados, no futuro, de forma relativamente fácil. O escritório, o laboratório e os galpões para estocagem são separados por um corredor com seis metros de largura conhecido como "A Rua". Atualmente, estima-se que o Smithsonian precisa de mais 300.000 metros quadrados para guarda de peças, e existem planos para aumentar a área do CAMS ao longo dos próximos 20 anos.

Existem dezenas de milhares de armários onde estão guardados mais de 54 milhões de itens da coleção. Tudo, desde totens com 13 metros de altura até plantas e animais microscópicos, está guardado no CAMS.

Pelo fato de essas instalações guardarem coleções tão valiosas, elas são protegidas pelos mais modernos sistemas de segurança, que combinam um sofisticado monitoramento com equipamentos de detecção eletrônica que só permitem a entrada da equipe que trabalha ali.

Ao entrar no CAMS, o visitante deve ser revistado e deixar todos os objetos de uso pessoal no ponto de checagem, e só então suas credenciais especiais para acesso são emitidas. Os funcionários usam cartões que abrem portas e registram seus acessos a áreas específicas do complexo.

Em fevereiro de 2010 foi reinaugurado o galpão 3, também conhecido como "galpão molhado". Milhões de espécimes biológicos que devem ser preservados em fluidos tais como o formol e o etanol ficam guardados nesse galpão. Ele é equipado com vários recursos especiais, incluindo dispositivos elétricos à prova de explosões e pisos com ralos especiais para drenagem rápida, tudo

projetado para oferecer proteção extra à imensa quantidade de espécimes guardados lá. O galpão 3 é o local onde acontece o assassinato de Trish Dunne, em *O Símbolo Perdido*. Mal'akh a afoga no tanque onde uma lula gigante está preservada em etanol.

Os galpões 1, 2, 4 e 5 servem para guardar outras coleções do museu, tanto de origem humana quanto animal. O galpão 4 tem um vão mais alto e foi projetado especificamente para abrigar os itens mais volumosos da coleção, tais como totens, esqueletos de mamíferos muito grandes e barcos.

Em *O Símbolo Perdido*, o galpão 5 é onde Katherine Solomon desenvolve os seus trabalhos de ciência noética. Deve ser mencionado que esse laboratório não existe no galpão 5 nem em nenhuma outra parte do CAMS.

Os equipamentos de laboratório do CAMS possuem a tecnologia mais avançada e é lá que fica o LAC (Laboratório de Conservação Analítica) do Smithsonian. Ocupando mais de dois mil metros quadrados do laboratório, essa área é usada para estudos técnicos, pesquisas e treinamentos em técnicas de conservação.

Existe também um lugar denominado "sala limpa", que foi especificamente construído para o Departamento de Ciências Minerais. Meteoritos vindos da Antártida estão conservados em nitrogênio, para garantir que permaneçam livres de contaminação. A única instalação desse tipo que existe no mundo, além dessa, fica no Johnson Space Center, em Houston, no Texas.

É importante notar que o CAMS não foi criado com a intenção de apresentar mostras de nenhum tipo. Ao limitar o número de pessoas que têm acesso às instalações, o perigo representado pelo calor do corpo humano é minimizado. Esse calor foi péssimo para coleções importantes em outros museus do mundo. Muitas das tumbas abertas ao público no Egito, por

exemplo, foram severamente danificadas pela erosão que surgiu depois de muitas décadas recebendo milhares de visitantes diariamente.

O principal objetivo do CAMS é a pesquisa, a preservação e a conservação das coleções do Instituto Smithsonian. Um museu, por natureza, é uma contradição constante: ao exibir itens para visitação pública, ele os deixa expostos a possíveis danos e contaminações. O CAMS existe para minimizar os perigos potenciais às coleções e para permitir que o grande público se beneficie, conhecendo as maravilhas que ele abriga.

Ver também: Instituto de Ciências Noéticas; Instituto Smithsonian.

CIA — Escritório de Segurança

Em *O Símbolo Perdido*, a partir do momento em que Robert Langdon sai do subsolo do Capitólio, depois de um ataque contra a diretora do Escritório de Segurança da CIA, ele se torna um fugitivo. O herói de Dan Brown, a partir desse momento, se envolve em uma perseguição por toda Washington DC, na qual tenta se manter sempre um passo adiante da CIA. Esta, por sua vez, se utiliza de todos os seus homens e recursos tecnológicos para localizar Langdon e resgatar a misteriosa pirâmide que ele carrega.

A Agência Central de Inteligência (CIA) é uma agência independente criada pelo governo dos Estados Unidos, responsável por fornecer aos níveis mais altos do governo serviços de informação em questões de segurança nacional. Dentro da CIA existe uma divisão da Diretoria de Apoio que se chama Escritório de Segurança, que é responsável pela segurança interna

de todo o pessoal, bem como pela supervisão das operações e das instalações da própria CIA. Além disso, o Escritório de Segurança cuida do programa de autorização e segurança da CIA, sendo ainda responsável por investigar os procedimentos e os vazamentos provocados por qualquer pessoa ou agência filiada à CIA. Também lida com a proteção às pessoas que fugiram de outros países para os Estados Unidos. Em suma, o Escritório de Segurança é formado por espiões que espionam outros espiões.

Outro papel que o Escritório de Segurança desempenha é levar a cabo investigações dentro dos Estados Unidos, em resposta a alegações específicas de comprometimento de fontes ou métodos de informação. Em alguns desses casos, o gabinete foi acusado de utilizar métodos invasivos para investigar situações que exigiam vigilância, tais como entrada não autorizada, intercepção de correspondência e fiscalização na devolução de impostos. Tem havido muita controvérsia sobre a natureza questionável desses métodos, e também sobre se é ou não apropriado que a CIA utilize essas técnicas sem se preocupar com os perigos envolvidos. Não existem provas de que tais técnicas tenham sido usadas nos últimos 30 anos.

Uma subdivisão do Escritório de Segurança é a Divisão de Segurança Técnica, que visa a assegurar que todos os sistemas de segurança usados pela CIA representem as tecnologias mais avançadas. Seu campo de atuação inclui desde localizar grampos de qualquer tipo nas instalações da CIA até montar equipamentos para emissão de ruído branco (interferência), além de instalar fechaduras, cofres e alarmes nas instalações da CIA. Dizem que a Divisão de Segurança Técnica chega a praticar jogos baseados em "plantar grampos". Nesses jogos, duas equipes trabalham de forma independente para testar seus métodos. Uma das equipes instala os grampos e a outra tenta encontrá-los. Não há

evidências de que algum grampo não instalado pela CIA tenha, alguma vez, sido encontrado em seu centro de comando.

Atividades da CIA relacionadas a uma área de segurança ainda mais controversa do que as citadas também são mencionadas nas páginas de *O Símbolo Perdido*: visualização remota, que oferece a possibilidade de utilizar meios paranormais para recolher informações sobre instalações secretas ou outros locais encobertos. Do início dos anos 1970 até meados da década de 1990, a CIA esteve envolvida em um projeto denominado Stargate, no qual ela utilizava médiuns e clarividentes para testar a validade e a eficácia da visualização remota para obtenção de vantagens militares e políticas. Esse programa foi extensamente descrito e muita especulação foi feita, tanto por escritores sérios quanto por autores ligados a teorias da conspiração, e muitos dos clarividentes remotos envolvidos nessa operação tiveram seus nomes citados.

Alguns dos mais famosos desses "videntes" foram Ingo Swann, Pat Price, Lyn Buchanan e Joseph McMoneagle. Em um artigo sobre investigação remota na edição de janeiro/fevereiro de 2004 da revista *Phenomena*, o escritor e pesquisador Richard Dolan fez a seguinte pergunta:

> Os clarividentes remotos são precisos o tempo todo e a informação que fornecem é completa? Claro que não, mas existem provas convincentes de que, em muitos casos, acontecem certas coisas que, pelos padrões da ciência atual, não poderiam acontecer. Em outras palavras, existem boas razões para se acreditar que a clarividência ou visualização remota seja uma realidade.

Oficialmente, a CIA interrompeu o projeto Stargate e outros programas de clarividência e visualização remota em meados dos anos 1990. Porém, especula-se muito que outros esquemas relacionados não apenas à clarividência e à visualização remota, mas também muitas outras operações envolvendo fenômenos ocultos e mediúnicos, ainda estejam em operação, financiados pela CIA.

Leon E. Panetta se tornou o décimo nono diretor da CIA em 13 de fevereiro de 2009, por nomeação do presidente Barack Obama. Panetta trabalhou anteriormente como deputado pela Califórnia, 16º distrito (de 1977 a 1983), e foi chefe de gabinete de Bill Clinton (de julho de 1994 a janeiro de 1997). Antes de ele assumir o comando da CIA, o diretor da agência era Porter Johnston Goss.

Existem indícios de que, quando estudava na Universidade de Yale, Goss era membro de uma sociedade secreta conhecida pelo nome de Book and Snake (B&S). Membros notáveis dessa sociedade incluem o jornalista Bob Woodward, do *Washington Post*, o ex-secretário do Tesouro americano Nicholas Brady e o ex-secretário de Defesa Les Aspin Jr. Supõe-se que a Book and Snake tenha ligação com outra famosa sociedade secreta, a Skull and Bones (S&B). Tanto o ex-presidente George H. W. Bush quanto seu filho, o também ex-presidente George W. Bush, pertenceram à S&B. George H. W. Bush serviu como diretor da CIA durante o governo do presidente Gerald Ford.

Sabe-se que muitos membros da S&B eram maçons; entusiastas de teorias da conspiração já especularam sobre o próprio George H. W. Bush ser francomaçom. Entretanto, ele nunca confirmou isso publicamente.

O Escritório de Segurança tem seu centro de comando nos principais escritórios da CIA, localizados em McLean, na

 *104*

Virgínia. As instalações de mais de 40.000 metros quadrados à margem oeste do Rio Potomac ficam a mais ou menos 16 quilômetros do centro de Washington DC. Desde abril de 1999 o complexo recebeu o nome oficial de Centro George Bush para Inteligência, conhecido popularmente como Langley, que era o nome da propriedade que ficava anteriormente no local. Há mais de 22.000 empregados trabalhando nessas instalações, o que a torna grande o bastante para ter seu próprio código postal — 20.505.

Kryptos, uma escultura criada pelo artista Jim Sanborn, foi instalada no quartel-general da CIA em 1990. Essa obra de arte está coberta de mensagens cifradas e muito esforço e energia já foram gastos tentando decifrá-la. Até o momento, segundo o livro *O Símbolo Perdido*, o mistério da escultura continua intacto.

Uma citação bíblica está entalhada na parede do saguão do prédio principal, onde se lê "E conhecereis a verdade, e a verdade vos libertará" (João 8:32). Também dentro das instalações existe um museu, um auditório para sete mil pessoas e, é claro, a biblioteca da CIA.

O museu, denominado Coleção Histórica Nacional, abriga a coleção de engenhocas típicas de espionagem, bem como outras peças e materiais acumulados ao longo dos anos. Muitos dos dados que estão ali continuam classificados como secretos e, devido a isso, a coleção não está aberta ao público. A biblioteca da CIA mantém a quantidade mais extensa de material sobre inteligência e espionagem em todo o mundo. Diz-se que ali estão mais de 125.000 livros, e a biblioteca recebe mais de 1.500 periódicos. Ela também abriga uma coleção histórica sobre espionagem, que dizem somar mais de 25.000 obras.

Inoue Sato, uma das principais personagens de *O Símbolo Perdido*, é a diretora do Escritório de Segurança. Ela parece

incorporar a própria CIA, pois é muito bem-informada, autoritária, inteligente, desconfiada e forte.

Ver também: Kryptos.

Cifra Maçônica

Em *O Símbolo Perdido*, o personagem Warren Bellamy pergunta a Robert Langdon, na cena em que eles estão dentro da Biblioteca do Congresso, se por acaso ele sabe em que língua estão escritas as palavras que aparecem em um dos lados da pequena pirâmide que ambos analisam. Langdon, de fato, identifica as inscrições em código como uma mensagem escrita na cifra francomaçônica, e rapidamente consegue decifrá-la, apesar de, aparentemente, haver apenas símbolos geométricos. Originalmente conhecido como pigpen*, esse código foi utilizado pela primeira vez por maçons que queriam criptografar documentos por volta de 1700, e os oficiais confederados da Guerra Civil Americana também o teriam utilizado.

Trata-se de uma cifra de substituição, que funciona por meio da troca de cada letra de uma palavra ou de uma frase por um símbolo. As 26 letras do alfabeto são escritas em quatro grades, e a porção da grade na qual a letra foi originalmente colocada equivale a esta letra na transcrição. Um exemplo de como isso funciona é apresentado nas páginas de *O Símbolo Perdido*.

---

* Pigpen significa, em português, "cercado para porcos", uma referência à configuração da chave do código, que aparece arrumado em uma série de compartimentos semelhantes aos utilizados para criar suínos. (N. T.)

Uma organização como a Francomaçonaria, na qual havia membros que desejavam que seus assuntos permanecessem em segredo, certamente precisaria de um código secreto para enviar mensagens entre lojas ou indivíduos. Um dos primeiros exemplos que temos desse código aparece na minuta de reunião de um grupo maçônico denominado Real Arco, em Portsmouth, em 1769. Thomas Dunckerley forneceu a autorização para a reunião, e a minuta registra que "ele também explicou a forma secreta para escrever [o código ou a cifra] que deveria ser utilizada naquele grau de iniciação".

Como é de esperar, as minutas estão todas criptografadas no formato geométrico da cifra maçônica. Comparada a outras cifras da época e às que encontramos hoje, a cifra francomaçônica é um esquema simples, sem sofisticação, fácil de decodificar e resolver. Por esse motivo, não foi utilizada por muito tempo. Essa cifra teria sido criada por Giambattista della Porta, no início dos anos 1600. Erudito e ocultista italiano que morava em Nápoles, Della Porta publicou muitos livros sobre filosofia, alquimia, matemática e astrologia, e também foi um dramaturgo prolífico. Em 1563, lançou *De furtivis Literarum Notis*, um livro sobre códigos secretos e criptografia.

Na quarta capa da edição norte-americana de *O Símbolo Perdido* existem duas colunas escritas em cifra francomaçônica, descendo pelas laterais da borda, junto da lombada. Podemos decifrá-las virando o livro de lado e lendo as cifras como se fossem duas linhas. Ao aplicarmos a cifra francomaçônica para decifrar a mensagem, lemos "Todas as grandes verdades começam como blasfêmias". Esta cifra e a resposta fizeram parte da competição para "encontrar o símbolo" que a editora de Dan Brown propôs na internet, na época do lançamento do romance.

Ver também: Francomaçonaria.

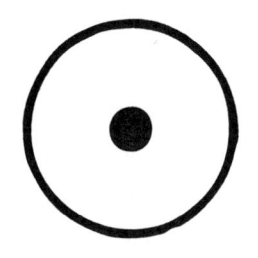

Circumponto

O círculo com ponto no centro é um dos símbolos mais antigos conhecidos pela humanidade. A palavra *circumpunct*, em inglês, é derivada do latim *circum*, significando em volta por todos os lados, ou seja, um círculo, e *punctum*, um ponto. É tão simples de fazer que até mesmo quem é desprovido de talentos artísticos consegue desenhá-lo. Certamente os nossos ancestrais apreciavam sua agradável simplicidade e muitas vezes o utilizavam para simbolizar algo que lhes parecia significativo. Além disso, o que é mais importante, essa era, provavelmente, a forma mais simétrica que eles conseguiam criar utilizando materiais básicos.

Com um simples pedaço de capim comprido, um fiapo de pano, uma corda trançada ou um barbante qualquer era possível criar um circumponto. Primeiro, bastava marcar um ponto e segurar uma das extremidades do barbante sobre ele. Estendendo o barbante, restava marcar a parte externa do círculo e desenhá-lo em torno do centro, quem sabe usando algo afiado ou um instrumento cortante firmemente preso à outra ponta do barbante. Desse modo, tal símbolo podia ser inscrito em uma rocha lisa, no gelo, no solo, na areia ou na terra. Circumponto: literalmente, trata-se de um círculo formado em torno de um ponto.

Em *O Símbolo Perdido*, Robert Langdon descobre um circumponto marcado em sua própria impressão digital, depois que retira a mão de dentro da caixa onde a ponta da pirâmide está guardada. O decano da catedral faz a ligação desse símbolo com a alquimia. Os alquimistas usavam o círculo com ponto no centro como símbolo do Sol porque este tem a mesma cor do precioso metal que muitos deles alegavam ter o poder de criar.

A universalidade dessa imagem é ilustrada por algumas culturas antigas, que a deixaram marcada para sempre em suas inscrições. Os nativos norte-americanos de cultura Chippewa, também conhecidos como Ojibwes, instalados nos Estados Unidos e no Canadá, cuja rica herança cultural é passada às novas gerações da tribo, costumam utilizá-la. O circumponto foi usado para representar a palavra "espírito" nos registros pictóricos de suas práticas religiosas, entalhados em troncos de bétula. No México, as pessoas que pertencem à tribo dos Huichol, remanescentes dos astecas, pensam no círculo com ponto no centro como símbolo do Olho de Deus, assim como alguns dos primeiros cristãos.

Talvez não seja surpresa que para duas das mais antigas civilizações esse símbolo represente o Sol. Um antigo papiro chinês o usava para simbolizar o disco solar, ou um dia completo. Para os antigos egípcios, ele simbolizava o grande deus Rá, bem como o próprio Sol. Os egípcios se referiam a eles mesmos como "o rebanho de Rá", pois, segundo uma lenda da sua tradição, as lágrimas e o suor do deus havia se transformado nas primeiras pessoas a habitar o mundo. Pode parecer estranho os egípcios acharem que o suor de um deus pudesse ser um ingrediente adequado para criar a humanidade; entretanto, o lótus-azul (*Nymphaea caerulea*) era imensamente amada no Egito, por sua beleza e por sua fragrância, semelhante à essência divina e, acreditava-se, ao perfume do suor de Rá. Ainda hoje se encontram muitos exemplos de arte egípcia mostrando pessoas cheirando o lótus. As antigas palavras para lágrimas de Rá, *remyt*, e humanidade, *remeth*, também revelam uma ligação interessante entre os dois conceitos e têm um som similar.

Os obeliscos egípcios eram vistos pelos povos que os construíram como ligações metafóricas entre a Terra e o céu, e o seu

cume piramidal simbolizava os raios de sol quando caíam sobre a Terra. O Monumento a Washington, o famoso obelisco que contém a chave para a revelação da palavra perdida em *O Símbolo Perdido*, é, ele próprio, um ponto dentro de um círculo. A praça que cerca o obelisco representa o círculo externo do circumponto, quando vista de cima.

Astrólogos e astrônomos também reconhecem o circumponto como a representação do Sol, enquanto os astrólogos medievais, que englobavam a classe dos astrônomos, usavam esse sinal para simbolizar a Terra, pois acreditavam que o nosso planeta representava a criação especial de Deus e, como tal, era o centro do universo. O espaço em torno da Terra era equivalente a um grande oceano circundando uma ilha.

Na planície de Salisbury, em Wiltshire, no sul da Inglaterra, está localizado um gigantesco ponto dentro de um círculo: o antiquíssimo monumento denominado Stonehenge. Acredita-se que ele tenha cerca de 4.500 anos, embora algumas das pedras imensas que o compõem possam ter sido erguidas centenas de anos antes disso. Do lado de fora dessas estruturas de pedra existe uma orla de terra e uma vala que as investigações arqueológicas sugerem estar ali desde 3100 a.C. Desse modo, uma circunferência de pedras forma o círculo externo e o anel interno de pedras forma o resto do conjunto. O campo em torno do monumento se estende por quilômetros e vem funcionado como cemitério há muito tempo, desde a Pré-História, e está coberto de montículos mortuários. Embora esteja claro que essa região da Inglaterra era venerada pelos povos antigos por ser um lugar muito especial, ninguém sabe ao certo o porquê disso acontecer. Os debates a respeito da função e do propósito das estruturas em Stonehenge dividem os especialistas, que consideram

que o lugar talvez possa representar um calendário ancestral, um astrolaboratório, um templo ou um local para sacrifícios.

Para aqueles que seguem os preceitos místicos da Cabala, que possui interpretações próprias das escrituras hebraicas, o circumponto simboliza Kether nas Sephiroth. Kether (Keter) é a coroa no topo das Sephiroth da Árvore da Vida. A Árvore da Vida é um diagrama que serve, entre outras coisas, para ilustrar a criação do universo. Na Francomaçonaria, ela é um símbolo para o controle das emoções.

A Francomaçonaria é cheia de simbolismos. Um dos objetos mais intimamente ligados à Fraternidade é o compasso, que pode ser o instrumento mais útil, é claro, para produzir um circumponto.

Os filósofos pitagóricos denominavam Deus, ou o Ser Primordial, de Mônada, a partir da qual tudo o mais brotava. A Mônada era representada pelo círculo com um ponto no meio. Quando a palavra mônada é usada no sentido de unidade simples e indivisível, ela assume o significado de um átomo. Para os taoistas, ela simboliza a centelha divina que criou tudo.

A última menção que Dan Brown faz ao círculo com ponto no centro, em *O Símbolo Perdido*, é quando Robert Langdon percebe que o afresco *A Apoteose de Washington*, no teto do Capitólio, tem os personagens distribuídos em dois anéis concêntricos.

O que é talvez mais fascinante em tudo isso é que durante tantos séculos e em tantas crenças e filosofias o circumponto teve um significado especial, muitas vezes representando aspectos de Deus. Será que a força que mantém vivo o encanto do circumponto é algo muito maior do que um desenho simples e prático?

Ver também: Alquimia; A Apoteose de Washington; *Franco-maçonaria.*

111

Crowley, Aleister

Aleister Crowley é descrito em *O Símbolo Perdido* como um indivíduo que inspirou Mal'akh, de forma muito marcante, na época em que ele ainda se chamava Andros Dareios e morava em Nova York. O leitor é informado que foi por meio dos textos de Crowley que Mal'akh aprendeu a respeito de rituais mágicos e encantamentos.

A pergunta que o leitor faz é: "Quem era Aleister Crowley?" Alguns talvez o conheçam pelo popular título de "O homem mais perverso do mundo". Parte da imprensa o rotulava de "o homem mais diabólico que já existiu". Em vez de rejeitar esses títulos, Crowley parecia apreciá-los; curtia o ar de notoriedade que o acompanhava e não fazia nada para mudar as opiniões das pessoas a seu respeito; na verdade, um dos títulos que ele dava a si mesmo era "a Besta cujo número é 666".

Se ainda houvesse alguma dúvida a respeito da percepção pública deste homem, bastaria olhar para a transcrição de um caso de calúnia julgado em Londres, em 1934, que envolvia Crowley. Ao apresentar a declaração final, o juiz disse:

> Eu pensava que já conhecia todas as formas concebíveis da maldade humana, e achava que tudo que é cruel e mau já me tinha sido apresentado, em um ou outro momento ao longo da vida. Ao julgar este caso, descobri que sempre existe algo mais a aprender... Nunca soube de coisas tão pavorosas, horripilantes, blasfemas e abomináveis quanto as que foram realizadas por um homem que descreve a si mesmo como o maior poeta que já existiu.

Mas o que, exatamente, ele terá feito para merecer tanta indignação e afronta? Qual é a história de Aleister Crowley?

Ele nasceu em 1875, em Royal Leamington Spa, Warwickshire, filho de um bem-sucedido mestre cervejeiro aposentado. Seus pais eram cristãos que pertenciam a uma seita evangélica muito rígida denominada Irmandade de Plymouth. Ao pesquisar sobre sua infância e criação, descobrimos sinais de que nem tudo estava tão bem quanto parecia.

Seu pai morreu quando ele ainda era muito jovem. Depois disso, Crowley não conseguia aceitar os dogmas religiosos da fé de seus pais, o que levou a grandes conflitos dentro da família. Sua mãe, em especial, sentia-se atormentada pelo seu jeito rebelde e começou a chamá-lo de "a Besta", em referência à figura do Anticristo, que vemos no Apocalipse. Em vez de se ofender com esse título, Crowley o assumiu e usou-o até morrer.

As coisas não melhoraram nem um pouco para Crowley quando ele fez 21 anos e herdou a fortuna do pai. Livre, finalmente, do histórico religioso que detestava, Crowley foi para Cambridge, onde deu os primeiros passos no que se tornaria uma vida dedicada ao ocultismo.

Devorou livros sobre magia e alquimia e, em 1898, já tinha sido iniciado na Ordem Hermética da Aurora Dourada (Golden Dawn), uma sociedade esotérica que contava com luminares como o poeta W. B. Yeats e a escritora Dion Fortune entre seus membros. Entretanto, rivalidades internas o fizeram sair da ordem poucos anos depois, e Crowley inaugurou o próprio templo em uma propriedade sua, denominada Boleskine House, às margens do Lago Ness, na Escócia.

Ao longo dos anos seguintes, Crowley tentou compreender os rituais mágicos. Descreve o objetivo final de sua grande obra no livro *Magick in Theory and Practice* [Magia em teoria e prática],

no qual, por mais estranho que pareça, percebemos um eco das atividades da ciência noética mencionada em *O Símbolo Perdido*:

> Existe uma única definição para o objetivo de todos os rituais mágicos: a união do Microcosmo com o Macrocosmo. O Ritual Supremo e Completo é, portanto, a Invocação do Santo Anjo da Guarda, ou, na linguagem do Misticismo, União com Deus.

Apesar da reputação que Crowley deixou depois que partiu, não existem provas concretas de que ele praticava as artes negras. Ele se mostrou fortemente contrário à noção de que era uma espécie de mago negro, e foi a público com a finalidade de deixar clara a sua oposição à magia negra ao escrever um artigo de jornal de 1933, onde se lê:

> Para praticar magia negra a pessoa tem de violar todos os princípios da ciência, da decência e da inteligência. Ela precisa estar obcecada pela ideia insana da importância do mesquinho objeto de seus desejos mais desprezíveis e egoístas.
>
> Eu já fui acusado de ser um "mago negro". Não existe declaração mais tola do que esta. Desprezo essa atividade de tal modo que mal consigo acreditar que existam pessoas tão degradadas e idiotas a ponto de praticá-la.

O mais duradouro dos trabalhos de Crowley é seu estudo sobre Télema. Este trabalho pode ser descrito como uma investigação *contra* a magia negra; na verdade, as leis sobre as quais Crowley escrevia e segundo as quais vivia proibiam a prática de magia negra.

O resultado dessa pesquisa foi *The Book of the Law* [O livro da lei], ou *Liber Al vel Legis*. Crowley veio a descobrir a Lei de Télema enquanto estava no Cairo, em sua lua de mel, e declara ter recebido o que se tornaria o texto final dessa obra de um guia espiritual na forma de Aiwass, um mensageiro de Hórus, deus egípcio.

A famosa citação do *The Book of the Law*, muitas vezes usada para parafrasear a Lei de Télema, de Crowley, determina:

> A palavra da Lei é Télema. Quem nos chama de telemitas não está errado, se analisar a palavra com precisão. Pois existem aqui Três Graus: o Eremita, o Amante e o Homem da Terra. Faze o que queres e há de ser tudo da Lei.

Esta mensagem literalmente significa que cada pessoa é livre para viver sua vida da forma que escolher. Entretanto, Crowley propunha que, antes de exercitarmos o livre-arbítrio, devemos olhar para o interior de nós mesmos e, por meio de longos estudos, alcançar o conhecimento e a compreensão da verdadeira natureza da nossa vontade, antes de implementá-la. Este livre-arbítrio deve, portanto, ser interpretado como o destino do indivíduo ou o seu propósito na vida e, na realidade, com essa liberdade também vêm grandes responsabilidades e muita autodisciplina.

Apesar de deixar como legado uma obra vasta, foi provavelmente o envolvimento de Crowley com magia sexual que lhe garantiu a reputação de Homem Mais Perverso do Mundo. Ele participava, rotineiramente, de rituais mágicos que envolviam atos sexuais com participantes dos dois sexos; talvez a história tivesse sido mais gentil com Crowley se ele não tivesse revoltado a sociedade civilizada e polida do início do século XX com algumas das suas travessuras mais libidinosas.

Voltando a *O Símbolo Perdido*, é importante notar que em meio a seus muitos estudos sobre o oculto Crowley também teve contato com a Francomaçonaria. Segundo relatos seus, ele teria, em 1904, sido iniciado no terceiro grau em uma loja maçônica de Paris, e continuou a pressionar para ser admitido em reuniões nas lojas maçônicas de Londres, mas isso lhe era sistematicamente recusado. Também confessou em sua autobiografia que recebeu a iniciação do 33º grau maçônico através do Rito da Maçonaria Antigo e Aceito, em uma loja do México. Todos esses fatos são difíceis de verificar, a não ser por suas declarações pessoais. Para complicar ainda mais as coisas, ele teria recebido, mais tarde, uma admissão ao 33º grau, entre outras honrarias, por meio de contato via postal com um controverso maçom britânico chamado John Yarker.

Crowley também era associado à Francomaçonaria por meio da Ordo Templi Orientis, conhecida como OTO, que também tinha como modelo a arte. Ele se tornou membro dessa organização em 1912. Depois de uma bizarra série de eventos em 1923, Crowley passou a se proclamar porta-voz da ordem e, como ninguém contestou essa posição, continuou liderando a organização por muitos anos.

Se ele estava ou não realmente interessado na Francomaçonaria nós nunca saberemos, mas uma coisa é certa: devido às suas muitas ligações, devia conhecer diversos segredos da fraternidade. Parece que ele tentou associar o conhecimento que adquiriu na Francomaçonaria com o que obtivera em seus estudos ocultos. Em seu livro *The Confessions of Aleister Crowley: An Autohagiography* [As confissões de Aleister Crowley: uma autohagiografia], ele escreve o seguinte:

Proponho definir francomaçonaria como um sistema de comunicação da verdade — religiosa, filosófica, mágica e mística — e também como uma forma de indicar os meios apropriados para desenvolver as faculdades humanas por meio de uma linguagem peculiar cujo alfabeto é o simbolismo do ritual. A fraternidade universal e os grandes princípios morais, independentes de preconceitos raciais, geográficos e outros, naturalmente formariam um ambiente capaz de garantir a segurança individual e a estabilidade social para todas as pessoas.

A verdade é que, hoje, Crowley continua sendo um enigma; não estamos nem um pouco mais perto de descobrir quem ele e seus amigos realmente eram. Uma coisa, porém, é certa: se ele estivesse aqui hoje, lendo *O Símbolo Perdido*, certamente apreciaria a mensagem persistente que permeia todo o livro e que transmite a ideia de que Deus está dentro de cada um de nós. Essa noção lhe seria muito familiar.

Além disso, ele teria abraçado com entusiasmo os conceitos da ciência noética e as aplicações práticas promovidas pelo Instituto de Ciências Noéticas, tais como a Experiência da Intenção. Afinal, o que é um ritual mágico senão a aplicação da vontade humana ao ambiente físico que está à volta? Podemos rotular isso de forma diferente agora, mas, para Crowley, não haveria diferença — a base da magia que ele praticava e a da ciência noética são idênticas. Faze o que queres e há de ser tudo da Lei.

Ver também: Francomaçonaria; Instituto de Ciências Noéticas.

 *ug*

Dólar — Simbolismo da Cédula de Um Dólar

A cédula de um dólar é um instrumento mágico. Esse item do dia a dia feito de fibras, papel e tinta está repleto de simbolismo místico e sagrado. Para os que têm o conhecimento para enxergar, a nota de um dólar é uma cornucópia de coisas misteriosas e estranhas; ela é repleta de símbolos, dicas e indícios que levam a significados mais profundos. É verdadeiramente um objeto mágico.

Quando Katherine Solomon e Robert Langdon tentam escapar da CIA no banco de trás de um táxi, em *O Símbolo Perdido*, a pesquisadora subitamente pega uma nota de um dólar e usa uma caneta para desenhar no verso uma Estrela de Davi sobreposta à pirâmide do Grande Selo. Em cada uma das pontas da estrela desenhada ela destaca letras que formam a palavra *mason* (maçom). A participação especial da nota de um dólar na história transmite ao leitor algumas dicas, insinuando a importância muito maior que essa nota tem. Embora tenha um papel desconhecido para muitos, ela é importante no simbolismo misterioso da fundação e da criação do país, na época recém-nascido, que se chamava Estados Unidos.

O mais estranho é que não precisamos voltar tanto tempo nas névoas do passado distante para revelar as origens da nota de um dólar como a conhecemos hoje. A cédula de um dólar foi redesenhada em 1935, durante a administração do presidente

Franklin Delano Roosevelt, logo depois da pior recessão econômica que o mundo jamais viu. É no elenco de personagens envolvidos na sua criação que temos seu aspecto mais misterioso.

Uma dessas figuras foi um homem chamado Nicholas Roerich. Uma figura marcante, Roerich tinha a cabeça completamente raspada e barba branca comprida. Seus olhos penetrantes, segundo dizem, pareciam ser capazes de ver dentro da alma das pessoas. Roerich era um russo que emigrara para os Estados Unidos e se tornara um pintor famoso, ativista da paz e filósofo. Viajou muitas vezes pelo Extremo Oriente e pela Europa, e foi várias vezes indicado ao Prêmio Nobel da Paz.

Roerich era também grande amigo de outra figura do nosso elenco, Henry Agard Wallace, secretário de Agricultura entre 1933 e 1940, tendo sido amigo pessoal e confidente de Roosevelt. Wallace também era um francomaçom do 32º grau, o mesmo nível de Roosevelt. Wallace acabou se tornando o 33º vice-presidente dos Estados Unidos, sob o mandato de Roosevelt, e esteve perto de ser indicado a disputar a eleição para presidente. No fim, essa honra foi para Harry S. Truman, que também era um francomaçom de alto posto. Mas havia outra faceta em Henry Wallace. Ele tinha muito interesse em esoterismo e se associou a alguns dos mais famosos ocultistas do seu tempo. Foram essas amizades que acabaram por levá-lo a ser considerado não muito confiável como político e rotulado por alguns como ingênuo e impressionável.

Wallace era um teosofista, seguidor dos ensinamentos e da doutrina de Helena Blavatsky, e foi por meio dessa busca e do interesse mútuo pelas ideias dos rosa-cruzes que ele conheceu Nicholas Roerich. Foi também essa ligação entre Roerich e Wallace que muitos pesquisadores e entusiastas das teorias de conspiração enxergam como fundamental na decisão de colocar os dois lados do Grande Selo dos Estados Unidos na cédula de

um dólar. Foi divulgado posteriormente que Wallace teria dito que viu a imagem da pirâmide incompleta do Grande Selo em um folheto do governo e o mostrou a Roosevelt. Como eram francomaçons, ambos reconheceram na mesma hora o significado simbólico da imagem.

Entretanto, muitos especulam que foi Roerich que influenciou Wallace a colocar essa imagem na nova nota de um dólar. Os dois certamente se encontravam eventualmente e se correspondiam com frequência; na verdade, foi essa correspondência, conhecida como "Cartas ao Guru", que quase acabou com a carreira política de Wallace, pois elas acabaram nas mãos de políticos e jornalistas republicanos.

As cartas começavam com um "Caro Guru" e eram assinadas por uma única letra "G", que, se supõe, significava Galahad, o nome pelo qual Roerich se referia a Wallace. Essas cartas revelaram que Wallace era muito ligado a Roerich, mostrando-se mesmo um seguidor mais devotado do que se imaginava, e isso fortaleceu ainda mais a ligação entre ambos.

Roerich certamente conhecia bem o tema da pirâmide inacabada com o olho onividente de Deus — ou olho que tudo vê — acima dela e o enxergava, entre outras coisas, como uma representação do Santo Graal e da Pedra do Destino.

A influência de Roerich não deve ser menosprezada: ele era visto por muitas pessoas da elite de Washington e de Nova York, na época, como um guru genuinamente iluminado e de grande influência.

Além de Roerich e Wallace, outro participante importante desse cenário era Manly P. Hall. Francomaçom, escritor e filósofo, Hall também era muito influenciado pelas doutrinas da teosofia e pelos textos de Helena Blavatsky. Ele era amigo da família de Roerich e, durante algum tempo, participou de reuniões com

Roerich em Nova York. Roosevelt era admirador de Hall, a ponto de, em 1942, mandar microfilmar toda sua extensa biblioteca de textos antigos sobre ocultismo, filosofia e história.

Essas, então, são as figuras e o sistema de crenças que deram origem à nota de um dólar. Roosevelt aprovou o novo design para a nota em 1935 e ela se tornou a cédula que conhecemos e admiramos hoje. Mas quais, afinal, são os elementos simbólicos da nota de um dólar?

O olho acima da pirâmide pode ser analisado de maneiras ligeiramente diferentes. A visão maçônica é de que ele representa o Olho da Providência olhando com benevolência para a nova nação. Alguns veem nele um eco do Olho de Hórus, do Antigo Egito, enquanto outros associam o olho à estrela Sírius. O que fica claro é que esse tema realmente tem natureza tanto simbólica quanto oculta. A questão de essa ter sido ou não a intenção original é amplamente debatida até hoje.

O simbolismo numérico também desempenha um papel importante na nota de um dólar, sendo o número 13 proeminente. Sabemos que existem 13 estrelas no verso da nota de um dólar, sobre a cabeça da águia. Essas 13 estrelas estão colocadas de maneira tal, que, se desenharmos linhas unindo-as, traçaremos a forma do Selo de Salomão, também conhecido como Estrela de Davi. A águia propriamente dita tem 13 flechas em uma de suas garras e 13 folhas de oliveira na outra, simbolizando a capacidade dos Estados Unidos de guerrear e se defender igualmente, levando paz e segurança ao mundo. Em seu peito, a águia exibe um escudo com 13 listras e traz no bico uma fita com uma frase em latim, *E pluribus unun* (de muitos, um); essa citação contém 13 letras. Treze são também as penas em cada asa da águia.

No lado esquerdo do verso da nota de um dólar, a pirâmide inacabada exibe 13 degraus de pedra. A propósito, esse é o mesmo número de níveis da pirâmide que fica no topo do Monumento a Washington. Acima da pirâmide está um lema em latim: *Annuit coeptis* (a Providência favoreceu nossas realizações), que também tem 13 letras.

Comentaristas históricos explicam o uso recorrente do número 13 como representação das 13 colônias originais da República, o que também explica as 13 listras da bandeira dos Estados Unidos. As colônias originais eram (do norte para o sul): New Hampshire, Massachusetts, Rhode Island, Connecticut, Nova York, Nova Jersey, Pensilvânia, Delaware, Maryland, Virgínia, Carolina do Norte, Carolina do Sul e Geórgia.

Entretanto, o número 13 também possui muitos significados misteriosos e simbólicos. Muitas pessoas consideram a sexta-feira 13 como sinal de má sorte. Esta superstição, embora relativamente moderna, surgiu por causa da data que comemora o ataque aos Cavaleiros Templários, ordenado pelo rei Filipe da França, que ocorreu em 13 de outubro de 1307, sexta-feira. O número 13 também é associado a Cristo. Havia 13 pessoas compartilhando a Última Ceia, por exemplo; também existiram 13 apóstolos*.

Treze também é a idade em que uma criança entra, oficialmente, na adolescência. Na tradição judaica, 13 é a idade em que um menino se torna um bar mitzvah. O número poderia, à luz disso, simbolizar a maioridade dos Estados Unidos, a aurora da nova república que passaria a caminhar com as próprias pernas.

---

* Após a morte de Judas, Matias foi escolhido para substituí-lo. (N. T.)

Um dado interessante é que exatamente no centro da parte da frente da nota de um dólar está o olho direito de George Washington, na imagem que o retrata. Isso parece ecoar o Olho da Providência que paira sobre a pirâmide inacabada no verso da nota. Como notou David Ovason no livro *The Secret Symbols of the Dollar Bill* [Os símbolos secretos da nota de um dólar]:

> O simbolismo é óbvio; todas essas associações pretendem sugerir que Washington deveria ser considerado, de forma simbólica, uma espécie de semideus. Em espírito, ele vela pelo destino da nação americana, mais ou menos como o Olho da Providência vela pelo destino do mundo.

A cédula de um dólar está repleta de simbolismo e significados esotéricos, e este verbete, sozinho, não conseguiria cobrir a vasta quantidade de material disponível.

Existe um detalhe da nota de um dólar que muitas vezes passa despercebido. Ele está na frente da nota, no lado onde aparece o retrato de George Washington. Repare no número 1 colocado no escudo do canto superior direito da nota. Se você observar o lado esquerdo do escudo, em uma reentrância e parecendo pousada nela você perceberá — embora seja minúscula demais para ter destaque — uma forma curiosa, pouco maior que um ponto. O que ele representa?

Se você escanear a nota e ampliar essa seção da imagem, descobrirá algo que se parece com uma coruja em miniatura (para alguns, ela parece uma aranha). Essa pequena imagem já provocou muita controvérsia e debate, especialmente entre as pessoas interessadas em teorias da conspiração, que viram na pequena coruja o semblante do deus Moloch, a deidade cananita representada por esse pássaro.

 *123*

A coruja também é a mascote e símbolo de um clube de elite para cavalheiros denominado Bohemian Grove, localizado em Monte Rio, na Califórnia. Esse clube exclusivo e só para homens já contou com muitos presidentes americanos entre seus membros, bem como capitães da indústria e magnatas do mundo financeiro.

Uma vez por ano, no Bohemian Grove, os membros participam de uma cerimônia denominada Cremação do Cuidado, na qual oferendas são feitas para uma coruja gigante, com 12 metros de altura, que fica em uma das pontas do lago ao lado do clube. Tudo isso foi gravado em vídeo pelo radialista e adepto da teoria da conspiração Alex Jones, em 2000. Jones afirmou que a cerimônia era de natureza satânica e que os Estados Unidos eram governados por uma aliança entre adoradores do Diabo e magos negros.

Em *O Símbolo Perdido*, o nome do personagem Mal'akh faz referência a Moloch. Talvez Dan Brown esteja fazendo uma alusão muito inteligente, de forma indireta, a essa controvérsia.

É claro que o que parece uma coruja minúscula no canto na nota pode significar apenas que a mão do entalhador na matriz original escorregou de leve, e essa é a explicação que normalmente é dada para essa misteriosa aparição.

Da próxima vez que você estiver com uma nota de um dólar na mão, tire alguns segundos para dar uma boa olhada nesse surpreendente pedaço de papel e tinta. Ele contém significados ocultos, simbolismo sagrado e elementos misteriosos em igual medida. Trata-se, realmente, de algo mágico e maravilhoso.

Ver também: Grande Selo dos Estados Unidos; Manly P. Hall; George Washington.

Dürer, Albrecht

Seguindo a linha criada por Dan Brown nos romances anteriores que traziam Robert Langdon como protagonista, em *O Símbolo Perdido* existe um artista mundialmente famoso como chave para a decodificação de um segredo. Depois da perseguição por toda Roma entre as belíssimas esculturas de mármore de Gian Lorenzo Bernini em *Anjos e Demônios* e o gênio de Leonardo Da Vinci em *O Código Da Vinci*, agora nós temos a figura formidável de Albrecht Dürer, o maior nome da Renascença germânica.

Dürer era um artista e também um desenhista técnico que deixou o legado de mais de 950 desenhos. Foi também autor de livros sobre medidas, sobre o corpo humano e sobre fortificações. Por isso, foi um exemplo de verdadeiro homem da Renascença — um indivíduo estudado e culto, versado em muitos campos. Mesmo depois de cinco séculos, pelo menos 60 de seus quadros a óleo sobreviveram, bem como milhares de desenhos e aquarelas, embora existam inevitáveis debates sobre se algumas de suas obras podem ser atribuídas, com segurança, a ele. A pintura a óleo lhe tomava muito tempo e lhe rendia pouco, conforme Dürer reclamou certa vez. Devido a isso, a oficina técnica que ele montou produzia e vendia, principalmente, impressos. Seus entalhes e gravuras possuíam um padrão mais elevado que o de seus contemporâneos e estão até hoje entre as melhores obras já produzidas.

Entre suas aquarelas e primeiras paisagens encontramos uma série retratando uma viagem através dos Alpes, pois ele teve

a sorte de viajar para a Itália em duas ocasiões. O que aprendeu na Renascença italiana foi suficiente para moderar o estilo gótico que havia, até então, caracterizado a sua arte. Frances Yates, no livro *The Occult Philosophy of the Elizabethan Age* [A filosofia oculta da era elisabetana] afirma que Dürer

> absorveu a teoria da arte italiana baseada na harmonia entre o macrocosmo e o microcosmo, compreendeu perfeitamente os seus termos geométricos e as proporções do corpo humano em relação às leis que governam o cosmos, determinadas pelo Arquiteto do Universo.

Nascido em Nuremberg em 1471, em uma família muito grande, Dürer foi originalmente treinado para seguir a profissão do seu pai: a de ourives. Conforme ele explicou mais tarde em uma análise da própria vida: "Quando eu conseguia trabalhar em um ambiente organizado e limpo, apreciava mais o trabalho de pintura ao de ourives."

Apesar das possíveis restrições que Albrecht Dürer pai pudesse ter sobre a escolha da carreira do seu filho, ele providenciou um curso com o pintor Michael Wolgemut, cujo retrato o jovem Albrecht pintou a óleo em 1516, muito tempo depois de o relacionamento entre mestre e discípulo ter acabado.

O padrinho de Dürer, Hartmann Schedel, era um antigo ourives que se tornara pintor e publicara a *Crônica de Nuremberg*, com mapas e gravuras de várias cidades e países, em julho de 1493, primeiro em latim e logo depois em alemão. É tentador imaginar que talvez ele tenha, de certo modo, influenciado o jovem Albrecht na decisão de desistir do ofício de ourives, como ele próprio o fizera. As mais de 1.800 ilustrações para a *Crônica de Nuremberg* foram produzidas no ateliê de Wolgemut e

é possível que Dürer tenha trabalhado em algumas delas durante o seu aprendizado.

Depois de três anos estudando com Wolgemut, entre 1486 e 1489, o jovem Dürer pôs-se a fazer viagens e explorações, para finalmente retornar a Nuremberg em 1495.

Um dos amigos mais chegados de Albrecht Dürer era Willibald Pirckheimer, um estudioso que teve grande influência no desenvolvimento do interesse de Dürer pelo pensamento humanista. Foi para Pirckheimer que ele escreveu uma série de cartas, enquanto trabalhava em Veneza, entre 1505 e 1507. Entre as obras que realizou em Veneza estava o quadro *A Festa das Guirlandas das Rosas*, encomendado por um grupo de mercadores alemães para a Igreja de São Bartolomeu.

O trabalho de Dürer, como acontecia com os maiores artistas da sua época, era dominado por temas religiosos. Em 1511 completou duas séries de xilogravuras, intituladas *A Vida da Virgem* e *A Grande Paixão*. Em 1513, em um momento ligeiramente mais secular, a obra denominada *O Cavaleiro, a Morte e o Diabo* foi gravada em uma placa de cobre. O cavaleiro é seguidor de Cristo, enquanto o crânio aos pés do robusto cavalo de batalha representa a morte, que também é personificada como um corpo em decomposição segurando uma ampulheta, para lembrar ao cavaleiro que seus dias estão contados. O diabo está no rastro do guerreiro, sem ação, pois suas tentações foram obviamente ignoradas.

Katherine Solomon, em *O Símbolo Perdido*, atribui a Dürer a crença no cristianismo místico, que é uma fusão de astrologia, alquimia e ciência com cristianismo. Certamente Dürer foi influenciado por Martinho Lutero, o pregador reformista, e se tornou protestante luterano. Em 1524, Dürer escreveu:

"Por causa da nossa fé cristã, somos agora alvo de perigos e escárnio, pois fomos ultrajados e chamados de hereges."

No fim de 1514, Dürer havia produzido mais duas gravuras em cobre, *São Jerônimo em seu Estúdio* e *Melencolia I*. Elas são consideradas sem paralelo em termos de superioridade, verdadeiras obras-primas em seu gênero. *Melencolia I* foi a obra de arte que Dan Brown escolheu para destacar em seu último romance.

Klibansky, Panofsky e Saxl, em seu livro *Saturn and Melancholy* [Saturno e melancolia], descrevem o conceito de melancolia inspirada que vemos em *Melencolia I*, de Dürer, como resultado da influência direta do livro *De occulta philosophia*, do cabalista Henricus Cornelius Agrippa; sugerem também que Dürer chegou a conhecer um exemplar deste livro escrito pelo mestre dos estudos ocultos (o livro foi escrito em 1510, embora só tenha sido publicado em 1533). Agrippa também publicou uma série de quadrados mágicos em seu trabalho, e um deles aparece em *Melencolia I*.

Dürer tinha, claramente, interesse em matemática. Isto está evidenciado pelo quadro com números que aparece na gravura, posicionado imediatamente abaixo do sino e acima da figura principal. A soma dos números em cada fileira desse quadrado mágico é 34, em todas as direções. O autor, de forma engenhosa, assegurou-se de que os dois números centrais na fileira de baixo expressassem o ano em que a gravura foi criada: 1514.

Sua série de 15 ilustrações do Apocalipse, inspiradas pelo último livro da Bíblia, também fez muito sucesso. Entalhadas em blocos de madeira, elas também foram disponibilizadas ao público sob a forma impressa e, como consequência disso, em poucos anos o nome de Dürer era conhecido em toda a Europa. Dürer se sentia grato a Johannes Pirckheimer, pai de Willibald Pirckheimer,

que lhe deu alguns conselhos quanto aos temas religiosos que ele retratava. Johannes era conselheiro episcopal e também um advogado bem-conceituado, duas qualificações muito úteis em uma época como aquela, cheia e distúrbios religiosos.

O sacro imperador romano Maximiliano I, patrono de Dürer, lhe encomendou uma série de entalhes que se uniriam uns aos outros para formar uma imagem gigantesca intitulada *Arco Triunfal*. Eram 192 blocos ao todo, criados por Dürer e alguns de seus discípulos, que formavam uma estrutura triunfal, feita para representar o poder do imperador.

Talvez fosse inevitável que um artista tão influente e bem-sucedido quanto Dürer tentasse inspirar outros por meio de um registro de preceitos a respeito dos aspectos de sua arte. Suas obras *Instructions on Measurement* [Instruções sobre as medições] e *Treatise on Fortification* [Tratado sobre as fortificações] exibem seu imenso conhecimento de desenho técnico, e logo após a sua morte a obra *Quatro volumes sobre as proporções humanas* foi publicado.

Depois da morte de Dürer, em 1528, Martinho Lutero escreveu em uma carta a um amigo comum:

> Quanto a Dürer, certamente a mesma afeição por ele que nos unia torna a nos unir agora no pesar por alguém que foi o mais elevado dos homens, e talvez tenha sido melhor ele alcançar um fim tão bom; de fato, talvez tenha sido melhor que Cristo o tenha levado desta época para evitar que ele, que merecia contemplar apenas o melhor, não fosse obrigado a contemplar apenas o pior.

Ver também: Alquimia; Grande Arquiteto do Universo; Quadrados Mágicos; Melencolia I.

Elohim

Em *O Símbolo Perdido* temos um instante de revelação, perto do fim da história, em que Robert Langdon vivencia um de seus muitos momentos-eureca. Subitamente, ele se dá conta de que a frase em latim *E pluribus unum*, "de muitos, um", pode, na verdade, ser aplicada à primeira ideia hebraica de Deus. Langdon e Katherine proclamam, ousadamente, que o Deus das passagens iniciais do Livro do Gênesis, Elohim, é, na verdade, uma denominação plural, e não singular.

Será que o Deus do Gênesis não é um só, na realidade, e sim muitos? Essa pergunta atormentou pesquisadores bíblicos e teólogos durante décadas, e continua sendo motivo de acalorados debates entre pesquisadores religiosos e historiadores agnósticos.

O que sabemos com certeza é que a palavra Elohim está relacionada à palavra hebraica *El*, a qual, quando usada com um sufixo plural, aparentemente significa "deuses", em vez do "Deus" singular. Entretanto, como acontece com a maioria das questões teológicas, há vários outros lados nessa história. No Livro do Gênesis parece haver dois relatos da criação, dois mitos da criação, por assim dizer. No primeiro relato (Gênesis 1:1-2, 4), Elohim é o principal nome de Deus, ou dos deuses. No segundo relato (Gênesis 2:5-25), o sagrado nome de Deus, Javé, é usado no singular, significando o criador de todas as coisas. Essas duas versões estão em desacordo entre si em vários trechos e entram em conflito quanto à representação do criador.

Alguns estudiosos, no entanto, entendem Elohim como significando uma pluralidade de poder, presença, majestade e posto hierárquico; em outras palavras, um deus único com poder e

presença tão avassaladores que somente por meio de uma designação plural poderia ser descrito de forma adequada. Para alguns ortodoxos cristãos, essa designação plural reproduz a realidade da Santíssima Trindade, com Deus visto como Pai, Filho e Espírito Santo em uma só pessoa.

Porém, a palavra Elohim é realmente usada em muitas passagens da Bíblia para designar um grupo de deuses. Especialistas concordam com isso (embora alguns entendam as primeiras linhas do Livro do Gênesis como um caso à parte dos exemplos posteriores nos quais o uso de Elohim aparece no plural). Isso mostra que uma tradução na linha de "entidades divinas" era usada pelos antigos povos do leste à época dos profetas.

A palavra Elohim é encontrada cerca de 2.500 vezes no Antigo Testamento, sendo que Javé aparece mais de 6.000 vezes. Existe também uma forma singular do nome Elohim que aparece 57 vezes no Antigo Testamento: a palavra Eloah. Essa forma é encontrada principalmente no Livro de Jó, e os estudiosos reconhecem hoje que ela foi acrescentada como forma singular muito mais tarde, e que Elohim seria uma versão muito mais antiga da palavra Eloah. De fato, concorda-se que a palavra Elohim é o nome mais antigo de Deus no uso bíblico, mais antigo até mesmo que a forma Javé, e podemos confirmar isso pela história etimológica da palavra, que indica que ela já era usada pelas tribos semíticas e pelas primeiras raças do Oriente Próximo.

No judaísmo moderno, os judeus ortodoxos são proibidos de usar a palavra Elohim, pois esta é vista como um dos nomes sagrados de Deus. O nome árabe de Deus, Alá, também possui uma ligação etimológica com a palavra Elohim.

A denominação Elohim pode também apontar para o politeísmo primitivo que era praticado pelas tribos das regiões

orientais antes do advento da doutrina de Abraão. Pode ser simplesmente um vestígio deixado pelos tempos antigos, mas foi utilizado de maneira singular pelos escritores e subsequentes editores do Antigo Testamento. O que fica bem claro, no entanto, é que a palavra pode ser interpretada de inúmeras formas, e tem sido assim através dos anos. A complexidade do argumento, como é mostrada aqui em rápidas pinceladas, é impossível de ser resolvida com a resposta simples de que a palavra "tem de ser" plural e significa muitos deuses. Por fim, a frase em latim *E pluribus unum* pode, na verdade, ser aplicada a ambos os lados da questão, com os teólogos e especialistas religiosos enxergando uma pluralidade de presença e poder que vem de um único deus, e com outros escritores e estudiosos considerando uma hoste de deuses que, simbolicamente, se tornam um.

De muitos, um.

Ver também: Único Deus Verdadeiro.

Francomaçonaria

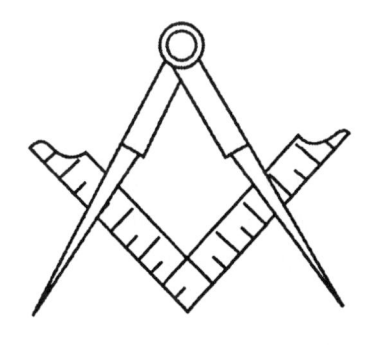

O objetivo da Francomaçonaria é alcançar o aprimoramento constante dos seus membros e da sociedade por meio de um "sistema de moralidade envolto em alegoria e ilustrado por símbolos". O professor Langdon usa exatamente essa explicação em *O Símbolo Perdido*, a mesma que é oferecida por francomaçons em todo o mundo para explicar suas práticas secretas. Seus ritos e cerimônias são apenas para

iniciados, e é por isso que a Francomaçonaria foi rotulada como uma sociedade secreta, embora seus membros respondam a tal afirmação do mesmo modo que Dan Brown em *O Símbolo Perdido*: os maçons "não são uma sociedade secreta, mas sim uma sociedade com segredos".

Esses "segredos" são velados dentro das cerimônias e do simbolismo de cada parte dos dramas rituais. Os temas são abundantes em meio à infinidade de ordens e ritos que se unem sob o nome de Francomaçonaria, e o estudo de todos eles garantiria emprego durante muitos anos para um professor de simbologia!

Esses símbolos de aspecto estranho possuem, muitas vezes, várias camadas de significados, e sempre envolvem uma interpretação filosófica relacionada às ferramentas de um pedreiro, além de imagens bíblicas. Até o início do século XVIII, tais símbolos eram desenhados a giz nas salas de reuniões e depois apagados, para salvaguardar os segredos francomaçônicos. Ao longo dos anos eles se tornaram obras de arte pintadas em quadros, conhecidas como painéis ou "tábuas de traçar", e são usados para ilustrar as palestras educativas feitas para os candidatos, abordando os princípios morais que devem adotar.

O emblema do esquadro e do compasso, o mais conhecido dos símbolos da Francomaçonaria, é considerado pelos maçons o equivalente à Estrela de Davi, representando o mundano e o divino trabalhando juntos. O Templo de Salomão é um tema central em toda a ritualística e um significado especial é dado aos dois pilares na entrada do Templo, conhecidos como Boaz e Jaquim. À medida que o candidato progride ao longo das cerimônias de iniciação (também conhecidas como graus), o símbolo da escada em caracol é apresentado como alusão à escada de Jacó, que levaria os homens da Terra ao céu, de forma mística.

Em *O Símbolo Perdido*, a escada que fica dentro do Monumento a Washington parece ser a representação física dessa escada em caracol. Segundo o autor Kenneth Mackenzie, em sua *Royal Masonic Cyclopaedia* [Enciclopédia maçônica real], editada em 1877, a referência a uma escada em caracol aparece uma única vez na Bíblia (I Reis 6:8):

> A entrada para o andar de baixo ficava no lado direito do Templo e havia uma escada em caracol até o segundo andar; outro lance de escadas levava ao terceiro piso.

A adoção de uma escada em caracol para o segundo grau é fundamentada sobre essa única alusão fragmentada. O simbolismo da escada em caracol pode ser resumido desse modo. O Templo representa o mundo purificado pela presença divina, ou Shekinah, e adentrar o portal do Templo é ser iniciado como maçom. O Aprendiz representa uma criança. A escada em caracol não surge até que o iniciado tenha passado por entre os pilares da força e do estabelecimento, quando então, já como Companheiro, ele começará a ascender. Como Mestre Maçom ele receberá, na câmara média, a sua recompensa — o conhecimento da Verdade.

Dizem que as cerimônias maçônicas são semelhantes às velhas peças medievais de mistérios, nas quais os participantes atuavam em diferentes papéis a fim de transmitir lições de moral aos pupilos. Temas como o de "lançar-se a uma grande jornada", "a busca pelo que foi perdido" ou "a Palavra Perdida" são outros aspectos dos dramas ritualísticos representados por meio da Francomaçonaria.

A confraria, como a Francomaçonaria, é muitas vezes conhecida, teve muitos membros ilustres ao longo da história, incluindo

 *134*

presidentes, reis e celebridades. Mozart, Louis Armstrong, Buzz Aldrin, Harry Houdini, Harpo Marx, Henry Ford, o rei Hussein da Jordânia e o rei George VI da Grã-Bretanha são alguns dos exemplos. Dos 44 presidentes dos Estados Unidos, 14 confirmaram ser francomaçons. São eles: George Washington, James Monroe, Andrew Jackson, James Polk, James Buchanan, Andrew Johnson, James Garfield, William McKinley, Theodore "Teddy" Roosevelt, William Taft, Warren Harding, Franklin Delano Roosevelt, Harry Truman e Gerald Ford.

Estima-se que existam mais de dois milhões de francomaçons somente na América do Norte e quatro milhões em todo o mundo.

Quanto aos 56 signatários da Declaração de Independência dos Estados Unidos, há rumores de que muitos deles eram francomaçons, e isso levou alguns a sugerir que toda a estrutura da sociedade americana é baseada em princípios francomaçônicos. É justo reconhecer que Dan Brown, que foi alvo de muitas críticas da Opus Dei e do Vaticano devido à natureza controversa de *O Código Da Vinci*, foi mais generoso com os francomaçons. Algumas resenhas chegam a sugerir que talvez o livro incentive e gere interesse positivo pela Francomaçonaria, que tem perdido muitos membros nas últimas décadas. Em uma entrevista para a Associated Press, Dan Brown afirmou:

"Tenho um enorme respeito pelos maçons... Com tantas culturas diferentes destruindo umas às outras ao decidir que versão de Deus é a correta, aqui está uma organização de âmbito mundial que diz essencialmente: 'Não nos importa o que você chama de Deus nem o que pensa a respeito de Deus; queremos saber apenas que você acredita que existe um deus. A partir daí, juntamo-nos lado a lado como irmãos e olhamos para a mesma direção.'"

Para outras pessoas, porém, a Francomaçonaria é, na melhor das hipóteses, um movimento esquisito e não ortodoxo cujos membros usam roupas estranhas e participam de cerimônias bizarras; na pior das hipóteses, é uma sociedade com motivações sinistras e subversivas.

Grupos antimaçônicos e adeptos das teorias da conspiração afirmam que o movimento foi responsável tanto pela Revolução Francesa quanto pelo escândalo da loja maçônica italiana Propaganda Duo (P2), nos anos 1980, que trouxeram a público as possíveis ligações do Vaticano com a máfia e quase derrubaram o governo italiano. Tais grupos antimaçônicos asseguram que a Francomaçonaria, hoje, está tentando estabelecer uma nova ordem mundial. Por tudo isso, vale a pena explorar o que significa tudo isso e por que existem tantas pessoas enfurecidas com esse assunto. Será que elas estão certas?

Logo de saída, a primeira dificuldade que encontramos é estabelecer as origens exatas da Francomaçonaria. Elas são obscuras, em parte porque algumas descrições mitológicas oferecidas são complexas e afirmam que a confraria começou com Adão, enquanto outras dizem que seu início ocorreu entre os construtores da Torre de Babel, ou entre os homens que ergueram o Templo de Salomão, e até mesmo com os egípcios, que ergueram as pirâmides. Tais origens são, em parte, ocultas porque, inicialmente, os ensinamentos da Francomaçonaria foram transferidos de forma oral, sem os livros rituais que existem hoje.

A natureza da sociedade exigia que seus membros jurassem pela sua honra "esconder e nunca revelar nenhuma parte ou detalhe dos segredos ou mistérios, nem de pertencer à confraria ou aceitar os maçons na Maçonaria". Para dar um efeito mais dramático, a ameaça de aplicação de uma penalidade de arrepiar era feita durante as cerimônias, mostrando de forma explícita

o que aconteceria ao iniciado se ele traísse os "segredos". Dan Brown sugere isso ao mencionar a "garganta cortada de orelha a orelha" e o "coração retirado do peito".

O que o autor omitiu — provavelmente porque isso diminuiria o efeito — são as mensagens adicionais passadas aos novos membros. Elas explicam que tais punições eram aplicadas, nos tempos antigos, aos Irmãos que não cumprissem o voto de segredo, a fim de proteger a Ordem de perseguições, e que hoje os francomaçons não poderiam nem gostariam de infligir tais castigos.

Em vez disso, os que traem os segredos nos tempos atuais são simplesmente tratados como indivíduos que conscientemente cometem perjúrio, desprovidos de qualquer valor moral e, portanto, sem méritos para fazer parte de uma sociedade tão nobre. Entretanto, a maioria, senão todos os "segredos" passados aos maçons, já foi completamente exposta e publicada ao longo dos séculos, e hoje está na internet.

O primeiro registro do termo "Francomaçom" data de 1376, mas aparece associado a uma fraternidade de pedreiros* e construtores na Inglaterra. Vem da Escócia, no entanto, a mais antiga prova de que existiram lojas operacionais, na Idade Média, que aceitavam cavalheiros como membros. É claro que os nobres patronos eram convidados a participar de cerimônias nessas lojas. Em Aberdeen, por exemplo, por volta de 1680, três quartos dos membros das lojas não atuavam nas atividades da confraria. Esses membros se tornaram conhecidos como Francomaçons Especulativos, ou seja, meros observadores.

Dois dos mais conhecidos exemplos de "maçons cavalheiros" ou "maçons filósofos" são sir Robert Moray (1641) e Elias

---

* A palavra "pedreiro", em inglês, é "mason", daí a versão latina para a palavra. (N. T.)

 *137*

Ashmole (1646). Foram precursores da criação da Real Sociedade, cujos membros se tornaram famosos ao misturar o estudo da ciência e buscas relacionadas a temas como o hermetismo e a alquimia. Esse período resultou num aumento do interesse pela alquimia e pela Fraternidade Rosa-Cruz. Embora não existam provas, especula-se que as ideias dos famosos cientistas e alquimistas Robert Fludd e sir Isaac Newton influenciaram muito o desenvolvimento da Francomaçonaria.

A explicação tradicional dessas origens, oferecidas pelos próprios francomaçons, é de que o movimento se desenvolveu a partir das confrarias de pedreiros na Idade Média. Tais pedreiros eram contratados para construir grandes catedrais góticas na Europa, e suas cerimônias foram adotadas por aplicarem metáforas que refletiam o desejo humano de se esforçar rumo à perfeição divina por meio do trabalho. Um exemplo da alegoria maçônica é o manuseio da pedra bruta e o trabalho para torná-la polida, pronta para ser utilizada na construção. Essa rotina ensina ao francomaçom que por meio da educação e da dedicação ele poderá alcançar a iluminação, desde que devidamente preparado.

Um ponto de definição na história do surgimento da Francomaçonaria foi a inauguração da primeira Grande Loja de Londres, no Dia de São João, 24 de junho de 1717. A princípio, quatro outras pequenas lojas se reuniam em uma taverna chamada O Ganso e a Grelha, mas a partir daí o crescimento foi rápido e logo a confraria se espalhou por todo o mundo. Em 1723, a obra *Constitutions of the Freemasons* [Constituição dos francomaçons] foi escrita pelo pastor escocês James Anderson. Nesse livro ele delineava as práticas da confraria e unia os antigos códigos de procedimento maçons, conhecidos como Antigos Deveres, a elementos novos que refletiam os códigos fraternos de muitas outras sociedades da época.

Nesse tempo, a Francomaçonaria utilizava um sistema de dois graus, similar ao das fraternidades dos pedreiros atuantes. Esses dois graus eram chamados de Aprendiz Principiante e Companheiro Artesão. O termo Mestre Pedreiro (ou Mestre Maçom) só era usado para descrever o supervisor-geral de uma construção.

Em 1738, uma revisão na constituição maçônica instituiu um terceiro grau. Esses três graus da Francomaçonaria se tornaram conhecidos como Maçonaria Azul.

O que se seguiu ao longo dos séculos XVIII e XIX foi uma explosão de novos ritos e cerimônias. Sob o nome de Francomaçonaria surgiram novas constituições na Europa e nos Estados Unidos, e nem todas reconheciam umas às outras. O Rito dos Templários, o Rito Escocês, o Rito de York, a Ordem Real da Escócia, a Estrela do Oriente e o Real Arco apareceram. Ritos egípcios e outros de natureza ainda mais mística começaram a surgir. Em termos coletivos, esses movimentos deram ao Iluminismo do século XVIII outro nome: a Era da Francomaçonaria.

No passado, outras organizações mais sinistras e não francomaçônicas pegaram emprestada a estrutura da Francomaçonaria e a alteraram, criando cerimônias voltadas para seus próprios objetivos, como foi o caso da Ku Klux Klan. Também devemos notar que a Francomaçonaria é um termo amplo e os vários grupos que o adotam não fazem parte de um grupo homogêneo com um único órgão regulador.

Outro equívoco é a afirmação de que as mulheres não podem se tornar francomaçons. A Estrela do Oriente é uma forma de Francomaçonaria que promove a iniciação de mulheres, embora não nos graus azuis. Existem várias Grandes Lojas que aceitam tanto homens quanto mulheres, embora deva ser dito que a Francomaçonaria conhecida como "Aceita", que inclui

 *139*

a maioria das grandes lojas norte-americanas, considera tais grupos "irregulares" e não tem relações com eles.

No prólogo de *O Símbolo Perdido*, um misterioso iniciado é preparado para uma cerimônia. Dan Brown utilizou alguns dos elementos dos rituais padronizados de iniciação para criar essa cena e acrescentou o elemento dramático do vinho servido em um crânio humano. Para os leitores que têm tios ou pais maçons, não se preocupem, porque eles não fazem mais isso hoje; entretanto, essa era uma prática usada em ritos templários do início do século XVIII, inspirados diretamente pelo chamado Rito de Cerneau. Existe também um ritual budista conhecido como *Kapala*, no qual um crânio humano é usado como recipiente para beber.

Crânios muitas vezes aparecem como símbolos maçons. Robert Langdon explica isso ao falar da Câmara de Reflexões, em uma das cenas. A prática de observar crânios e ossos sozinho em uma sala, também chamada de *caput mortuum*, ou "lembretes de mortalidade", ensina a pessoa a lembrar que todos vão morrer e, portanto, cada pessoa deveria refletir sobre a forma como leva a vida. Os convites para refletir sobre as sete virtudes e os sete pecados capitais são um paralelo medieval dessa ideia. A recompensa para um dos caminhos é a chave do reino do céu, enquanto pelo outro caminho se recebe a chave do purgatório.

O peito desnudado de um dos lados, a perna esquerda da calça arregaçada até o joelho, a manga direita enrolada até o cotovelo e o nó feito de corda, também chamado de "atadura", que é colocada em torno do pescoço do iniciado, são alguns dos elementos que Dan Brown descreveu com precisão. Essas práticas parecem estranhas aos não filiados à confraria e muitas vezes os francomaçons são alvo de piadas por causa delas. Além do que foi descrito, o Aprendiz também é vendado ou encapuzado.

 *140*

Cada um desses elementos e outros são altamente simbólicos, como está estabelecido no ritual maçônico:

Durante a cerimônia você não ficou nu nem vestido porque os maçons não analisam o valor de um homem pelos cargos que exerce ou por suas posses terrenas... Foi vendado ou encapuzado e teve uma corda com nó colocada em torno do pescoço por três motivos: o primeiro é que seu coração deve conhecer as belezas da Francomaçonaria antes dos olhos; o segundo é que, do mesmo modo como você estava na escuridão, deve aprender a manter o mundo assim, respeitando os segredos da Francomaçonaria, exceto com relação aos que são o que você estava prestes a se tornar; e terceiro, se você não concordasse com essa cerimônia de iniciação, provando-se indigno de ser maçom, poderia ser puxado pela corda até o lado de fora da loja sem ter visto nada lá de dentro.

Você foi recebido pela ponta de um instrumento pontudo que espetou seu peito esquerdo para aprender que aquele instrumento de tortura da carne deve estar sempre na sua mente e na sua consciência, caso você queira, um dia, revelar os segredos da Francomaçonaria de forma inadequada.

Você foi conduzido ao centro da loja e foi forçado a se ajoelhar, pois antes de receber qualquer missão grande ou importante nós devemos sempre invocar o auxílio da Deidade.

Perguntaram-lhe qual a sua crença, como exigem nossas leis ancestrais, pois nenhum ateu pode se tornar maçom; foi necessário expressar sua fé em Deus, pois, de outro modo, nenhuma obrigação adviria de sua parte.

Já disseram muitas vezes que o simbolismo do Grande Selo dos Estados Unidos, impresso na nota de um dólar, bem como as

 *jyi*

palavras "em Deus confiamos" têm origem maçônica. O presidente Theodore Roosevelt, que era muito religioso e conhecido membro da Francomaçonaria, queria, na verdade, que essas palavras fossem removidas da nota. Em um texto de 1907 ele disse: "Parece insensato vulgarizar tal frase, usando-a em moedas e notas, do mesmo modo que seria vulgar usá-la em selos ou anúncios publicitários."

Conforme já descobrimos, a Francomaçonaria não é apenas pouco objetiva. Ao longo do seu desenvolvimento intrigante, incontáveis cerimônias foram inventadas; centenas e até milhares de diferentes grupos "francomaçônicos" surgiram. Certamente existem pessoas boas e más; há grupos com intenções nobres e alguns muito menos admiráveis. Em última análise, no entanto, os francomaçons parecem ser iguais ao resto de nós, só que usam aventais!

Ver também: Alquimia; Boaz e Jaquim; Rito de Cerneau; Dólar — Simbolismo da Cédula de Um Dólar; Grande Selo dos Estados Unidos; Sir Isaac Newton; Ordem da Estrela do Oriente; Rosa-Cruzes; Rito Escocês da Francomaçonaria.

Franklin, Benjamin

Benjamin Franklin foi mais um belo exemplo de homem brilhante, predominantemente autodidata, que, não coagido nem limitado pela educação moderna, teve a liberdade e a felicidade de conseguir desenvolver os próprios interesses e talentos. Embora tenha nascido em Boston, fez da Filadélfia a sua casa, pois ali encontrou uma cidade onde havia mais liberdade religiosa do que na sua puritana cidade natal. Foi enterrado na Filadélfia e seu memorial está lá. Sua família vivera durante séculos

 *142*

na pequena vila de Ecton, em Northamptonshire, Inglaterra. Franklin era tão curioso que foi conhecer o lugar e vivenciou os laços com seus ancestrais durante os 18 meses que passou trabalhando na Inglaterra, embora sua lealdade acabasse pendendo para os Estados Unidos.

Um dos muitos talentos de Franklin era a sua destreza com números, que foi amplamente demonstrada por sua habilidade de construir quadrados mágicos, grades onde os números eram arranjados de forma a fornecerem uma soma constante para todas as colunas e linhas. Em *O Símbolo Perdido*, é o quadrado de oito casas de Franklin que recebe destaque. Na trama, imagina-se a princípio que ele é um endereço na Franklin Square, e isso acaba por servir de gatilho para as cenas em que vários símbolos místicos são decifrados.

Aos 12 anos, Franklin começou como aprendiz na gráfica de seu irmão James. Franklin era o décimo filho e adorava ler, embora sua educação formal tenha se encerrado quando ele fez dez anos. Seu pai tinha esperanças de que ele se tornasse um clérigo, mas, como não tinha condições financeiras de pagar pela educação e pelo treinamento que isso exigia, juntou as duas coisas: o amor do filho pelas palavras e os serviços gráficos, e decidiu que aquela era a vida certa para o jovem Benjamin. Seu irmão James começara a publicar o jornal *New England Courant* em 1721 e Benjamin queria escrever para ele. Começou a publicar artigos sob o pseudônimo de Silence Dogood; seus textos eram imensamente populares, mas os dois irmãos se desentenderam, e Benjamin deixou o jornal e a cidade de Boston.

Instalando-se na Filadélfia, Franklin se empregou como aprendiz de gráfico junto à família Read, e nesse período conheceu sua futura esposa, Deborah. Em 1724, viajou para Londres e continuou o treinamento para ser um técnico gráfico, ao mesmo

tempo que usufruía de uma animada vida social. Em Londres, ele publicou um panfleto chamado *Uma dissertação sobre a liberdade, a necessidade, o prazer e a dor*, no qual explicava que o homem não era responsável por suas ações, já que não possuía liberdade de escolha. Mais tarde ele considerou um erro ter publicado tal texto.

Ao receber uma oportunidade oferecida por um amigo, Thomas Denham, para voltar à Filadélfia, Franklin atravessou o Atlântico em 1726. Apesar de Denham morrer logo em seguida, dois anos depois de sua morte Franklin abriu sua própria gráfica e se tornou proprietário e editor do jornal *Pennsylvania Gazette*.

Ele "desposou" Deborah Read em 1730, apesar do fato de ela já ser casada com um homem que desaparecera. Durante esse relacionamento ela morou na Filadélfia com William, filho ilegítimo de Franklin, e, mais tarde, com os filhos legítimos dela com Franklin: o pequeno Franky, que faleceu muito jovem, e Sarah. Enquanto isso, seu marido viajava por toda a Europa durante grandes períodos.

O movimento do deísmo exerceu muita influência nos Estados Unidos durante o século XVIII, e Franklin sem dúvida era um deísta, defendendo o ponto de vista de que um Ser Supremo (isto é, Deus) criara o universo, e a observação pura e simples do mundo natural, bem como a aplicação da razão poderiam mantê-lo, sem haver necessidade de religiões organizadas. O conceito de liberdade individual e a introdução da razão no campo da religião foram, de várias formas, ligados às ideias e aos questionamentos que eram analisados na época.

Usando o pseudônimo de Richard Saunders, ele escreveu no livro *O almanaque do pobre Richard* que: "servir a Deus é fazer o bem aos homens, mas rezar é uma atividade muito mais fácil e

também, geralmente, a preferida." Seu mal-estar com a pretensão religiosa era a razão de ele frequentar a igreja de forma tão irregular.

David Holmes, no livro *The Faiths of the Founding Fathers* [As crenças dos pais fundadores], explica:

> Quando seu neto não conseguiu desposar uma jovem na França porque os pais dela se opuseram ao casamento da filha com um protestante, Franklin afirmou que as diferenças religiosas não importavam no casamento, pois todas as religiões eram basicamente iguais.

O conceito maçônico de um único deus que pode ser adorado por todas as pessoas é sugerido nessa citação, e também existe uma referência a ele em *O Símbolo Perdido*.

Franklin estava profundamente interessado em montar a primeira biblioteca por assinatura dos Estados Unidos e também a Sociedade Filosófica Americana. Essa sociedade surgiu a partir do Clube do Avental de Couro*, que fora criado por Franklin depois de voltar de Londres em 1726. Corinne Heline escreve sobre o clube no *America's Invisible Guidance* [Guia do invisível na América]:

> Em uma cerimônia profundamente mística, muito parecida, em sua forma, com a iniciação maçônica, os membros desse clube se dedicavam a "construir um universo de paz, sem medos e baseado no amor".

---

* Nome que representava a humildade do trabalho que as pessoas ali reunidas se dispunham a realizar. (N. T.)

Benjamin Franklin dedicou-se a persuadir as pessoas influentes da Filadélfia de que aquele deveria se tornar um lugar saudável, seguro e atraente para se viver. O reconhecimento público dos talentos de Benjamin Franklin o levou a ser indicado a diretor-geral dos correios da Filadélfia e, mais tarde, a diretor dos correios de toda a América do Norte. Em seu mandato nesse cargo ele organizou um serviço postal que funcionava 24 horas por dia entre Nova York, Filadélfia e Boston.

Ao ampliar seu círculo social, entrou para a Francomaçonaria e levou seus votos de discrição e segredo tão a sério que não divulgou o fato nem mesmo em sua autobiografia. Aparentemente Franklin era um francomaçom dedicado, pois participava regularmente das reuniões nas lojas e serviu no cargo de Grão-Mestre da Pensilvânia.

Bem-sucedido nos negócios, Franklin se aposentou oficialmente em 1748, deixando de trabalhar diretamente na sua gráfica para se tornar um sócio passivo. Transformado em cavalheiro respeitado com tempo para dedicar aos interesses pessoais, Franklin passou a se dedicar à invenção de coisas que poderiam ser úteis aos seus contemporâneos. Entre suas criações temos um forno mais seguro e que mantinha o calor de forma mais eficaz, os óculos bifocais e um instrumento musical (a harmônica de vidro — um instrumento que funciona à base da percussão de 37 recipientes de vidro). Em *O almanaque do pobre Richard*, de 1737, ele incluiu esta pergunta filosófica: "A mais nobre pergunta do mundo é: o que eu posso fazer de bom nele?"

Ele também fez experiências com eletricidade, um assunto que o fascinava. Durante uma tempestade, saiu para soltar uma pipa, em meio a grande perigo, e isso lhe ensinou que o raio é o ar energizado e carregado por uma corrente elétrica. A partir disso ele desenvolveu o para-raios. O mais estranho é que

Franklin defendia o uso de varetas finas e pontiagudas para funcionar como para-raios, enquanto seus colegas ingleses usavam pontas arredondadas. Essa disputa se tornou apenas mais uma entre as muitas coisas em que os colonizadores americanos divergiam de seus oponentes, os leais partidários do rei da Inglaterra.

Como defensor dos direitos dos colonizadores, Franklin voltou à Inglaterra em 1757, a fim de tentar negociar com a família Penn, que recebera uma imensa porção de terra na Concessão da Pensilvânia no início de 1681, de onde derivou o nome do lugar. A Assembleia da Pensilvânia desejava poder taxar as terras não reclamadas pela família a fim de levantar fundos necessários para a construção de fortes visando à defesa do território. Embora não fosse bem-sucedido nessa empreitada, Franklin ganhou muito respeito entre pessoas de altos postos da Corte Britânica. Durante sua estada na Inglaterra, porém, sua posição política mudou e ele começou a se convencer da necessidade de os Estados Unidos se libertarem da condição de colônia inglesa.

O talento científico de Franklin foi reconhecido na Inglaterra e ele foi eleito membro da Real Sociedade de Londres, recebendo a medalha Copley por suas descobertas sobre eletricidade. Em *O Símbolo Perdido*, a Real Sociedade está ligada ao Colégio Invisível e, entre seus membros, encontramos Isaac Newton, Francis Bacon e Robert Boyle. Esses três luminares já não estavam vivos à época em que Benjamin Franklin se tornou membro; não obstante, sua presença em um panteão tão ilustre não pode ser questionada.

De volta aos Estados Unidos, em 1775, Franklin se dedicou ativamente à causa da independência norte-americana, percebendo que o rei da Inglaterra e seus ministros dificilmente aceitariam um acordo amigável com os colonos que se opunham a eles. Apesar da imensa desaprovação de Franklin, seu filho

William, que acabara de se tornar o mais recente governador de Nova Jersey a ser nomeado pelo rei George III, permaneceu leal à coroa britânica.

Franklin foi um dos homens que redigiu a Declaração da Independência em 1776, assegurando, desse modo, um lugar entre os Pais Fundadores dos Estados Unidos. Também implantou um comitê para projetar o Grande Selo dos Estados Unidos, embora sua sugestão para a inscrição "A rebelião contra os tiranos é obediência a Deus" não tenha sido adotada.

Entre 1776 e 1778, Franklin esteve na França, participando de uma equipe de três homens que tentaram atrair o apoio da velha inimiga e rival da Inglaterra à causa da independência americana. Eles tiveram grande sucesso na empreitada, pois a popularidade pessoal de Franklin entre os intelectuais franceses era notável e maciça. Esse momento tumultuado da história francesa, em que o interesse na filosofia crescia e o número de lojas maçônicas aumentava de forma consistente, era uma época fascinante para se estar em Paris. Franklin foi aceito como membro da loja maçônica Les Neuf Soeurs.

Ele se tornou ministro americano (embaixador) na França um ano depois de a aliança entre os 13 estados e os franceses ter sido promulgada, em 1778. Em uma passagem histórica muito conhecida, conta-se que perguntaram ao grande Thomas Jefferson, em 1785, se ele, Jefferson, iria substituir Benjamin Franklin como embaixador. Jefferson explicou que ninguém poderia substituí-lo. "Sou unicamente um sucessor de Franklin" foi sua resposta.

Um ano antes de sua morte, Franklin escreveu um tratado condenando a escravidão. Quando jovem, ele fora dono de escravos e os comercializara, mas como senador pela Pensilvânia e presidente da Sociedade Antiescravidão daquele estado ousou

mudar sua maneira de pensar à luz de sua experiência. Em 1790 redigiu uma petição solicitando ao Congresso a abolição dos escravos.

Franklin morreu aos 84 anos. Seu funeral foi acompanhado por cerca de 20.000 pessoas.

Benjamin Franklin foi beneficiado por uma vida longa e conseguiu realizar muita coisa ao longo dela. Não foi bem-sucedido em tudo que se propôs a fazer, mas certamente se saiu muitíssimo bem em muitas outras atividades. Como empresário, político, diplomata, inventor, cientista, escritor, servidor público e filantropo ele merece seu lugar na história.

O epitáfio que escreveu para si mesmo quando jovem, depois da morte de seu amigo Denham, permanece como um tributo adequado:

O corpo de Benjamin Franklin Tipógrafo, qual esquecido alfarrábio, sua capa despojada das letras em dourado e páginas internas rasgadas e arrancadas, descansa aqui, transformado em alimento para os vermes. Mas a obra não se perderá por completo, pois ressurgirá novamente, como ele acreditava, em uma edição nova e aperfeiçoada, corrigida e ampliada por seu autor.

Ver também: Francomaçonaria; Quadrados Mágicos; Real Sociedade e Colégio Invisível.

 *149*

Freedom Plaza

A Freedom Plaza é um espaço localizado em Washington DC, próximo à Casa Branca, na interseção da avenida Pennsylvania com as ruas 13 e 14.

Para Robert Langdon e Katherine Solomon, essa praça surge como uma oportunidade de despistar seus perseguidores, ao perceberem que o motorista do táxi em que viajam está transmitindo pelo rádio as informações que trocam, revelando à CIA o seu paradeiro e o local para onde planejam ir. A conveniente localização da estação Metro Center, na qual três linhas se cruzam, dá a eles a chance de confundir e enganar os perseguidores, enquanto rumam para um destino diferente.

Na realidade, a estação de transferência Metro Center fica dois quarteirões a nordeste da Freedom Plaza, um detalhe não citado no romance. Apesar disso, o vigor exigido para correr até a entrada da estação poderia ser fornecido, sem dúvida, pela rigorosa rotina de natação diária à qual Robert Langdon se submete. A linha azul do metrô realmente segue até Alexandria, ao sul da cidade, e é para lá que Robert e Katherine atraem os seus perseguidores, enquanto, na realidade, tomam a linha vermelha norte até Tenleytown, rumo à Catedral Nacional de Washington. Quem quiser seguir os passos de Langdon deve saber que o site da catedral sugere pegar um ônibus a partir da estação do metrô, e informa que o caminho, caso seja feito a pé, é de 2,5 quilômetros — novamente uma distância sequer sugerida ao leitor de *O Símbolo Perdido*.

A Freedom Plaza, uma praça originalmente conhecida como Western Plaza, foi rebatizada em 1980 em homenagem a Martin Luther King, que escreveu seu famoso discurso *Eu tenho um sonho* no Hotel Willard, ali perto.

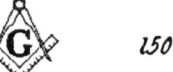 

Dentro da tradição tão citada em *O Símbolo Perdido*, que consiste em enterrar caixas com informações em locais históricos, uma cápsula do tempo foi enterrada na Freedom Plaza. O conteúdo dessa cápsula, que será resgatada em 2088, inclui uma Bíblia e outros itens que pertenciam a Martin Luther King.

Os arquitetos Robert Venturi e Denise Scott Brown (que são casados) projetaram a Freedom Plaza. Ela consiste principalmente em uma plataforma elevada sobre a qual parte da planta original da cidade de Washington DC, seguindo o projeto original de Pierre L'Enfant, está impressa no piso em pedras pretas e brancas, exibindo os padrões geométricos das principais rotas e edifícios. A avenida Pennsylvania, que passa ao lado da Freedom Plaza, foi imaginada por L'Enfant para servir de rua cerimonial, unindo o Capitólio, ou seja, o local onde o Congresso se reúne, à Casa Branca, residência presidencial. A tradicional parada que acontece após a posse do presidente da república sai do Capitólio e segue pela Pennsylvania Avenue até a Casa Branca, explorando as possibilidades de grandes desfiles e cerimônias que o trajeto oferece.

Existe na praça uma placa de bronze com o Grande Selo dos Estados Unidos, onde se lê as famosas inscrições *Annuit coeptis* e *Novus ordo seclorum*. É este selo que Robert Langdon e Katherine Solomon analisam e associam à nota de um dólar, em seu plano de escapar das garras dos agentes da CIA.

Em um dos lados da praça há uma estátua dedicada ao elegante Casimir (Kazimierz, em polonês) Pulaski. Este oficial polonês conheceu Benjamin Franklin em Paris, em 1776, e, por recomendação de Franklin a George Washington, foi aceito como voluntário para lutar na cavalaria, tendo chegado aos Estados Unidos em 1777. Como general, lutou ao lado de

Washington na Batalha de Brandywine, onde salvou a vida do homem que seria o primeiro presidente americano, o que lhe garantiu essa estátua em sua memória. Pulaski morreu em 1779, em decorrência dos ferimentos recebidos na Batalha de Savannah. O escultor Casimir Chodzinski e o arquiteto Albert Ross projetaram a base e a estátua, inaugurada em 1910.

Ver também: Grande Selo dos Estados Unidos; Pierre L'Enfant.

Glândula Pineal

Essa minúscula parte do cérebro é a responsável pelo funcionamento de vários sistemas metabólicos em nosso corpo. Também se atribui a essa glândula uma ligação simbólica com o chamado "terceiro olho".

O Símbolo Perdido mostra uma conversa entre Robert Langdon e Katherine Solomon na qual eles discutem o cérebro humano e a glândula pineal em particular. É dito que a glândula pineal se mantém ativa durante os estados meditativos e que produz uma substância capaz de curar o corpo, como o maná bíblico, que sustentou os seguidores de Moisés no deserto.

Katherine e Robert discutem a noção de que o "Templo" mencionado na Bíblia se refere à mente humana. Katherine cita uma passagem da Epístola aos Coríntios para reforçar seu argumento.

O cético Langdon cita o fato de que o Templo é descrito como possuindo uma seção interna e outra externa, separadas por um véu. Provavelmente ele se referia à passagem bíblica na qual é descrita a construção do Templo, no Livro do Êxodo, 26:33,

que diz o seguinte: "e o véu fará uma divisão entre o local santo e o local mais sagrado."

Mais uma vez Katherine já tem uma resposta preparada para ele, lembrando que as duas partes do cérebro são separadas por um "véu de tecido que parece uma teia". Independentemente de a Bíblia usar uma metáfora para o cérebro humano, a glândula pineal continua a atrair o interesse de cientistas e filósofos.

Essa glândula tem aproximadamente sete milímetros de comprimento e está localizada no centro do cérebro, entre os dois hemisférios. Ela é a responsável pela produção de um hormônio chamado melatonina, que regula os ritmos diários do corpo. Quando a retina é estimulada com luz, impulsos são enviados por meio do nervo ótico até uma parte do cérebro chamada hipotálamo. A partir daí, nervos do sistema simpático se ligam à glândula pineal e inibem a produção de melatonina. O resultado disso é que quando nenhuma luz atinge os olhos, à noite, por exemplo, esses sinais deixam de inibir a produção de melatonina e isso faz o cérebro induzir o corpo ao sono. A melatonina foi isolada pela primeira vez em 1958. Ela se tornou muito popular como suplemento alimentar e foi indicada como a cura para o *jet lag*, entre outros problemas do sono, embora condições eventuais, tais como desordens afetivas, também possam ter relação com sua produção.

Como acontece com tantas outras partes da anatomia, a primeira descrição da glândula pineal foi feita por Galeno (nascido no ano 130 e morto em 210). Ele era um médico e filósofo grego cujas opiniões foram seguidas até o século XVII. Foi Galeno que explicou que a glândula recebeu esse nome devido à sua semelhança com a pinha — *Pinus pinea*, em latim. Na opinião de Galeno, a função da glândula era dar apoio aos vasos sanguíneos,

e ele rejeitava outras sugestões, que diziam que ela regulava o fluxo do chamado pneuma* psíquico no cérebro.

René Descartes, filósofo francês do século XVII, acreditava que a glândula pineal era a "sede da alma". Ele escreveu em dezembro de 1640:

> Uma vez que esse elemento é a única parte do cérebro sem par, ela representa a sede do senso comum, isto é, do pensamento e, por consequência, da alma, pois um não pode ser separado do outro.

Ele também explicou: "Minha opinião é de que essa glândula é a sede da alma e o local onde todos os nossos pensamentos são formados."

A glândula pineal atraiu a atenção de Helena Blavatsky, escritora esotérica e fundadora da Sociedade Teosófica em 1875. Ela fez uma ligação entre o Olho de Shiva, ou terceiro olho, à glândula pineal, e afirmou que a glândula pineal do homem moderno é vestígio de um "órgão de visão espiritual".

Em alguns animais, os pinealócitos, células que formam a glândula pineal, são muito parecidos com as células fotorreceptoras dos olhos, e em antigos fósseis de vertebrados foi encontrada uma abertura pineal que serviria de incentivo à ideia de essa glândula já ter funcionado como um terceiro olho.

A glândula pineal está ligada ao sexto chacra, ou *anja chakra*, que é conhecido como "terceiro olho". Nos ensinamentos indianos ele é chamado de *gyananakashu*, o olho do conhecimento,

---

* *Pneuma* é a designação do sopro criador usado por Deus para animar todas as coisas. (N. T.)

 *154*

e muitos hindus usam uma marca conhecida como *tilak* entre as sobrancelhas, em sinal do reconhecimento desse fato. O posicionamento do ureus, a cobra usada no centro da testa pelos antigos egípcios, revela a crença em algo similar ao terceiro olho.

Grande Arquiteto do Universo

Nas primeiras páginas de *O Símbolo Perdido*, quando o professor Robert Langdon está dando uma palestra sobre símbolos ocultos, é feita uma menção ao Grande Arquiteto do Universo. Ele declara que os maçons usam esse termo, ao lado de outras expressões não específicas, como Ser Supremo, por exemplo, com a finalidade de unir pessoas de diferentes crenças.

A expressão Grande Arquiteto do Universo se tornou intimamente associada à tradição e ao simbolismo maçônicos. Entretanto, suas origens não estão nos ritos dessa sociedade secreta, e sim no cristianismo. É interessante perceber que vários grupos, muitos deles cristãos, ressaltavam que a expressão Grande Arquiteto do Universo era uma prova de que a Francomaçonaria era uma sociedade anticristã quando, na verdade, essa expressão era usada em textos e por estudiosos cristãos.

João Calvino, o francês reformista da Igreja, usou muito esse termo em sua brilhante obra sobre questões teológicas *As institutas da religião cristã*, em 1536, embora ele não fosse o primeiro cristão a fazê-lo. Esta obra serviria, mais tarde, como base para os rituais da maioria das igrejas presbiterianas e protestantes. No livro, Calvino chama Deus de "Grande Arquiteto do Universo", referindo-se às obras da natureza como "a arquitetura do Universo" cerca de dez vezes, ao todo. Calvino também escreveu um comentário sobre o Salmo 19, no qual ele chama Deus de

Grande Arquiteto do Universo. As ideias de Calvino influencia-ram muita gente ao longo dos séculos que se seguiram, e um deles foi o reverendo James Anderson.

O reverendo James Anderson era um ministro presbiteriano escocês que liderou uma congregação situada na Swallow Street, em Londres, de 1710 a 1734. Ele também foi um importante líder francomaçom da Grande Loja da Inglaterra. Em 1723, Anderson escreveu a primeira edição da obra *A Constituição*, um dos mais importantes manuais da arte da Francomaçonaria e um conjunto de regras e diretrizes que, em sua maioria, ainda permanecem em vigor hoje.

Anderson estudou para se tornar ministro na Universidade de Aberdeen, na Escócia, onde os alunos se tornavam ministros religiosos com base nos ensinamentos das *Institutas da religião cristã*. Foi provavelmente aí que ele teve contato com a expressão Grande Arquiteto do Universo, incorporando-a à sua *A Constituição*. Dan Brown talvez tenha escolhido o nome do personagem Trent Anderson, que aparece em *O Símbolo Perdido*, por causa dessa influente figura maçônica.

A tradição maçônica determina que o título Grande Arquiteto do Universo seja usado para se referir à mais elevada deidade de forma não denominativa, a fim de que todos os homens, crenças, raças e religiões possam se tornar membros da confraria; em outras palavras, o termo Grande Arquiteto do Universo pode se aplicar à deidade da sua escolha. A Francomaçonaria, conforme é mencionada por Robert Langdon em *O Símbolo Perdido*, exige, na verdade, que o candidato acredite em um poder espiritual superior, uma grande deidade, que, de fato, é visto como Pedreiro e Arquiteto Mestre. Muitos cristãos reclamam que essa representação de Deus O torna ainda mais abstrato e distante.

No livro *Freemasonry: An Interpretation* [Maçonaria: uma interpretação], o autor, Martin L. Wagner, escreve:

> Nas doutrinas relacionadas à divina imanência, a Francomaçonaria é decididamente panteísta, compartilhando várias nuanças da visão do divino. Deus, o Grande Arquiteto do Universo, é a "alma" do universo, e o universo é a veste com a qual Ele se cobre... A visão maçônica da revelação de Deus, em seus níveis mais baixos, é deísta, mas nos níveis mais elevados ela se torna panteísta. Os textos de Garrison, Buck, Pike e outros eminentes maçons mostram isso de forma inequí-voca. É esse peculiar conceito panteísta de divindade que veio da Índia por meio das doutrinas secretas da Cabala até a Francomaçonaria teórica moderna... Na Maçonaria, um Deus separado da vida e da natureza não existe.

Certos grupos de rosa-cruzes utilizam esse título para denotar o Ser Supremo do seu sistema de crença espiritual. O hermetismo também faz alusão a esse conceito de Unidade em seus ensinamentos. Para os seguidores do hermetismo, cada um de nós possui o potencial de ser como Deus, em um padrão concebido como interno e não externo — muito diferente do entendimento que os cristãos têm de Deus. No hermetismo, nós moramos em um universo criado pelo observador, onde cada pessoa cria sua própria realidade e possui a capacidade de criar Deus dentro de si mesma. Parece-nos, portanto, que essa descrição de Deus é a mais próxima do ideal maçom de Grande Arquiteto do Universo.

A divindade maçônica, o seu Grande Arquiteto do Universo, é um poder espiritual que pode ser interpretado como uma

divindade existencial ou, de fato, como uma ligação interna com a unidade do universo, uma linha direta para o Deus que está dentro de todos nós.

Ver também: Francomaçonaria; Hermetismo; Rosa-Cruzes.

Grande Pirâmide

As pirâmides desempenham um papel importantíssimo nas páginas de *O Símbolo Perdido*. Uma pirâmide pequena e sem topo surge como a pista visual mais importante da história, juntamente de seu complemento final, uma pirâmide em miniatura que a completará. Ao longo de todo o livro, a busca pela pirâmide maçônica se torna o tema central da trama, enquanto os personagens visitam muitos dos locais misteriosos e simbólicos de Washington DC.

A chamada pirâmide maçônica, juntamente com a pequena pirâmide que a coroa e completa, é, na verdade, a pirâmide que vemos no Grande Selo dos Estados Unidos e na nota de um dólar, e todas elas têm sua origem e fonte na Grande Pirâmide de Gizé, no Egito.

Das Sete Maravilhas do Mundo Antigo, apenas esta sobreviveu, e se mantém de forma majestosa sobre o Planalto de Gizé, nas imediações do Cairo, a capital do Egito, que não para de crescer. Tornando minúsculos os homens que dela se aproximam, a massa de quase três milhões de metros cúbicos é impressionante. Embora haja quem discorde de sua origem, a grande maioria dos egiptólogos não hesita em ligar sua construção ao faraó Khnum-khuf, mais conhecido como Khufu. Perto da Grande Pirâmide existem outras duas, também imponentes, a de Khafre,

e a terceira, e menor, que pertenceu a Menkaure. Também ali perto está uma imensa e misteriosa estrutura com o corpo de um leão e a cabeça de um rei: a severa Esfinge.

Em seu brilhante livro *The Sphinx Mystery* [O mistério da esfinge], os autores, Robert e Olivia Temple, explicam que a imagem com ar leonino da Esfinge era, originalmente, a representação do rei Anúbis sob a forma de um cão descansando no chão com as patas para a frente.

Alem dessas, existem muitas pirâmides pequenas, algumas dedicadas a rainhas e uma delas ao *ka* (corpo espiritual) do rei, além de outras estruturas geralmente não percebidas em detalhes pelos turistas, sempre atraídos pela principal atração como fragmentos de ferro por um ímã.

Junto dos monumentos em homenagem aos seus mestres, os serviçais também tinham direito a mastabas funerárias, pequenos túmulos semelhantes a altares e feitos para que, no pós-vida, os ajudantes do faraó pudessem permanecer juntos, de forma fiel, em torno do monumento ao rei. No entanto, a Grande Pirâmide, com quase 150 metros de altura e constituída com 2.300.000 blocos de pedra pesando duas toneladas e meia cada um, torna diminutos os monumentos à sua volta.

Diz-se que Khufu subiu ao trono em 2609 a.C. e reinou durante 25 anos, mas algumas fontes garantem que seu reinado durou pelo menos o dobro desse tempo. Quando recém-construída, sua pirâmide devia ser um cintilante deleite para os olhos, pois os núcleos das pedras de calcário que vemos hoje eram revestidos de calcário polido, semelhante ao mármore. À luz do sol, sua beleza devia ser de tirar o fôlego.

No século XIX, acredita-se que um terremoto soltou algumas das placas de proteção dos blocos. Isso inspirou os habitantes do Cairo a carregar esses tesouros em pedra, a fim de revestir

suas próprias casas. A mesquita de Sultan Hassan, no Cairo, bem como outras mesquitas e belos prédios, foi beneficiada por essa "colheita".

Por fora, as pirâmides dão a impressão de serem construções sólidas, feitas de blocos firmemente unidos, mas quem se aventura a entrar nelas descobre que existem inúmeras passagens. Algumas delas fazem parte da estrutura original e uma, através da qual os visitantes entram, foi aberta no século IX da era cristã, no califado abássida, por Abdullah Al-Ma'mun, filho do grande califa Haroun al-Rashid, famoso pelas histórias de *As Mil e Uma Noites*. Existem ainda outros grandes espaços internos, e um deles pode ou não ter sido uma câmara mortuária. Heródoto, ao escrever sobre as pirâmides, muitos anos depois da sua construção, afirma que Quéops (o nome grego para Khufu) não foi enterrado na Grande Pirâmide.

Outros mistérios associados à Grande Pirâmide incluem as possíveis finalidades dos chamados fachos de luz — ou de ar — que uniriam as câmaras do rei e da rainha. Muitas perguntas a respeito disso foram feitas e continuam sendo temas de debates. A Grande Pirâmide foi estudada, medida de forma minuciosa e inspirou muitas teorias, profecias e afirmações estapafúrdias. Os mais bizarros entre esses teóricos adquiriram a alcunha de "piramidiotas".

Uma das coisas que sempre fascinaram os estudiosos, inclusive o autor do livro que está em suas mãos, caro leitor, é o fato de nenhum corpo jamais ter sido encontrado nas pirâmides da Antiga Dinastia. Isso nos leva à especulação de que as pirâmides em geral, e a Grande Pirâmide em particular, não eram, na verdade, túmulos, e sim templos para iniciação de algum tipo, funcionando como mapas do céu e alinhados com estrelas e constelações específicas. Esta ideia é citada nas páginas de *O Símbolo Perdido*.

 *ibo*

Na obra *The Orion Mystery* [O mistério de Órion], Robert Bauval e Adrian Gilbert lançaram a teoria de que as três grandes pirâmides em Gizé estavam, na verdade, alinhadas às três estrelas que formam o Cinturão de Órion, na constelação do mesmo nome. Essa ideia ganhou muitas manifestações de apoio e também muitas críticas, com egiptólogos, de um lado, defendendo as teorias tradicionais sobre o uso e as origens das pirâmides e pesquisadores modernos e seguidores da Nova Era, do outro lado, defendendo a afirmação de Bauval e Gilbert.

Em *Secret Chamber* [Câmara secreta], de Robert Bauval, o autor destaca que muitos grupos secretos e esotéricos demonstram interesse nos monumentos do Planalto de Gizé há muitos anos. Esses grupos incluem as ordens maçônicas e outras associações. Um grupo em especial, que montou o que ficou conhecido como Projeto do Milênio, pretendia organizar um show espetacular nas pirâmides, que chegou a ser marcado para a noite da virada do milênio.

Ostensivamente ausente da Grande Pirâmide está a pedra final, o seu topo, também conhecido como pedra *benben*. Durante este show, o grupo que organizou o evento pretendia colocar um topo simbólico, de ouro, sobre a Grande Pirâmide, a fim de "celebrar as realizações humanas e as perspectivas para o futuro por meio da projeção rápida de imagens, vídeos e vozes, para então iluminar, de forma espetacular, o 'Olho do Sol' ou 'Ain Shams', no topo das pirâmides". Esse mesmo tema do "olho do Sol" é, na verdade, o mesmo olho cintilante que podemos ver na nota de um dólar e no Grande Selo dos Estados Unidos, também conhecido como Olho da Providência ou Olho que Tudo Vê.

Em meio à empolgação crescente a respeito de a pedra do topo ser finalmente colocada, uma profecia feita pelo clarividente

 *ibi*

americano e curador Edgar Cayce (1877-1945) foi lembrada. Segundo ele, quando a pedra final que completaria a pirâmide fosse colocada sobre ela, uma nova ordem mundial seria implantada, com base nos princípios maçônicos. Também foi profetizado que a Sala dos Registros seria descoberta sob as patas da Esfinge, e a Fundação Edgar Cayce chegou a financiar pesquisas em Gizé na esperança de encontrá-la.

O que os organizadores aparentemente tentavam fazer ali era saudar o novo milênio com um ritual esotérico que faria a Grande Pirâmide se tornar completa, com sua pedra superior colocada no lugar, a fim de promover uma nova era de iluminação, razão e entendimento.

Infelizmente esse evento não aconteceu, pois a imprensa local apregoou que a cerimônia era uma trama maçônica de fundo anti-islâmico e pressionou o governo egípcio a cancelar essa parte da celebração. As supostas ligações maçônicas com a profecia de Cayce provocaram um profundo mal-estar nos meios políticos e, quase no último instante, o ministro egípcio da Cultura anunciou que, a fim de evitar danos à pirâmide, e em respeito ao ressentimento público, a cerimônia não aconteceria. A Francomaçonaria é proibida no Egito. O mais interessante é que alguns meios de comunicação informaram que vários ex-presidentes, primeiros-ministros, vários chefes de Estado, empresários e industriais de todo o mundo planejavam participar do evento.

Ver também: Olho que Tudo Vê; Dólar — Simbolismo da Cédula de Um Dólar; Francomaçonaria; Grande Selo dos Estados Unidos.

Grande Selo dos Estados Unidos

Em *O Símbolo Perdido*, Robert Langdon e Katherine Solomon debatem teorias da conspiração que envolvem o Grande Selo dos Estados Unidos. Eles também visitam a Freedom Plaza, onde analisam a imensa representação em bronze do Grande Selo, instalada no piso. Em suas conversas, sugerem que os elementos que formam o Grande Selo, na verdade, são de natureza maçônica e talvez possam simbolizar outras ideias misteriosas e esotéricas relacionadas à fundação e ao estabelecimento dos Estados Unidos.

No dia 4 de julho de 1776, o Congresso Continental deu início ao processo de criação de um emblema nacional, um Grande Selo que seria usado como símbolo de independência e soberania, uma assinatura que seria reconhecida por todas as outras nações. Eles anunciaram suas intenções do seguinte modo:

DECLARAÇÃO UNÂNIME DOS TREZE ESTADOS UNIDOS DA AMÉRICA

Quando, no curso dos acontecimentos humanos, se torna necessário um povo dissolver laços políticos que o ligavam a outro, e assumir, entre os poderes da Terra, posição igual e separada, a que lhe dão direito as leis da natureza e as do Deus da natureza, o respeito digno às opiniões dos homens exige que se declarem as causas que os levam a essa separação.

Consideramos estas verdades como evidentes por si mesmas, que todos os homens foram criados iguais, foram dotados pelo Criador de certos direitos inalienáveis, que

entre estes estão a Vida, a Liberdade e a busca da Felicidade. Que a fim de assegurar esses direitos, governos são instituídos entre os homens, derivando seus justos poderes do consentimento dos governados.

A tarefa de supervisionar o projeto e implementar o Grande Selo foi confiada a Charles Thomson em 1782, depois de vários comitês terem se reunido a fim de determinar quais seriam os elementos retratados.

Em agosto de 1776, Benjamin Franklin havia sugerido que o verso do Grande Selo fosse adornado com a frase "A Rebelião Contra os Tiranos é Obediência a Deus". Embora esse lema não fosse adotado para o Grande Selo norte-americano, Franklin o adotou mais tarde em seu selo pessoal. No fim dos debates, um projeto final foi preparado em junho de 1782, e em setembro desse mesmo ano o primeiro molde oficial do Grande Selo foi cunhado, tendo sido utilizado em um documento datado de 16 de setembro de 1782. O modelo se manteve basicamente inalterado desde então.

O design de Thomson para o anverso do Grande Selo consistia em uma águia de cabeça branca vista de frente com as asas abertas, segurando um ramo de oliveira com 13 folhas na garra direita e 13 flechas na garra esquerda. Acima da águia está uma constelação com 13 estrelas e ela traz presa ao bico uma faixa com o lema em latim *E pluribus unum*, "de muitos, um". Sobre o peito da águia está um escudo com 13 listras vermelhas e brancas.

Para o reverso do Grande Selo, Thomson usou o elemento escolhido pelo comitê: a pirâmide inacabada com o Olho da Providência pairando sobre ela. Um triângulo representando a pedra que completaria a pirâmide foi acrescentado em torno do

olho por Thomson, conforme fora sugerido pelo primeiro comitê, em 1776. Dois lemas foram utilizados no reverso: *Novus ordo seclorum*, "uma nova ordem das eras", e *Annuit coepti*, "a Providência favoreceu as nossas realizações".

Os comentários de Charles Thomson a respeito do simbolismo do design são os seguintes:

OBSERVAÇÕES E EXPLICAÇÕES — 20 DE JUNHO DE 1782

O brasão é composto de partes escuras e claras representando os dois extremos mais comuns. As peças, em tons claros, representam os vários estados, todos unidos em um conjunto sólido e íntegro, servindo de apoio a um Chefe principal que une tudo e representa o Congresso. O Moto alude a essa união. As partes claras no escudo são mantidas intimamente ligadas pela parte mais escura, o Chefe, e o Chefe depende da união e da força resultantes desse apoio, significando a Confederação dos Estados Unidos da América e a preservação da sua união por meio do Congresso.

As cores das partes mais claras são as mesmas utilizadas na bandeira dos Estados Unidos: o branco simboliza a pureza e a inocência; o vermelho significa a robustez e o valor; o azul é a cor do Chefe e significa vigilância, perseverança e justiça. O ramo de oliveira e as flechas denotam o poder da paz e da guerra que é exercido exclusivamente pelo Congresso. A constelação denota o novo Estado que assume seu lugar e posição entre as outras nações soberanas. O escudo aparece no peito de uma águia de cabeça branca que está suspensa no ar, sem nenhum suporte, para mostrar que os Estados Unidos da América devem depender apenas das próprias virtudes.

No reverso do Selo, a pirâmide significa Força e Continuidade: o Olho acima dela e o Moto aludem aos muitos sinais interpostos da Providência em favor da causa americana. A data embaixo dela é a da Declaração da Independência, e as palavras sob a base significam o começo de uma nova Era Americana, que se iniciou a partir dessa data.

É interessante notar que Charles Thomson não era um maçom, pelo que as pesquisas mostram; um dos únicos maçons envolvido no planejamento do Grande Selo foi Benjamin Franklin, cujos elementos e ideias para o projeto acabaram não sendo utilizados.

O tão falado simbolismo maçônico do Grande Selo, se olharmos mais de perto, pode ser analisado por um ângulo diferente; existem certos significados misteriosos e simbólicos no design do Grande Selo, mas nenhum deles é abertamente maçônico.

Em 1935, Henry A. Wallace, que estava para se tornar o trigésimo terceiro vice-presidente dos Estados Unidos, no mandato com Franklin Roosevelt, promoveu a inclusão de ambos os lados do Grande Selo sobre a nota de um dólar, que acabara de ser redesenhada. Wallace e Roosevelt eram, ambos, proeminentes maçons e muitas das teorias de conspiração maçônicas que guardam relação com o design do Grande Selo emanam, sem dúvida, desse período.

Entretanto, devemos notar que não é preciso que os símbolos e elementos usados no Grande Selo sejam de natureza maçônica para que eles virem parte de uma conspiração de simbolismos. Certamente é verdade que o olho acima da pirâmide inacabada foi adotado desde o design do Grande Selo como um símbolo semi-maçônico, e que a imagem de uma pirâmide, em geral, possa ser

vista como misteriosa ou simbólica. Mas nenhum dos citados é um símbolo maçônico que existisse antes do design do Grande Selo.

Em *O Símbolo Perdido*, Katherine Solomon, no banco traseiro do táxi, desenha uma Estrela de Davi sobre a pirâmide inacabada impressa em uma nota de um dólar. Isso é usado como estratagema para que ela e Robert Langdon possam entrar no metrô e escapar da CIA. A cena destaca uma interessante acusação que muitos adeptos da teoria da conspiração maçônica trazem ao debate — ou seja, a de que existem significados ocultos e esotéricos no Grande Selo que são de natureza maçônica. Isso, aparentemente, não é verdade, embora não signifique que pessoas como Thomson não pudessem ser membros de outros grupos clandestinos, ou que ele não tivesse simpatias e inclinações maçônicas. Conspirações e mistérios não precisam ser associados a um único grupo, e podem nem mesmo estar onde se supõe. Por outro lado, pode ocorrer que, naquele tumultuado período histórico — uma época de revoluções e levantes, de fundações e novos começos —, os símbolos sagrados e profanos tenham sido empregados por muitos dos homens que deram origem à nova nação.

Ver também: Dólar — Simbolismo da Cédula de Um Dólar; Francomaçonaria.

Hall, Manly P.

Místico, sábio, historiador, filósofo, buscador: Manly P. Hall era todas essas coisas e muitas outras. É uma citação da obra-prima de Hall, *The Secret Teachings of All Ages* [Os ensinamentos

secretos de todas as eras], que aparece na abertura de *O Símbolo Perdido*. Por que Dan Brown usou essa citação e quem, exatamente, era Manly P. Hall?

Manly Palmer Hall nasceu em Ontário, Canadá, no dia 18 de março de 1901. Criado por sua avó materna, Hall foi levado para os Estados Unidos ainda menino. Ao longo de toda sua juventude e vida adulta, Hall leu com voracidade tantos livros quantos conseguiu, estudando textos a respeito das antigas tradições misteriosas, filosofia e ocultismo. Ele acreditava que não existia uma única religião que tivesse todas as respostas; em vez disso, era necessário verificar as tradições da sabedoria antiga e acrescentar ciência e filosofia à mistura. Hall logo se tornou um palestrante regular na região de Los Angeles, apresentando-se para grandes plateias e falando-lhes da crença segundo a qual uma sabedoria universal podia ser alcançada a partir do exame dos mitos, lendas e símbolos do mundo antigo.

Ainda jovem, com 27 anos, Manly P. Hall atingiu sua grande realização ao escrever *The Secret Teachings of All Ages* [Os ensinamentos secretos de todas as eras], que logo se tornou uma das obras mais influentes sobre esoterismo e ocultismo jamais escritas e, na minha opinião, continua impondo-se hoje como um farol brilhante de conhecimento e filosofia entre todos os textos de seu gênero. Essa importante obra levou seis anos para ser escrita e, durante esse tempo, Hall viajou de forma intensa pelos grande focos de sabedoria ancestral em todo o mundo, incluindo o Egito, o Oriente Médio e a Grécia, bem como grande parte da Ásia e da Europa. Hall publicou esse volume por conta própria, a um espantoso custo de 100.000 dólares, uma imensa quantidade de dinheiro em 1928.

Por essa época, Hall se tornara visitante regular do Salão de Leitura do Museu Britânico. Ele comentou:

O grande centro de aprendizado na Inglaterra é o Museu Britânico, com seus quilômetros de estantes que fizeram De Quincy sentar e chorar porque jamais conseguiria ler todos os volumes que havia ali. Para obter acesso aos dois principais departamentos do museu — um de livros raros e outro de manuscritos — era necessário ter um patrono adequado. Eu tive a boa sorte de travar amizade com o general sir Francis Younghusband, o homem que liderou a expedição britânica ao Tibete em 1903-1904 e acampou com seu exército aos pés do Potola [*sic*], em Lhasa. Ao jantar uma noite no clube dos oficiais, sir Francis me contou que era conhecido como conquistador do Tibete, mas considerava essa uma honra duvidosa. A verdade, confidenciou-me ele, era que a religião e a filosofia tibetanas o haviam conquistado. Uma nota de sir Francis imediatamente me garantiu admissão às mais valiosas partes do Museu Britânico, e eu consegui examinar os originais de muitos livros e manuscritos de valor inestimável.

Não é de todo claro como Manly P. Hall financiava suas viagens e pesquisas, mas dizem que sua benfeitora secreta era a esposa de um rico barão do petróleo da Califórnia. Diz a lenda que ela assistira a uma das muitas palestras de Hall em Los Angeles e ficara tão impressionada com o jovem orador que se ofereceu para financiar sua busca pela sabedoria antiga, sugerindo ainda que ele montasse uma biblioteca de materiais arcanos e raros, buscando-os nos quatro cantos do globo. Um recente biógrafo de Hall afirma que, na verdade, ele tinha duas protetoras que o ajudavam financeiramente: Caroline e Estelle Lloyd, que eram mãe e filha e pertenciam a uma família muito rica de Ventura, na Califórnia.

 *169*

Não importa a forma como ele financiava suas pesquisas, o fato é que Hall certamente viajava muito. Como resultados de suas expedições no exterior, ele se convenceu de que só por meio do estudo das religiões comparadas é que a verdadeira sabedoria poderia ser encontrada e, desse modo, pôs-se a aprender tanto quanto conseguisse, não só a respeito das grandes religiões do Ocidente e do Oriente, mas também sobre os mistérios de seitas e ordens menos conhecidas.

Sua influência nos círculos esotéricos continuou crescendo sem parar, e também sua base de admiradores, em decorrência das muitas palestras que apresentava. Acabou se tornando uma figura querida de muitos integrantes da elite em sua época, sendo visto como uma espécie de guru por muitos: um verdadeiro sábio americano.

Em 1934, Hall fundou a Sociedade de Pesquisa Filosófica em Los Angeles. Esta instituição continua em atividade ainda hoje, e ali são apresentadas palestras e oferecidos cursos de graduação; eles também publicam e vendem livros. A sociedade abriga uma das mais completas bibliotecas sobre sabedoria antiga, assuntos esotéricos e ocultismo em todo o mundo. Carl Jung, segundo dizem, consultou muito essa biblioteca enquanto formulava muitas de suas teorias sobre psicologia.

No pátio da Sociedade de Pesquisa Filosófica existe uma placa onde está escrito: "Este espaço é dedicado aos buscadores da verdade em todos os tempos."

As fotos de Manly P. Hall que foram tiradas nessa época revelam um rapaz com a aparência de um astro do cinema, radiante de carisma. Entre seus admiradores era comum encontrar políticos, músicos e magnatas do mundo dos negócios; dizem que Elvis Presley era fã do trabalho de Hall. Muitos contam que, certa vez, Elvis teria enviado sua esposa, Priscilla, para

assistir a uma das palestras de Hall, pois receava ser assediado pela multidão se comparecesse pessoalmente. Ao escrever a respeito de sua recente fama e popularidade, Hall comentou: "Todos os seguidores que adornam e idolatram seus instrutores estabelecem uma condição falsa... Seres humanos, como a experiência já comprovou, formam homens melhores do que deuses."

Atualmente, Manly P. Hall e seu trabalho podem parecer empoeirados e fora de sintonia com as ideias modernas sobre o conhecimento espiritual antigo. Hall não costumava se autopromover, como tantos gurus das fraternidades da Nova Era fazem hoje em dia. O entendimento que ele exibia sobre os mistérios era mais tranquilo, profundo e pessoal. Hall era um verdadeiro pensador e, com sua memória fotográfica, conseguia evocar de imediato vastas quantidades de conhecimentos e dados, quando deles necessitava.

Hall foi muito influente durante o fim dos anos 1920 e o início dos anos 1930. Ele se tornou amigo do russo místico, escritor e pintor Nicholas Roerich, e ambos logo encontraram pontos em comum no seu amor pelos ensinamentos de Helena Blavatsky, que fundou na Rússia o movimento conhecido como Teosofia. Hall e Roerich circulavam em altas rodas, e dizem mesmo que foram eles os responsáveis pela ideia de colocar o Grande Selo dos Estados Unidos na nova nota de um dólar, incluindo o reverso do selo, onde aparece o Olho da Providência pairando sobre a pirâmide inacabada. Hall, evidentemente, estava acostumado com tal simbolismo e certamente teria reconhecido profundos significados ocultos e esotéricos no Grande Selo.

Hall acreditava que os Estados Unidos estavam predestinados a desempenhar um papel importante no mundo. Foi com isso em mente que ele escreveu *The Secret Destiny of America* [O destino secreto dos Estados Unidos da América]:

Há milhares de anos, no Egito, suas ordens místicas já sabiam da existência do hemisfério ocidental e do grande continente que chamamos América. Nessa ocasião foi tomada a audaz resolução de que esse continente ocidental deveria se tornar o local de um império filosófico. É impossível afirmar em que momento isso foi resolvido, mas certamente tal decisão já havia sido tomada antes da época de Platão, devido a uma curta menção dessa resolução nos textos que ele escreveu sobre as "Ilhas Atlânticas".

Hall também era um firme defensor da teoria de que sir Francis Bacon teria sido o verdadeiro autor da vasta obra de Shakespeare.

Em 1973, em uma cerimônia na Sociedade de Pesquisa Filosófica, Manly Palmer Hall foi iniciado como membro francomaçom de 33º grau sob o Ritual Escocês da Francomaçonaria. Hall fora francomaçom a vida inteira, havia escrito amplamente a respeito do assunto e esse grau honorário lhe foi concedido em reconhecimento aos estudos que fez sobre a arte da maçonaria e sua filosofia fundamental.

A morte de Hall em 1990 foi tão misteriosa quanto a sua vida. Aos 89 anos e com a saúde fragilizada, ele foi encontrado morto, aparentemente havia várias horas, com milhares de formigas saindo da boca e das narinas, todas circulando em volta do seu corpo. Muitas perguntas acerca de sua morte nunca foram respondidas, e muitos especulam que o seu assistente teria tramado contra ele a fim de se beneficiar da herança.

O legado de Manly Palmer Hall vai viver por muito tempo em nossas mentes. *The Secret Teachings of All Ages* se mantém como a obra padrão de referência para estudos e investigações a respeito das verdades e mistérios antigos, e sua biblioteca

(na qual, diga-se de passagem, o presidente Franklin D. Roosevelt tinha muito interesse) permanece como testamento da sua busca pelo conhecimento e pelo amor eterno às tradições dos mistérios antigos.

Ver também: Dólar — Simbolismo da Cédula de Um Dólar; Grande Selo dos Estados Unidos.

Heredom

Em *O Símbolo Perdido*, a palavra "Heredom" surge a partir de uma grade de imagens decifradas por Robert Langdon. À medida que o significado completo da pista se torna aparente, os personagens percebem que é preciso encontrar uma pirâmide localizada abaixo de Heredom. O local em Washington DC que promete responder ao enigma é a Casa do Templo, sede da Francomaçonaria do Rito Escocês, também conhecida como Heredom. Um website maçônico oferece a seguinte explicação para a palavra:

> Heredom — substantivo [de origem desconhecida] 1. Palavra significativa no âmbito do "alto grau" da Francomaçonaria, sua origem vem dos rituais rosa-cruzes franceses e se refere a uma montanha mítica na Escócia que seria o local lendário da primeira filial da organização. Possíveis explicações etimológicas incluem: Hieros-domos, palavra grega que significa *Casa Sagrada*; Harodim, palavra hebraica para *supervisores*; Heredum, palavra em latim que significa *dos herdeiros*. 2. As atividades anuais da Sociedade de Pesquisa do Rito Escocês.

Curiosamente, Heredom é definido como uma montanha mítica na Escócia, o lugar de uma filial para os francomaçons que praticam os rituais rosa-cruzes franceses. Como foi que uma montanha escocesa adquiriu tal status lendário? Será possível que o nome Heredom realmente aponte para uma lendária montanha escocesa? Se for assim, qual delas?

Um pesquisador, Barry Dunford, acha que a montanha em questão pode ser, na verdade, Schiehallion, localizada na região central, cerca de 100 quilômetros ao norte de Edimburgo. Dunford vê em Schiehallion um Monte Sião do norte e sugere que ele possa ser o "monte da congregação" mencionado no Livro de Isaías (Isaías 14:13). Embora isso seja controverso e encarado por muitos como uma imagem histórica distorcida, o certo é que Schiehallion é considerado um monte sagrado e misterioso há muitos séculos.

Dunford chega a mencionar uma fonte interessante para falar do conceito de Heredom como um local sagrado maçônico. Ele informa que um escritor francês chamado Chevalier de Berage, ao escrever sobre o assunto em 1747, assinalou:

A loja metropolitana deles está situada na montanha de Heredom, onde a primeira loja da Europa foi instalada, e esse local ainda existe em todo o seu esplendor. O conselho geral continua a se reunir ali e exibe o selo do Grão-Mestre Soberano no cargo. Essa montanha está situada no noroeste da Escócia, a sessenta quilômetros de Edimburgo.

Schiehallion se enquadra muito bem nessa descrição. A montanha, que possui um cume cônico em forma de pirâmide, fica exatamente no centro da Escócia e foi um lugar de peregrinação espiritual no passado.

Hoje, Heredom é o nome do informativo da Sociedade de Pesquisa do Rito Escocês, periódico enviado anualmente aos membros desde 1992.

Ver também: Casa do Templo.

Hermetismo

Em *O Símbolo Perdido*, a frase "assim no alto como embaixo" desempenha um papel fundamental na luta de Robert Langdon em busca da localização dos Antigos Mistérios; na verdade, ela é a chave perdida que permite que todo o resto se encaixe.

Esse princípio também é o princípio central do hermetismo, uma tradição filosófica mística desenvolvida na cosmopolita cidade de Alexandria, no Egito, por volta do século I da era cristã. Esse princípio abria mão do dogma codificado, da autoridade sacerdotal e da separação entre Deus e o Homem. Em vez de tudo isso, propunha a crença na iluminação interior, declarando que todas as pessoas devem buscar e aspirar a um conhecimento pessoal do divino. As crenças herméticas, produto do sincretismo de Alexandria, foram fortemente influenciadas pelo neoplatonismo e pelo gnosticismo, bem como pelo sistema ptolemaico egípcio e pelos pensamentos judaico e cristão; todas essas crenças eram englobadas pelas obras escritas que denominamos hermetismo.

O hermetismo aborda tópicos tais como a filosofia, o misticismo, a magia, a astrologia, a alquimia e a medicina; foi criado, supõe-se, por Hermes Trimegistus ("Hermes, o triplamente grande"), figura central do hermetismo e das suas crenças. Hermes Trimegistus foi um produto da fusão de Thoth, o deus

egípcio do aprendizado, da escrita e da magia com Hermes, o deus grego da comunicação, das invenções, da linguagem e das viagens. Como esses dois deuses possuíam áreas similares de responsabilidade, ficaram combinados no sistema ptolemaico egípcio e se transformaram no altamente reverenciado e importante deus Thoth-Hermes, que, acreditava-se, conhecia todos os segredos do céu e da Terra, segredos que poderiam ser revelados por meio do poder da magia e dos sonhos às pessoas que demonstrassem grande valor.

Na época do cristianismo primitivo, Hermes Trimegistus se tornou um sábio de importância equivalente à de Moisés, Pitágoras e Zoroastro, embora tivesse vivido havia muito mais tempo. O motivo de Thoth-Hermes ter recebido o título de "triplamente grande" é incerto. Alguns textos herméticos sugerem que foi por causa de suas três encarnações (as anteriores teriam sido Enoque e Noé), ou pelo fato de ele ser o maior dos filósofos, sacerdotes e reis. Entretanto, "a Tábua Esmeralda" (talvez o mais famoso e conciso trabalho sobre a filosofia hermética, supostamente escrito pelo próprio Hermes Trimegistus) declara que esse título lhe foi concedido por seu conhecimento sobre as três grandes fontes de sabedoria do universo: a alquimia, a astrologia e a teurgia. O deus egípcio Thoth fora chamado de "triplamente grande" muito antes do surgimento dos textos herméticos, e isso leva a crer que Hermes Trimegistus estava apenas dando continuidade à uma longa tradição associada à sua herança egípcia.

As obras e ensinamentos filosóficos que sobreviveram indicam que o hermetismo consistia, no passado, de um imenso volume de literatura ligado às convicções herméticas. A coleção de textos herméticos que resistiu mais tempo é conhecida hoje como *Corpus Hermeticum* e compreende 18 tratados originários de Alexandria, mas escritos em grego. Supõe-se que o *Corpus*

Hermeticum tenha sido escrito entre o primeiro e o terceiro séculos da era cristã, e o livro teria sido escrito ou ditado por Hermes Trimegistus; essa crença foi mantida até o século XVII, embora hoje esteja claro que o *Corpus* foi, na verdade, obra de vários indivíduos durante um considerável período de tempo.

Depois que o primeiro livro faz uma introdução genérica, o segundo volume do *Corpus*, intitulado "Poemander" ("Pastor de Homens"), fala de uma revelação feita a Hermes Trimegistus por um ser superior chamado Poemander, enquanto os outros livros relatam os diálogos entre Hermes e seus pupilos a respeito de certos aspectos da filosofia hermética, filosofia oculta e segredos do universo.

Embora o *Corpus* tenha sido escrito em grego, especula-se que os autores se identificavam mais como seus ancestrais egípcios, tendo em mente as afirmações encontradas no décimo sexto livro do *Corpus* sobre a superioridade da língua egípcia em relação à grega: "Este discurso, quando expressado em nossa língua nativa, mantém com clareza o significado das palavras. A articulação e o som das palavras egípcias trazem em si mesmos a energia dos objetos aos quais se referem." Para reforçar o contraste eles afirmam que, no momento em que os textos são traduzidos para o grego, "gigantescas distorções" são produzidas. Embora geralmente não se acredite que a principal fonte desses textos místicos esteja tão distante quanto a época do Egito antigo, o estilo do *Corpus* realmente repercute uma longa tradição egípcia de textos sábios escritos no formato de um homem que ensina o seu filho, ou de um sábio que instrui seu pupilo.

Em 1945, em Nag Hammadi, no Egito, muitos papiros foram descobertos, inclusive textos herméticos coptas, alguns dos quais já reconhecidos como parte do *Corpus Hermeticum*,

além de outro texto hermético previamente desconhecido, denominado *The Ogdoad and the Ennead* (também chamado de "O Oito dos Nove"), que descreve os oito estágios da iniciação hermética rumo à gnose (que é o conhecimento espiritual). Também incluídos no corpo dos textos herméticos estão um texto sobre astrologia e magia intitulado *Picatrix*, que se acredita ter sido escrito em Harran, na Turquia, no século VIII da era cristã, e o *Liber Hermetis*, uma obra do século XV sobre alquimia e questões astrológicas, que teria sido escrito por Hermes Trimegistus.

Entretanto, além do *Corpus*, existem fragmentos, citações e referências que chegaram até nós por meio de autores como Jâmblico, Porfírio e outros teólogos dos primórdios do cristianismo, incluindo Clemente de Alexandria (150-212 d.C.), e cujos escritos indicam conhecimento de obras herméticas. A *Antologia*, de João Estobeu, que data de cerca do ano 500 da era Cristã, também contém mais de 40 fragmentos e passagens do pensamento hermético, com destaque para muitas informações escritas que estavam perdidas para nós.

Contudo, "a Tábua Esmeralda" continua sendo o texto definitivo sobre a filosofia hermética. No livro *The Western Way* [O caminho oriental], de 1997, John Matthews afirma que "'a Tábua Esmeralda' é um dos mais profundos e importantes documentos que chegaram até nós. Já foi dito mais de uma vez que ele contém a soma de todo o conhecimento — para aqueles que são capazes de compreendê-lo".

"A Tábua Esmeralda" é onde o princípio "assim no alto como embaixo" pode ser encontrado. A mais antiga cópia remanescente dessa obra é citada no *Livro sobre as Causas de Balinas, o Sábio*, um volume árabe escrito por volta de 650 da era cristã e

que relata como, em sua juventude, Balinas descobriu a tábua em uma caverna de Tiana, na Turquia. A origem da tábua é incerta, e talvez nunca seja determinada com certeza, mas reza a lenda que ela teria sido escrita pelo filho de Adão, que a criou como reparação pelos pecados de seu pai, possibilitando assim que o Homem obtivesse o conhecimento necessário para alcançar a sua redenção. Relatos posteriores afirmam que Alexandre, o Grande, encontrou a tábua na tumba de Hermes, perto do Oásis de Siwa, tendo levado esse tesouro com ele ao sair do Egito, a fim de escondê-lo, em local não divulgado. Segundo a tradição, Balinas teria encontrado a tábua muitos anos depois e passou sua vida escrevendo, explicando e esclarecendo toda a ideologia ali contida.

"A Tábua Esmeralda" afirma que "o que está embaixo corresponde ao que está acima, e o que está acima corresponde ao que está embaixo, a fim de realizar os milagres do Uno". Ela também diz que "a estrutura do microcosmo está de acordo com a estrutura do macrocosmo", indicando que o universo reflete a Terra e vice versa, e o mundo da matéria reflete o divino, para que o Homem espelhe Deus e Ele "Crie o Homem à Sua própria imagem". O que acontece em um domínio tem efeito no outro, seja no mundo material ou no espiritual. A humanidade, ainda que exista no mundo material, inferior, contém em si mesma a centelha divina e, portanto, é dever do Homem tentar se reunir ao divino. Implorar a Deus não é considerado necessário, pois a humanidade não é uma criatura nascida do mal nem manchada pelo Pecado Original, como o cristianismo prega; na verdade, o Homem é, em si mesmo, um deus. O pensamento hermético afirma: "Não sabeis que sois deuses?" Esta é a frase que Dan Brown destaca na cena em que Robert Langdon analisa os ensinamentos dos Mistérios Antigos. Esta ideia repercute na *Apoteose de*

Washington, o afresco pintado na Rotunda do Capitólio e no qual o primeiro presidente norte-americano se torna um deus.

O pensamento hermético, conforme é mostrado pelo conceito macrocosmo/microcosmo, ensinava que tudo é uma coisa só, e Michael Baigent e Richard Leigh, em seu livro *The Elixir and the Stone* [O elixir e a pedra], descrevem o conceito hermético do universo como

> uma totalidade simples todo-persuasiva que tudo engloba, uma unidade simples na qual todas as dicotomias, todas as distinções entre corpo e espírito, e entre espírito e matéria, foram acomodadas e integradas harmonicamente. Tudo, em sua forma única, foi tornado válido. Tudo foi incorporado à estrutura completa... Para o estudante de hermetismo, a gnose exige a apreensão direta e a integração com essa harmonia todo-inclusiva.

E essa harmonia trouxe consigo a interconexão de tudo, permitindo ao homem desempenhar um papel ativo e modificar de forma eficaz a sua condição na vida. Desse modo, ele já não seria o peão indefeso que depende do destino e dos caprichos dos deuses. Poderia ser um participante ativo, manipulando o mundo à sua volta de acordo com sua própria vontade, a fim de provocar mudanças significativas. Baigent e Leigh explicam que, "de acordo com o princípio do 'assim no alto como embaixo', se tudo está de fato interconectado, o próprio homem... poderá fazer as coisas acontecerem em outras esferas. Se alguém puxar um cordão ou um fio da tapeçaria da realidade, algo acontecerá em algum outro setor da tapeçaria."

"A Tábua Esmeralda" explica que "todas as coisas nasceram do Uno através de adaptação", de modo que as ações do homem

sobre a Terra refletem as ações de Deus no céu e assim por diante. Tais conceitos eram transmitidos por meio de símbolos, principalmente o hexagrama do Selo de Salomão com seus dois triângulos entrelaçados representando o "assim no alto como embaixo", o masculino e o feminino, o Homem e Deus. Achava-se que esses símbolos poderiam, por sua vez, ser usados para efetuar mudanças, uma ideia expressa em atividades como a magia, a alquimia e a astrologia, e que promoveram uma nova análise do mundo de Deus e do Homem. No livro *The Egyptian Hermes* [O Hermes egípcio], Garth Fowden afirma que "os procedimentos da alquimia convencional são estritamente preparatórios para a purificação e a perfeição da alma". A ideia hermética do macrocosmo e do microcosmo, desse modo, se transforma numa poderosa analogia, vista como a transmutação do metal-base em ouro e que cria, do mesmo modo, uma transformação paralela na alma do alquimista.

Em Harran, na Turquia moderna, o hermetismo desempenhou um papel importante ao influenciar a matemática e a ciência islâmica, produzindo muitas traduções em árabe para os velhos textos herméticos, e também criando novos. Na verdade, um escritor árabe observou que 22 textos herméticos estavam disponíveis, 13 deles só sobre alquimia.

Mais tarde, as Cruzadas empreendidas à Terra Santa colocaram muitas pessoas em contato com essas ideias pela primeira vez. Em meados do século XIII, o sacro imperador romano-germânico Frederico III pôs o seu selo de aprovação para o estudo e a publicação do pensamento hermético. Um dos mais famosos alquimistas do século XIII e também filósofo hermético foi Alberto Magno, enquanto, no século XIV, Nicolas Flamel foi um famoso divulgador da alquimia e da magia.

Foi Cosme de Medici, entretanto, quem desempenhou um papel crucial para reunir e promover o hermetismo, promovendo, desse modo, um efeito direto na iluminação da Europa renascentista. Nos anos 1460, ele enviou o frei Leonardo de Pistoia à Macedônia, com a incumbência de procurar obras filosóficas. Leonardo trouxe com ele o *Corpus Hermeticum*, que provocou tamanha empolgação em Cosme que este imediatamente ordenou ao seu tradutor acadêmico, Marsilio Ficino, que passasse o texto para o latim. O recém-traduzido *Corpus* gerou um novo interesse pelo hermetismo e pela alquimia, que se espalhou a partir da Itália para o resto da Europa.

Por essa época, algumas ordens herméticas ocultas foram fundadas, em especial a Fraternidade Rosa-Cruz, cujos emblemas eram a rosa, que simboliza a alma, e a cruz, que simboliza o mundo material. A Francomaçonaria tinha muita consideração pelas crenças herméticas, como se percebe no livro *Morals and Dogma of the Ancient and Accepted Scottish Rite of Freemasonry* [Os dogmas e princípios morais do Rito Francomaçônico Escocês Antigo e Aceito], que aconselha:

Aquele que deseja alcançar a compreensão da Grande Palavra e possuir o Grande Segredo deve ler cuidadosamente os filósofos herméticos, e certamente alcançará a iniciação, como outros já fizeram; ele deve tomar, porém, como chave dessas alegorias, o dogma simples de Hermes, contido em sua Tábua Esmeralda.

Ver também: Alquimia; Francomaçonaria; Rosa-Cruzes; Selo de Salomão.

Instituto de Ciências Noéticas

O Instituto de Ciências Noéticas (Institute of Noetic Sciences — IONS) é uma organização sem fins lucrativos que incentiva e promove pesquisas sobre a consciência humana e o seu potencial. Foi fundado em 1973 pelo astronauta Edgar Mitchell (um dos poucos homens que já caminharam sobre a Lua), em sociedade com Paul N. Temple, um industrial que atuava no ramo do petróleo.

O IONS possui atualmente mais de 20.000 membros e está instalado em um terreno com mais de 400.000 metros quadrados nos montes acima da cidade de São Francisco. Ele edita uma revista trimestral chamada *Shift: nas fronteiras da consciência*, um periódico de 48 páginas que divulga pesquisas sobre o mundo dos estudos da consciência.

Em *O Símbolo Perdido*, Katherine Solomon é descrita como uma cientista noética, e há muitas menções a vários projetos de pesquisa dentro dessa área.

A palavra "noética" vem do grego antigo *noesis*, que pode ser traduzido de forma genérica por "conhecimento interior" ou "intuição". O IONS se dedica a explorar a natureza da consciência usando rigorosos métodos científicos, em uma tentativa de estabelecer uma ligação entre o microcosmo e o macrocosmo, bem como entre os mundos interno e externo.

Edgar Mitchell diz que caminhar sobre a Lua e observar a Terra de uma distância tão grande o afetaram profundamente. Antes de ir para a Lua, ele era um homem que acreditava apenas no estritamente racional, mas algo dentro dele mudou para sempre ao observar a Terra do espaço. É assim que ele explica sua jornada interior:

Subitamente, por trás da borda da Lua, em movimentos longos de imensa majestade e quase em câmera lenta, emergiu uma joia brilhante azulada e clara, uma delicada esfera azul rendilhada e pontilhada por véus brancos que se moviam lentamente, e que começou a se erguer bem devagar, como uma pequena pérola em um denso mar de mistério negro. Lá em cima, leva algum tempo para o observador comum perceber por completo que aquela é a Terra — o nosso lar. Na viagem de volta para casa, fitando o espaço ao longo dos quase 400.000 quilômetros de espaço rumo às estrelas e ao planeta de onde eu viera, subitamente tive a percepção de um universo inteligente, amoroso e harmônico. Éramos técnicos ao decolar rumo à Lua; voltamos humanitários.

Quando fui para a Lua eu era um engenheiro, um cientista e um piloto de testes tão pragmático quanto qualquer um de meus colegas. Mas ao ver a Terra flutuando solta na vastidão do espaço... a presença da divindade se tornou quase palpável, e eu percebi que a vida no Universo não era apenas um acidente baseado em processos aleatórios.

Dois anos depois de retornar à Terra, Mitchell fundou o IONS. Suas atividades no instituto eram completamente diferentes do seu trabalho na NASA. Como astronauta, Mitchel explorara o espaço exterior; o seu trabalho no IONS tinha a ver com a exploração do espaço interior, o mundo que existe apenas nas nossas cabeças, o qual, segundo o IONS, tem potencial para causar um impacto no mundo à nossa volta.

Muito do trabalho feito no IONS parece ficção científica, mas tudo é baseado em ciência verdadeira e no estudo da mente humana. Os pesquisadores se dedicam a fenômenos que centenas de anos atrás teriam sido considerados magia, ou pertencentes

ao domínio do oculto: o tarô (e profecias em geral), visualização remota, cura mediúnica (conhecida agora como cura a distância), experiências de quase-morte e meditação.

Um dos campos da ciência noética mencionados em *O Símbolo Perdido* é o entrelaçamento. À medida que os cientistas compreendem mais e mais a respeito de como as partículas minúsculas operam nos níveis quânticos, mais isso adquire importância nos estudos da consciência. Estamos começando a aprender que as partículas parecem se "comunicar" umas com as outras, mesmo quando separadas por vastas distâncias.

O próprio Einstein chamava esse fenômeno de "ação espectral a distância" e não compreendia o processo por completo, acreditando que se tratava de um erro na nossa compreensão da mecânica quântica, uma imperfeição que não poderia existir realmente. Desde aquela época, entretanto, nós aprendemos que é possível, sim, que cada partícula possa se comunicar com as outras usando o que chamamos de teletransporte quântico, um processo por meio do qual uma unidade de informação pode ser transmitida de uma partícula para outra, independentemente de localização ou distância.

Alguns cientistas lançaram a hipótese de que essas partículas minúsculas usem os igualmente infinitesimais "buracos de minhoca" para teleportar a informação de uma partícula para a outra, de modo que os dados não precisem viajar à velocidade da luz. Embora essa discussão fuja muito do âmbito deste livro, é evidente que, se começarmos a descobrir que partículas podem se comunicar por meio de microscópicos "buracos de minhoca", abre-se a possibilidade de que nossas mentes possam, potencialmente, se comunicar com outras partículas fora do nosso corpo, e até com outras mentes.

Um dos cientistas-chefes do IONS, dr. Dean Radin, propõe em seu livro *Mentes Interligadas* a crença de que essa nova ciência do entrelaçamento possa vir a explicar algumas habilidades psíquicas. O dr. Radin é, provavelmente, a figura mais famosa do instituto, depois de Edgar Mitchell. Ele também é o autor do best-seller *The Conscious Universe* [O universo consciente], que é uma grande introdução ao mundo dos estudos da consciência.

Além do seu trabalho para o IONS, o dr. Radin é conhecido pelo seu envolvimento com o Projeto de Consciência Global, com base na Universidade de Princeton. Seu objetivo é gerar uma série de geradores de eventos aleatórios (Random Event Generators — REGs) 24 horas por dia em vários pontos ao redor do mundo para ver se fatos de importância mundial podem provocar um "pico" nos REGs, ou seja, investigar se os números aleatórios registrados em determinados períodos são subitamente substituídos por padrões mais ordenados.

Os REGs são semelhantes a um simples virar de moeda, onde o resultado final só pode ser cara ou coroa. Os REGs do Projeto de Consciência Global produzem 200 "viradas de moeda" por segundo, só que em vez de cara ou coroa eles produzem zero ou um. Normalmente não deveria haver nenhum padrão discernível nas sequências de "zeros e uns" que são registradas.

Roger D. Nelson, um cientista que trabalha com pesquisas sobre engenharia de anomalias na Universidade de Princeton (Princeton Engineering Anomalies Research — PEAR), foi pioneiro no trabalho desenvolvido pelo Projeto de Consciência Global. Ele descobriu que a consciência de grupo pode afetar a produção dos REGs, alterando por completo sequências aleatórias de dados e moldando-os em padrões reconhecíveis, nos quais os números já não são randômicos.

Desde a implantação do projeto em 1998, muitos eventos de importância mundial provocaram mudanças dramáticas nos padrões criados pelos REGs; o mais controverso dos resultados obtidos pelo Projeto de Consciência Global é mencionado em *O Símbolo Perdido*.

No dia 11 de setembro de 2001, 37 REGs estavam sendo gerados pelo Projeto de Consciência Global e, como seria esperado, apresentaram nítidos picos de atividade, mostrando que eles foram afetados pelo transbordar de emoções emitidas pela consciência da humanidade logo após o ataque terrorista às Torres Gêmeas. Entretanto, embora os dados mostrem que houve uma reação inequívoca nos REGs, enquanto o mundo todo se juntava para assistir ao desenrolar dos terríveis eventos daquele dia, o mais bizarro estava por vir. Os REGs também mostraram anomalias nas horas que *antecederam* o ataque. O maior pico antes do evento aconteceu às 5h30 da manhã, hora local de Nova York, e a anomalia durou meia hora.

Os debates sobre os resultados desses dados são intensos até hoje, mas, se eles estiverem corretos, como se supõe que estejam, isso significa que a consciência maciça global do planeta possui a capacidade de prever a ocorrência de eventos de tal magnitude. Isso traria profundas consequências para a nossa compreensão dos poderes da mente humana. O estudo dos efeitos que a mente humana pode ter sobre o mundo físico é explorado em um livro de Lynne McTaggart chamado *The Intention Experiment* [A experiência da intenção], que Dan Brown menciona no capítulo 15 de *O Símbolo Perdido*.

Quando Edgar Mitchell criou o IONS, tinha dois objetivos: o primeiro deles era estudar os fenômenos da consciência humana e provar sem sombra de dúvida que a mente do ser humano é capaz de façanhas mais grandiosas do que a ciência lhe atribuía

na época; o segundo era "direcionar esse conhecimento para o aprimoramento do bem-estar humano e para a qualidade de vida no planeta". O IONS acredita que alcançou o primeiro desses objetivos, provando sem dúvida que as mentes humanas são realmente interligadas ao mundo à volta delas. Embora ainda haja muito trabalho a ser feito na exploração desses campos, o instituto está agora pensando com determinação em seguir para a próxima fase, aplicando o que descobriu para melhorar a humanidade. Nos últimos anos, o IONS mudou seu modo de operar e começou a acelerar rumo aos novos desafios que estão à frente.

A ciência noética sempre vai lutar para convencer os céticos de que esses fenômenos estão realmente acontecendo e que a mente humana é, de fato, tão poderosa quanto estamos começando a descobrir. Quanto mais trabalhos e pesquisas o IONS e outras agências semelhantes completarem, mais nós passaremos a compreender esse campo fascinante.

O dr. Radin tem consciência de que ainda vai levar muito tempo antes de esse campo ser aceito por toda a comunidade científica e deu a seguinte declaração em uma entrevista à revista *Sub Rosa*:

Lembrem-se sempre que no mesmo instante em que os irmãos Wright estavam sobrevoando o céu com seu avião, em campo aberto e diante de dezenas de testemunhas, os céticos continuavam negando que voar fosse possível. Velhas ideias demoram a ceder, mesmo que as provas pragmáticas sejam óbvias. Os empecilhos para isso são a visão curta, a teimosia e a incapacidade de questionar hipóteses fundamentais, a ignorância da filosofia, da sociologia e da história da ciência, o medo de atrapalhar a ordem social, o receio do embaraço pessoal, o temor de perder o próprio

prestígio enfrentando um tabu e assim por diante. Os maiores casos de resistência na ciência são motivados por alguma ou várias dessas formas de medo.

Enquanto a mente humana é capaz, por um lado, de feitos realmente inacreditáveis, ela também é capaz de ignorar cegamente o que está diante dos seus olhos. Será uma longa estrada, mas daqui a 100 anos quem sabe nós olharemos para o Instituto de Ciências Noéticas e apreciaremos a trilha que eles abriram.

Ver também: Lynne McTaggart.

Instituto Smithsonian

Em *O Símbolo Perdido*, o Instituto Smithsonian tem papel crucial nos eventos: Peter Solomon é secretário do instituto e, além disso, Mal'akh, fingindo-se passar pelo assistente de Solomon, convence Robert Langdon a viajar até a cidade de Washington para fazer uma palestra em um jantar de gala do Smithsonian.

O Instituto Smithsonian é uma entidade para educação e pesquisas administrada pelo governo norte-americano. É sustentada em parte pelo dinheiro público e em parte por doações particulares, donativos e lucros obtidos por suas lojas e meios de comunicação. O Instituto Smithsonian existe para preservar, estudar, montar e exibir coleções de arte e espécimes naturais, bem como preservar materiais bibliográficos e de arquivo que apresentem grande valor, profundidade, importância e qualidade. Essas pesquisas visam a aumentar e expandir o conhecimento humano, bem como servir de apoio a estudos sobre ciência, arte, história e cultura.

Com seus 19 museus, nove centros de pesquisa e Zoológico Nacional, o Instituto Smithsonian é o maior complexo de museus em todo o planeta. Suas muitas coleções contêm o impressionante número de 136 milhões de objetos. Além disso, há mais 156 museus afiliados a ele em todo o mundo, que costumam compartilhar seus vastos recursos com o Smithsonian. Dos 19 museus que compõem o instituto, 17 deles estão na cidade de Washington, incluindo o Museu do Índio Americano, o Museu Nacional da História Americana, o Museu de História Natural, o Museu Nacional de Ar e Espaço, o Museu de Arte Americana e a Galeria Nacional de Retratos e Bustos, além do prédio do Instituto Smithsonian, conhecido como "O castelo". Os outros dois museus estão localizados em Nova York, e o Centro Udvar-Hazy, do Museu Nacional de Ar e Espaço, tem sua sede em Chantilly, na Virgínia. Todas as instalações do Smithsonian na cidade de Washington têm acesso gratuito para o público.

Foi graças a uma herança deixada por James Smithson que o Instituto Smithsonian foi fundado. Smithson foi um importante cientista e mineralogista britânico nascido em 1765, em Paris. Era filho ilegítimo de sir Hugh Smithson, duque de Northumberland, e de Elizabeth Hungerford Keate Macie, uma rica viúva que se supõe ser descendente direta do rei Henrique VII, da Inglaterra. Em 1782, James Macie, conforme ele passou a se chamar depois da morte da mãe, em 1800, ingressou no Pembroke College, em Oxford, para cursar química e mineralogia, obtendo o diploma de Mestre das Artes em 1786. Um ano depois, aos 22 anos, ele se tornou o homem mais novo a ser eleito pela Real Sociedade, a famosa academia de ciência inaugurada em Londres em 1660. James Smithson viajou por toda a Europa pesquisando e classificando minerais e cristais. Publicou 27 artigos científicos.

Por ocasião de sua morte, em Gênova, Itália, em 1829, Smithson havia amealhado uma imensa fortuna pessoal, construída graças à herança de sua mãe somada a excelentes investimentos, e deixou esse legado para seu sobrinho e único herdeiro, Henry James Hungerford. Em seu testamento, escrito em 1826, James Smithson declarou que, no caso de seu sobrinho morrer sem herdeiro, seu legado passaria "para o governo dos Estados Unidos da América, a fim de que esse governo fundasse em Washington, sob o nome de Instituto Smithsonian, uma organização que serviria para implementar e difundir conhecimento entre os homens".

Tendo em mente que James Smithson nunca visitou os Estados Unidos nem teve contato com ninguém que vivesse lá, o seu testamento é muito incomum. Alguns estudiosos acreditam que sua decisão surgiu da admiração que sentia pelo espírito de iluminação dos Estados Unidos, ou, talvez, do desejo de ofender o severo código social e as limitações impostas na Grã-Bretanha da época, um código que lhe negava status social e também seu título de nobreza, devido ao estigma da ilegitimidade. Ele realmente parece ter sido um inimigo declarado da monarquia, pois escreveu a respeito dela, em 1792: "Que outras nações possam, por ocasião de suas reformas, ser sábias o bastante para abandonar esse estorvo desprezível."

Mais tarde escreveu que gostaria que o seu nome "vivesse em memória do homem que ele foi e continuasse a existir depois de os títulos dos Northumberland e dos Percy terem sido extintos e esquecidos para sempre", o que sugere que não perdoou o sistema de classes sociais da Grã-Bretanha pelas penalidades a ele impostas.

Com a morte de Henry Hungerford em 1835, o patrimônio de Smithson passou para os Estados Unidos. Curiosamente,

aconteceram muitos debates sobre se a herança deveria ser aceita ou não. O senador John C. Calhoun, da Carolina do Sul, declarou que "receber presente dessa natureza seria indigno para os Estados Unidos". Em 1836, porém, o Congresso aceitou a herança. Devido a um processo contestatório aberto em Londres, porém, só em 1838 a questão foi resolvida e as 11 caixas contendo 104.960 soberanos de ouro (moeda da época) foram carregadas para o navio USS *Mediator* e embarcadas rumo aos Estados Unidos, onde o ouro foi derretido para cunhar moedas americanas, que totalizaram 508.318 dólares.

Oito anos de intensos debates se seguiram, focados na estrutura que o instituto deveria ter, onde deveria ficar localizado, bem como seu arcabouço organizacional, arquitetônico e administrativo, até que tudo foi definido e o Instituto Smithsonian foi inaugurado no dia 10 de agosto de 1846.

A fim de cumprir os múltiplos papéis e funções do Smithsonian, um novo prédio seria necessário. Projetado por James Renwick Jr., o prédio do Instituto Smithsonian, que fica na Jefferson Drive, foi completado em 1855, e incluía uma biblioteca, um laboratório químico, um laboratório de história natural, salões para palestras, museus e galerias de arte. Construído em arenito vermelho, o prédio é normalmente conhecido hoje pelo nome de "Castelo", devido às suas nove torres e ameias.

Embora a maioria das pessoas tenha se deliciado com sua arquitetura, nem todos se mostraram satisfeitos com os resultados. Dorothea Dix, uma reformista social muito aguerrida, chamou o conjunto de "pilha monstruosa de torres, arcos e colunas". Hoje o prédio do Instituto Smithsonian original abriga apenas os setores administrativos e o centro de informações.

Como organização, o Instituto Smithsonian está dividido em quatro áreas: Ciência; História, Arte e Cultura; Finanças e

Administração; Empreendimentos Smithsonianos. A lei do Congresso que criou o Instituto Smithsonian declarou que ele deveria ser administrado por um Conselho de Regentes, responsáveis pela supervisão e pelo gerenciamento da instituição em nome do governo federal, assumindo "as responsabilidades dos Estados Unidos e sendo o principal gestor do legado de Smithson". O papel do conselho sempre foi levado muito a sério e devemos mencionar, especificamente, a declaração de suas metas, onde está registrado que "o Smithsonian deve ter em vista seu papel de custódia pública que opera em nome do povo americano e do governo dos Estados Unidos, na missão de aumentar e difundir conhecimento".

O Conselho de Regentes, todos do mais alto nível, é composto por 17 membros que se reúnem quatro vezes por ano, entre eles o juiz da Suprema Corte dos Estados Unidos, o vice-presidente da República, três membros da Câmara dos Representantes, três membros do Senado e nove cidadãos. O principal administrador do Smithsonian é o secretário, apontado pelo Conselho de Regentes. Foi graças à visão e à tenacidade do primeiro secretário do instituto, Joseph Henry, um importante físico, que o Smithsonian cresceu e se transformou na fabulosa organização científica de pesquisas que conhecemos hoje.

Ver também: Real Sociedade e Colégio Invisível.

Jefferson, Thomas

Thomas Jefferson, um dos homens que ajudaram a criar os Estados Unidos da América, nasceu em 13 de abril de 1743, na Virgínia. O homem notável que se tornou o terceiro presidente norte-americano começou sua educação aprendendo grego e latim com um professor local. Em 1760 ele ingressou no College of William & Mary, uma universidade em Williamsburg, Virgínia, onde estudou direito. Nessa universidade as crenças deístas eram predominantes; em outras palavras, muitos professores e estudiosos ali aceitavam a ideia de um mundo perfeitamente ordenado e criado por Deus, mas rejeitavam algumas das tradicionais crenças cristãs, como, por exemplo, a existência de milagres. Jefferson estudava os livros dos pensadores deístas e, como falava francês, também tinha acesso às obras escritas pelos iluministas da França.

Enquanto cursava a faculdade, Jefferson se tornou membro da fraternidade Phi Beta Kappa, a mais antiga sociedade de honra da América. Essa fraternidade tinha todas as características de uma sociedade secreta: uma elaborada iniciação cerimonial, um aperto de mãos especial, um juramento secreto e uma série de regras. São as mesmas características que marcam ordens como a Francomaçonaria.

Em 1779, como governador da Virgínia e membro do Conselho de Visitantes do William & Mary, Jefferson teve um papel fundamental ao criar emendas na estrutura da universidade, conhecida hoje como a "reorganização de Jefferson". Essas emendas incluíam a abolição da escola da divindade e a criação de novos cursos na área de medicina e línguas modernas, entre outras. Essas mudanças eram consistentes com as crenças humanistas de Jefferson.

 *194*

Thomas Jefferson se casou com Martha Skelton, uma viúva, em 1772, e isso fez aumentar a sua fortuna e o seu patrimônio em terras. Também aumentou muito o número de escravos que possuía, um aspecto problemático da sua vida, quando visto por uma ótica iluminista. Ao longo de sua vida ele teve uma média de 200 escravos, mas só libertou alguns deles, todos parentes de Sally Hemings. Sally era uma escrava afro-americana com quem, segundo dizem, Jefferson teve um relacionamento amoroso e vários filhos. Análises de DNA feitas recentemente provaram esse fato, embora algumas pessoas ainda duvidem dos resultados.

Em 1774, as ainda recentes visões de Jefferson sobre uma possível independência americana ficaram implícitas quando ele escreveu *Um sumário de ideias sobre os direitos da América britânica*. No ano seguinte ele foi nomeado para participar de um comitê que também incluía Benjamin Franklin e teve a incumbência de criar uma declaração formal justificando a ruptura com a Grã-Bretanha. O documento que hoje é conhecido como Declaração da Independência incluía várias frases cunhadas por Jefferson, inclusive a famosa *"Consideramos estas verdades como evidentes por si mesmas, pois todos os homens foram criados iguais e dotados pelo Criador de certos direitos inalienáveis, entre estes a vida, a liberdade e a busca da felicidade"*. Essa declaração foi debatida pelo Congresso e adotada em 4 de julho de 1776.

Voltando à Virgínia, Jefferson aplicou o princípio de que as leis locais deveriam ser ajustadas ao códigos legais estaduais, incluindo aí a separação da Igreja e das suas funções seculares. Quando a Grã-Bretanha lançou um ataque de surpresa à Virgínia, em 1780, Jefferson se viu forçado a fugir de forma pouco honrosa, e seus inimigos políticos usaram essa fuga como arma para atacá-lo pelo resto da vida.

Jefferson foi também nomeado embaixador americano na França e, ao desembarcar lá em 1784, encontrou o país imerso em ideias iluministas e confusão política. Entre os amigos que fez na França encontrava-se o marquês de Lafayette, um reconhecido francomaçom. Lafayette lutara pela causa da independência americana na Batalha de Brandywine, em 1777, e conhecia George Washington. Depois de voltar à França, Lafayette se tornou muito ativo como aristocrata liberal no movimento que resultou na Revolução Francesa.

Quando a Revolução Francesa deu início a um ciclo de violência que se transformou em terror político, Jefferson voltou para os Estados Unidos, em 1789, e se tornou o primeiro secretário de Estado do governo de George Washington. O alto cargo que ocupou em seguida foi o de vice-presidente sob John Adams, entre 1797 e 1801. Depois de uma contundente e controversa campanha em 1800, Jefferson se tornou o terceiro presidente norte-americano, e fez o seu discurso de posse em março de 1801 no prédio do Capitólio, ainda inacabado. Jefferson havia trabalhado muito de perto com Washington no planejamento e na construção da capital norte-americana.

Em seus primeiros anos como presidente, as políticas que Jefferson implantou para reorganizar a estrutura do governo federal e reduzir a dívida pública nacional foram muito bem-sucedidas. Em 1803 ele fez um acordo para comprar terras da França por 15 milhões de dólares, no que é conhecido como a "Compra da Louisiana". Embora ele tivesse dúvidas sobre tal compra ser ou não constitucional, o fato é que Jefferson dobrou o tamanho dos Estados Unidos, ganhando quase 2.150.000 quilômetros quadrados com uma única assinatura. Napoleão precisava vender as terras francesas na América para financiar suas guerras na Europa, mas o reinício das hostilidades na Europa

prejudicou o comércio norte-americano, e a Lei do Embargo, promulgada em 1807, destruiu a economia, fato que atingiu Jefferson a ponto de ele ser obrigado a deixar a Presidência em 1809 por estar cercado pelas tropas.

Retirando-se para sua propriedade em Monticello, Jefferson passou a aposentadoria criando um prodigioso volume de correspondência e supervisionando a construção da Universidade da Virgínia.

Em *O Símbolo Perdido*, a Bíblia de Jefferson é citada como um controverso texto revisionista. Thomas Jefferson passou 16 anos preparando *A Vida e a Moral de Jesus de Nazaré* (conhecido como a Bíblia de Jefferson). Acreditava que os ensinamentos de Jesus haviam sido corrompidos por várias intervenções nos textos ao longo dos séculos, incluindo as feitas pelos papas medievais e por padres corruptos. Na sua versão da Bíblia, Jefferson suprimiu dos evangelhos os milagres de Jesus e outras partes que lhe pareceram irracionais. O texto inclui as parábolas e os ensinamentos de Jesus e termina com a crucificação e o sepultamento. Embora Jefferson permitisse que alguns dos seus amigos vissem o trabalho, não publicou o livro enquanto estava vivo.

Externamente, Jefferson mantinha a tradição anglicana e, quando morava na Filadélfia, costumava frequentar a igreja unitária. Certa vez, ao escrever para Benjamin Waterhouse, um ministro da Igreja Unitária, disse: "Regozijo-me ao ver que neste país abençoado de crenças e investigações livres, que nunca abriu mão do credo nem da consciência em benefício de reis nem de padres, a doutrina genuína de um único Deus está restaurada, e creio que não existe nenhum jovem hoje em dia em nosso país que não se converterá, antes de morrer, à Igreja Unitária."

Foi devido à tolerância religiosa de Jefferson que Uriah P. Levy, um oficial naval judeu, ofereceu à nação a estátua de Thomas Jefferson, que foi a primeira obra de arte a ser erguida na Rotunda do Capitólio. Essa estátua, criada por Pierre-Jean David d'Angers, foi apresentada ao público em 1834 e é mencionada em *O Símbolo Perdido*. Levy também adquiriu a propriedade de Jefferson em Monticello no mesmo ano e gastou uma fortuna para restaurá-la por completo, abrindo-a para visitas logo em seguida. Outro dos heróis de Levy era o marquês de Lafayette.

Thomas Jefferson dedicava um amor constante pelos livros; colecionava-os e adquiriu milhares de volumes sobre diversos tópicos, incluindo ciência, mundo antigo e filosofia. Durante seu tempo na França ele continuou a comprar livros sem parar, suplementando a sua biblioteca, que ficava em Monticello. Depois que a Biblioteca do Congresso foi queimada pelos britânicos, em 1814, Jefferson ofereceu vender a sua coleção, a maior biblioteca particular dos Estados Unidos, para o Congresso, a fim de substituir a que fora destruída. A compra foi concretizada no ano seguinte e incluiu 6.487 livros. Jefferson escreveu em uma carta: "Que eu saiba, não existe aqui nenhum ramo da ciência que o Congresso deseje excluir da coleção... Na verdade, não existe assunto ao qual um membro do Congresso não possa se referir, em alguma ocasião."

Quando Lafayette, o velho amigo de Jefferson, visitou os Estados Unidos, em 1824, visitou também Monticello. Depois de 32 anos, os dois homens reataram a amizade. Lafayette comenta em suas memórias que Jefferson "tinha um maravilhoso estado de saúde, mesmo aos 81 anos de idade, e exibia o mesmo vigor de mente e coração que consagrara à construção de uma universidade tão excepcional". Ele se referia à Universidade da Virgínia, que Jefferson fundou e inaugurou em 1819, tendo também projetado

seus prédios, inclusive a famosa Rotunda, bem como montado todo o currículo acadêmico da instituição.

Entre suas muitas outras realizações, existe uma sobre a qual Langdon certamente teria conhecimento: Jefferson inventou o cilindro de cifras, conhecido como "cilindro de Jefferson", o que lhe garantiu o título de "pai da criptografia americana". O cilindro de Jefferson consistia em 26 cilindros de madeira presos a um eixo, com todas as letras do alfabeto entalhadas na superfície de cada cilindro. David Khan, em seu livro *The Codebreakers* [Os decifradores], afirma que o cilindro de Jefferson era, sem dúvida, "o mais avançado criptógrafo da sua época; parece ter surgido da noite para o dia, por pura inspiração, e não como resultado de uma reflexão madura sobre criptografia."

Thomas Jefferson morreu em sua propriedade no dia 4 de julho de 1826 (data adequada para o autor da Declaração da Independência). Na noite do dia anterior, em suas famosas últimas palavras, ele teria perguntado: "Já estamos no dia 4?"

Em reconhecimento à sua imensa contribuição ao seu país, Jefferson é um dos quatro presidentes a ter seu rosto esculpido no monte Rushmore, ao lado de George Washington, Theodore Roosevelt e Abraham Lincoln. Esse colossal monumento construído na Dakota do Sul é formado por quatro cabeças esculpidas no granito da montanha, com quase 20 metros de altura cada, e simboliza vultos importantes dos primeiros 150 anos da história dos Estados Unidos. Jefferson garantiu o seu lugar entre os grandes líderes norte-americanos por seu papel em cultuar os princípios da democracia no país e também pela expansão rumo ao oeste, que promoveu ao realizar a compra dos territórios franceses.

O Memorial a Jefferson foi inaugurado em 13 de abril de 1943, em comemoração ao bicentenário de seu nascimento. O estilo foi baseado na Rotunda da Universidade da Virgínia,

projeto do próprio Jefferson, e no Panteão de Roma. Três arquitetos, John Russell Pope, Otto Eggers e Daniel Higgins, foram os responsáveis por esse estilo. O memorial se localiza ao sul da Casa Branca e do Monumento a Washington. Fica em Tidal Basin, uma enseada adjacente ao rio Potomac. No friso interior do domo existe uma citação de Jefferson: "Jurei sobre o altar de Deus manter hostilidade eterna contra todo tipo de tirania sobre a mente do homem."

Na capa dos exemplares de *O Símbolo Perdido* existe uma sequencia de números colocados por fora e por dentro de um padrão circular em volta do lacre. Isso é um código específico que deve ser descoberto por quem lê a obra no idioma original. Para cada número, se o leitor for olhar no capítulo correspondente (por exemplo, para o número 22, ele deve olhar no capítulo 22) e identificar a primeira letra do capítulo (o capítulo 22 começa com a palavra *pacing*, então a letra é "p"), a frase que será formada é: "pope's pantheon" (panteão de Pope), uma alusão ao memorial a Jefferson e ao seu arquiteto, John Russell Pope. Outro importante prédio de Washington projetado por Pope foi a Casa do Templo, o templo maçônico que é a sede do Rito Escocês da Francomaçonaria e também o cenário do confronto final da trama de *O Símbolo Perdido*. Continuando na direção norte, a partir do Memorial a Jefferson, passando pela Casa Branca e subindo a rua 16, você chegará à Casa do Templo.

Tem havido muitas especulações sobre a possibilidade de que, como muitos dos pais fundadores, Jefferson possa ter sido maçom. Não existe prova de sua iniciação em nenhuma loja. É claro que, se tal iniciação ocorreu durante o período revolucionário, os registros teriam se perdido. Embora exista a possibilidade de Thomas Jefferson não ser francomaçom, é certamente verdade que muitos dos seus contemporâneos, companheiros,

amigos e associados eram membros de várias lojas, fraternidades e sociedades. É claro que Jefferson foi exposto às ideias pregadas por essas sociedades, e um homem com a sua importância e o seu intelecto deveria ter familiaridade com os ritos, rituais e símbolos de muitas dessas sociedades, senão de todas. É claro que Jefferson seguia o padrão deísta, e isso sugere que ele pode ter tido afinidades com os princípios francomaçônicos e pode, também, tê-los compreendido bem.

Ver também: Casa do Templo.

Kryptos

Kryptos é uma escultura que está em exposição na sede da CIA, em Langley, Virgínia. Ela esconde uma mensagem criptografada. A escultura é composta de vários elementos, incluindo um imenso pergaminho feito de metal, em forma de S, no qual estão inscritos quatro blocos de texto; há também placas de granito cobertas de mensagens em código Morse feitas de cobre; existe ainda uma bússola que aponta para uma rocha com propriedades magnéticas; finalmente, há uma pequena piscina circular diante da obra, entre outros elementos. Os materiais usados na obra de arte são: granito vermelho, quartzo, placas de cobre, a rocha magnética, um pouco de capim, água e madeira petrificada.

Kryptos significa "oculto" em grego antigo. De fato, a escultura contém uma mensagem escondida. Na verdade há várias delas, embora o artista tenha afirmado que existe uma solução que engloba todas as outras e que provavelmente será alcançada depois de desvendados todos os diferentes códigos individuais.

O criador de *Kryptos* é Jim Sanborn, artista que nasceu em Washington, em 1945. Ele foi contratado para criar a obra de

arte em 1988. A peça foi instalada na CIA em 1990 e foram pagos ao artista 250.000 dólares. Desde então, decifradores em geral, incluindo muitos da própria CIA, vêm tentando decifrar a mensagem oculta na escultura.

Sanborn nunca havia feito uma obra tão complexa antes de *Kryptos*. Na verdade, ele não conhecia quase nada a respeito de criptografia. Entretanto, trabalhando com Ed Scheidt, um ex-diretor do Centro Criptográfico de Langley, ele aprendeu como projetar o complexo código que existe na obra. Scheidt, antes de qualquer coisa, ensinou ao artista a arte de criar e decifrar códigos, mostrando-lhe todas as técnicas registradas desde o século XIX, passando pelas táticas criptográficas que foram usadas na Segunda Guerra Mundial. Sanborn, munido desse conhecimento, projetou sozinho a obra e a solução do enigma nela contido.

Desde a instalação da escultura, três das quatro placas do gigantesco "pergaminho" de cobre, conhecidos como K1, K2 e K3, já foram resolvidas, e o texto, revelado. A placa K1, por exemplo, diz o seguinte (o erro na grafia em inglês é intencional):

Entre a sombra sutil e a ausência de luz repousa a nuança da ilusão.
[Between subtle shading and the absence of light lies the nuance of iqlusion.]

A palavra errada no texto da escultura é "ilusão" (*illusion*), que aparece grafada como "iqlusion".

K2, a segunda das quatro placas, tem uma mensagem mais longa, na qual o x indica uma quebra de linha:

Era totalmente invisível; como isso é possível? Eles usavam o campo magnético da Terra x a informação foi recolhida e

transmitida pelo subterrâneo para um local desconhecido x Langley sabe disso? Eles devem estar enterrados lá fora, em algum lugar x quem sabe a localização exata? Só WW. Esta foi a última mensagem x trinta e oito graus, cinquenta e sete minutos, seis ponto cinco segundos norte, setenta e sete graus, oito minutos e quarenta e dois segundos oeste x camada dois.

Na segunda placa, a palavra com grafia errada é "subterrâneo" (*underground*), que aparece grafada como "*undergruund*".

K3 contém uma parte do relato que Howard Carter fez sobre o momento em que ele e lorde Carnavon entraram pela primeira vez na tumba do rei Tutancâmon, no Vale dos Reis, no Egito. O texto diz:

De forma lenta, desesperadamente lenta, os restos dos destroços que se amontoavam na parte mais baixa da passagem foram removidos com mãos trêmulas. Abri uma pequena brecha no canto superior esquerdo e fui aumentando o buraco pouco a pouco. Inseri a vela na abertura e olhei. O ar quente que escapou pelo buraco, saindo da câmara, fez a chama da vela bruxulear, mas, imediatamente após, alguns detalhes do aposento apareceram entre a névoa x Consegue ver alguma coisa, q (?).

A palavra com grafia errada nessa parte do enigma é "desesperadamente" (*desperately*), que foi grafada "*desparatly*".

A parte final do texto, K4, uma sequência de 97 caracteres, ainda não foi decifrada, apesar de quase 20 anos terem se passado desde a inauguração da obra. Muitos decifradores cheios de determinação formaram uma comunidade na internet devotada

unicamente à solução da placa K4 da *Kryptos,* e o número de participantes já passa de 1.300. Eles têm feito um esforço conjunto para quebrar o código e decidiram anunciar a solução em grupo, assim que a encontrarem.

Algumas das mensagens em código Morse nas outras seções da escultura dizem:

SOS, T é a sua posição; forças das sombras e virtualmente invisíveis.

Supõe-se que as coordenadas na seção 2 da *Kryptos* designam um local a sudeste da escultura, e o texto parece sugerir que existe algo enterrado lá. Parafraseando a solução da K2: "a informação foi recolhida e transmitida pelo subterrâneo até um local desconhecido... Langley sabe disso? Eles devem saber, ela está enterrada lá, em algum lugar... Quem conhece a localização exata? Só WW."

Isso, juntamente com as coordenadas, forma um enigma interessantíssimo, quase tão dramático quanto um dos romances de suspense de Dan Brown. O fato é que o significado de "escondido" dentro da escultura não se relaciona apenas ao código. Quando comparamos as provocantes pistas da mensagem decodificada com o relato detalhado de Howard Carter sobre a descoberta da tumba egípcia, fica mais ou menos claro que a escultura refere-se a um artefato escondido. Entretanto, até que a quarta seção da placa de cobre seja decodificada, teremos de esperar para descobrir o que, exatamente, a *Kryptos* significa.

Entretanto, já sabemos quem é "WW". Na época em que a *Kryptos* foi inaugurada, William Webster era o diretor da CIA. Sanborn disse que ele recebeu a solução dos códigos da escultura (embora tenha explicado mais tarde que Webster não possui a

solução completa). Na primeira página do romance, antes do prólogo, Dan Brown informa alguns fatos reais sobre a história que vai contar. Um deles é que existe um documento trancado em um cofre na sede da CIA que tem relação com um artefato escondido.

Estamos à espera de alguém que consiga decifrar o mistério da *Kryptos* e resolver o enigma inteiro. Talvez esperemos ainda por muito tempo. Em uma entrevista para a revista *Wired*, feita em 2009, Scheidt, o criptógrafo que serviu de instrutor para Sanborn, disse: "Pode haver mais no enigma do que os olhos veem. Só porque ele foi decifrado, não significa que vocês tenham todas as respostas." Isso sugere que podem existir mais camadas ocultas no enigma que ainda precisam ser solucionadas, mesmo depois que os quatro setores do texto tenham sido decifrados.

Antes de *O Símbolo Perdido* ser lançado, havia muita especulação sobre a *Kryptos* ser um componente importante da história; entretanto, seu papel é pequeno no livro e não tem nada a ver com a trama principal. Quanto ao fato de a escultura ter ficado fora do fio condutor da história a pedido do próprio Jim Sanborn, isso é apenas especulação. Fragmentos do código decifrado da *Kryptos* apareceram na capa de *O Código Da Vinci*.

Devido à popularidade das pistas divulgadas em *O Código Da Vinci* e agora em *O Símbolo Perdido*, uma coisa é certa: há muito mais gente agora empenhada na solução do código da *Kryptos*. E, respondendo à pergunta no final do setor K3. Eu diria: "Sim, e é maravilhoso."

Ver também: CIA — Escritório de Segurança.

 *205*

L'Enfant, Pierre

Um arquiteto chamado Pierre Charles L'Enfant foi, originalmente, responsável pelo padrão geométrico da cidade de Washington, projeto que mais tarde foi ajustado por George Washington, Thomas Jefferson e Andrew Ellicott. L'Enfant é citado logo no início de *O Símbolo Perdido* como o homem que desenhou a capital e a enfeitou com símbolos maçônicos.

Logo depois, Dan Brown afirma que o fantasma do pobre Pierre teria sido visto diversas vezes pelos corredores do Capitólio, tentando receber o pagamento pelo serviço, que está atrasado cerca de 200 anos. Brown também comenta que L'Enfant, bem como Washington e Benjamin Franklin, eram mestres maçons. É também mencionado em outro ponto do livro que muitos dos grandiosos monumentos e construções de Washington DC foram consagrados por maçons, de acordo com suas cerimônias.

Então, quem era esse homem de nome francês que aparece ao lado de tantas figuras ilustres? Pierre Charles L'Enfant nasceu em Paris, em 1754. Seu pai era professor na Academia Real Francesa de Pintura e Escultura, e o jovem Pierre estudou lá, sob a tutela do pai. Em 1776 ele se alistou como voluntário no Exército Revolucionário Norte-Americano e foi para os Estados Unidos em companhia do marquês de Lafayette.

O marquês, apesar de seu passado aristocrático, dedicou-se à causa da independência americana e foi promovido a general pelo Congresso, tornando-se amigo pessoal de George Washington. Já foi provado que o marquês de Lafayette era maçom. No Templo Maçônico da Filadélfia existe um avental dado por Lafayette a Washington. Ele está repleto de simbolismos, incluindo os pilares Boaz e Jaquim e o Olho que Tudo Vê.

L'Enfant foi ferido no cerco de Savannah e depois serviu na equipe de George Washington como engenheiro. O recém-criado Congresso americano o nomeou chefe dos engenheiros em 1783, como tributo a seus serviços.

Ele foi responsável pelo design de uma medalha e de um diploma para a companhia de ex-oficiais do exército revolucionário, que se autodenominava Sociedade dos Cincinnati, em referência a Cincinato, lendário patriota dos tempos da Roma antiga. De volta à França, L'Enfant ajudou a formar o ramo francês dessas sociedades, cujo propósito era, e continua sendo, manter vivos os ideais dos oficiais que tomaram parte na guerra revolucionária. Ao desenhar a insígnia para a medalha e o diploma acima mencionados, L'Enfant sugeriu que uma águia de cabeça branca deveria aparecer em destaque, pois era "um animal natural do continente americano, diferente das águias de outros climas pela sua cabeça branca e a cauda, e devia receber, por isso, uma atenção especial".

L'Enfant voltou para os Estados Unidos em 1784 e passou a ganhar a vida como arquiteto, realizando obras para o Congresso. Um dos projetos em que aceitou trabalhar, nessa época, foi a chamada Morris House, na Filadélfia, um projeto exuberante demais que nunca foi completado. Robert Morris encomendara uma moradia suntuosa, mas o arquiteto se mostrou tão ambicioso que o projeto acabou ficando extravagante demais.

Em 1788, L'Enfant foi contratado para adaptar o prédio da prefeitura de Nova York e transformá-lo em uma construção adequada para o novo governo federal. Para simbolizar os 13 estados recém-independentes, ele usou uma águia segurando 13 flechas, e também 13 estrelas e fachos de luz. O Congresso decidiu, porém, que uma nova capital seria construída para ser a

sede do governo. Diante disso, o presidente Washington escolheu L'Enfant para criar planos que deveriam ser oficialmente aprovados.

Pierre L'Enfant sabia, é claro, que a cidade ideal do mundo clássico era baseada em um sistema quadriculado, e decidiu que um país jovem como os Estados Unidos, com ideais baseados nas grandes civilizações da Grécia e de Roma, deveria ter uma cidade assim como capital. Suas ruas foram, então, planejadas em forma de grade, com quarteirões que formavam retângulos irregulares. Os centros principais de atração seriam a residência do presidente e o Capitólio, enquanto as praças nas redondezas desses dois locais formariam espaços amplos que pudessem acomodar monumentos e fontes. Thomas Jefferson, que nessa época era secretário de Estado, forneceu mapas de várias cidades europeias para servir de inspiração a L'Enfant. Os trabalhos de fabulosos projetistas, como Christopher Wren, da Inglaterra, e André Le Nôtre, da França, foram contratados.

Infelizmente, L'Enfant permitiu que a importância de sua tarefa se tornasse um foco de arrogância pessoal. Ele não aceitava ordens dos comissários da cidade e nem mesmo do próprio presidente. Seus esquemas eram grandiosos demais e impossíveis de ser executados, sem falar na determinação implacável de demolir a casa de um influente cidadão, pois uma larga avenida iria passar pelo meio do terreno, o que provocou mal-estar político. Deve ter sido difícil para George Washington, que morou na Filadélfia durante o mandato de presidente, manter sob rédeas curtas o seu amigo L'Enfant, que explodia seu temperamento volátil na futura cidade de Washington DC. Devemos lembrar que o presidente lutara ao lado do arquiteto durante a guerra. Pierre L'Enfant ameaçou se afastar do cargo e o presidente não teve alternativa senão demiti-lo. Andrew Ellicott foi chamado

para assumir o projeto, e muita coisa que vemos hoje na cidade é obra dele.

Em 1812, a Academia Militar dos Estados Unidos ofereceu a L'Enfant o cargo de catedrático de engenharia, mas, por algum motivo, ele não aceitou. Dois anos depois ele assumiu a construção do Forte Washington, às margens do rio Potomac, mas logo foi substituído no cargo.

Depois de alguns anos, L'Enfant cobrou do governo mais de 95.000 dólares pelo trabalho que realizou na construção de Washington, antes de ser demitido. O Congresso lhe pagou apenas quatro mil dólares, informando que esse montante era quanto os seus esforços valiam. Diante disso, ele se mudou para Maryland, aparentemente sem dinheiro. Provavelmente são os 91.000 dólares restantes que seu fantasma busca no Capitólio. Em 1909, seus restos mortais foram enterrados no Cemitério Nacional de Arlington, em um ato que representa o reconhecimento atrasado que o Congresso lhe devia. Talvez L'Enfant agora esteja em paz.

Os argumentos de que o projeto de Washington DC foram inspirados por princípios maçônicos repousam, basicamente, no fato de que Pierre L'Enfant talvez fosse francomaçom. Não existem provas de que ele fosse, e nenhuma loja confirma que ele tenha sido um membro iniciado. Por outro lado, dois dos seus mentores, o marquês de Lafayette e George Washington, eram francomaçons. Além disso, por L'Enfant ter vivido nos anos 1760 e 1770 na França, os princípios da Maçonaria lhe seriam familiares.

Os planos originais de Pierre L'Enfant para a cidade estão expostos em grande escala no piso da Freedom Plaza, conforme está descrito em outro verbete deste livro. Até o final da década de 1990, quando a Catedral Nacional de Washington foi inaugurada,

alguns aspectos da visão original de Pierre L'Enfant se tornavam realidade, pois foi ele que propôs, antes de qualquer outro, a construção de uma "grande igreja para eventos nacionais".

Ver também: Freedom Plaza; Washington DC.

Mão dos Mistérios

Em *O Símbolo Perdido*, a Mão dos Mistérios é recriada fisicamente quando Mal'akh decepa a mão direita de Peter Solomon e a coloca no centro da Rotunda, sob a abóbada do Capitólio. Quando Robert Langdon analisa a mão do seu amigo, ele percebe que os dedos de Peter haviam sido tatuados: na ponta do polegar havia uma coroa, no dedo indicador, uma estrela, seguida por um sol, uma lamparina e, finalmente, uma chave no dedo mínimo.

A Mão dos Mistérios é citada em um livro chamado *The Secret Teachings of All Ages* [Os ensinamentos secretos de todas as eras], de Manly P. Hall, publicado em 1928. Podemos dizer que *O Símbolo Perdido* começa e termina com Hall. O livro inicia com uma citação desse importante livro e, no último capítulo, de número 133, somos brindados com outra citação desse mesmo livro. Certamente muito do conteúdo do romance está de acordo com os escritos de Hall, um místico e filósofo que escreveu sua obra-prima aos 27 anos. Ainda hoje é difícil absorver por completo a mestria dessa obra. Ela já representaria uma realização gloriosa para alguém que tivesse uma vida inteira dedicada a questões místicas e esotéricas, logo o fato de ter sido escrita por um jovem é admirável. Não é surpresa descobrir que Hall, mais tarde, se tornou um francomaçom do 33º grau.

Hall pediu ao ilustrador Augustus Knapp que criasse uma imagem da Mão dos Mistérios para o livro, baseada em uma aquarela do século XVIII, cuja procedência era desconhecida. Na ilustração, vemos que em vez de estarem tatuados sobre as impressões digitais, os cinco símbolos estão pairando sobre os dedos e o polegar estendidos. Além disso, há um peixe nadando sobre um fundo oval verde, cercado por um anel de chamas, colocado sobre a palma da mão.

Hall acrescentou uma nota que encontrou junto da aquarela: "Os sábios juram por esta mão que não ensinarão a Arte sem ser através de parábolas."

Do mesmo modo que Robert Langdon menciona que a Mão dos Mistérios era oferecida como convite de um mestre a um iniciado, Hall também exprime essa ideia, afirmando o seguinte:

O desenho original a partir do qual esta prancha foi feita representa a mão do filósofo, que a estende para aqueles que desejam conhecer os mistérios. Quando o discípulo da Grande Arte contempla esta mão pela primeira vez ela está fechada, e o aluno deve descobrir um método para abri-la, a fim de que os mistérios nela contidos possam ser revelados.

Como sabemos, na trama de *O Símbolo Perdido* a mão de Peter Solomon tem de ser aberta à força para revelar o código SBB XIII tatuado na palma. Essa mensagem cifrada leva Langdon a um aposento no subsolo do Capitólio, onde a pirâmide de granito é encontrada.

A Mão dos Mistérios é um aparato alegórico que reflete as obras dos grandes alquimistas, que deixaram muitas de suas obras ocultas por símbolos cifrados.

A imagem do peixe é descrita do seguinte modo: "O peixe é o mercúrio, e o mar cercado de chamas onde ele se encontra é o enxofre." Com relação aos símbolos associados a cada um dos dedos e ao polegar, Hall explica o seguinte:

> ... cada um dos dedos carrega o emblema de um Agente Divino por meio das operações combinadas a partir das quais a grande obra é alcançada... Em termos filosóficos, a chave representa os mistérios propriamente ditos, sem a ajuda dos quais o homem é incapaz de destrancar as muitas câmaras do próprio ser. A lamparina é o conhecimento humano, uma centelha do Fogo Universal capturada em um recipiente feito pelo homem; ela é a luz dos que habitam o universo inferior e buscam, com a sua ajuda, seguir as pegadas da Verdade. O sol, que podemos chamar de "luz do mundo", representa a luminescência da criação através da qual o homem pode aprender o mistério de todas as criaturas que expressam forma e número. A estrela é a Luz Universal que revela verdades cósmicas e celestiais. A coroa é a Luz Absoluta — desconhecida e não revelada — cujo poder brilha através de todas as luzes inferiores que não passam de fracas centelhas desse Eterno Esplendor.

As mãos humanas têm sido consideradas símbolos importantes há milhares de anos. A magia, a alquimia e até mesmo a ciência noética também envolvem a aplicação da vontade humana sobre o mundo material. Como Hall descreveu, a mente humana é o "resultado da vontade de conhecer", enquanto a mão é o "resultado da vontade de captar".

Portanto, a mão é o supremo instrumento da mente, pois, apesar de a mente conseguir conceber o mundo material, só a

mão consegue manipulá-lo. A mão foi um símbolo poderosíssimo ao longo de todas as eras exatamente por essa razão.

No Egito antigo existem inscrições que mostram mãos colocadas na ponta de raios que emanam do sol, simbolizando a interação entre Deus (o disco solar) e a humanidade. Muitas vezes essas "mãos do sol" seguram um *ankh*, ou cruz ansata, símbolo que significa "vida" ou "sopro".

Em *O Símbolo Perdido*, Mal'akh revela que amputou a mão direita do seu pai para que Peter Solomon fosse obrigado a matar o próprio filho com a mão esquerda e depois oferecê-lo em sacrifício. A mão esquerda, segundo dizem, é reservada para a magia negra e as artes das trevas. Talvez isso seja derivado de uma crença segundo a qual os povos antigos executavam todas as ações boas e construtivas com a mão direita, e usavam a esquerda para tarefas sujas e desagradáveis.

Manly P. Hall revela outro aspecto curioso disso, pela própria natureza da escrita sagrada — não com relação a qual mão foi usada, e sim à direção na qual as palavras foram colocadas no papel:

> Alguns filósofos declararam, mais tarde, que existiam dois métodos de escrita; a realizada da esquerda para a direita era considerada um método exotérico; a outra, da direita para a esquerda, era esotérica. A escrita exotérica era feita a partir do coração, enquanto a escrita esotérica era aquela que — como no hebraico — era feita na direção do coração.

Há um último detalhe a respeito da Mão dos Mistérios: em *O Símbolo Perdido* o autor nos informa que a mão de Peter Solomon foi manipulada de forma tal que o dedo indicador e o

polegar apontassem para o céu — literalmente, pois ela mostra a cena de George Washington sentado no céu, no afresco *A Apoteose de Washington*, pintado no interior do domo sobre a Rotunda do Capitólio. A mão de Peter Solomon estava, segundo somos informados ao ler o romance, na mesma posição da de George Washington em sua estátua de Horatio Greenough, que retrata o primeiro presidente norte-americano como Zeus, o supremo deus do Olimpo. A mão de Washington, portanto, aponta para o alto no que, de acordo com Lynn Picknett e Clive Prince no livro *The Templar Revelation* [A revelação templária], seria o chamado "gesto de João", que recebeu esse nome após ter sido muito usado nas obras de Leonardo da Vinci, sempre para representar João Batista. Esse é um território familiar aos leitores de *O Código Da Vinci*, de Dan Brown.

Manly P. Hall notou que os símbolos associados ao polegar e ao dedo indicador da Mão dos Mistérios (a coroa e a estrela) são associados à luz: o indicador representa a Luz Universal, enquanto o polegar significa a Luz Absoluta. Parece adequado, portanto, que a mão de Peter Solomon esteja apontando para *A Apoteose de Washington* com os dedos que correspondem à luz, uma vez que o tema central de *O Símbolo Perdido* é a "iluminação" e a descoberta de Deus dentro de nós.

Ver também: A Apoteose de Washington; *Capitólio.*

McTaggart, Lynne

Lynne McTaggart é mencionada em *O Símbolo Perdido* por causa do seu livro *The Intention Experiment* [A experiência da intenção], que é citado como sendo a obra que inspirou Katherine

Solomon a prosseguir suas pesquisas dentro do campo da ciência noética.

Jornalista e escritora, McTaggart escreveu cinco livros, dois dos quais se tornaram bestsellers: *O Campo — Em Busca da Fonte Secreta do Universo* e *The Intention Experiment* [A experiência da intenção]. Ela também é a responsável pela celebrada *What Doctors Don't Tell You* [O que os médicos não dizem a você], uma revista independente sobre saúde lançada em 1989. Essa revista se tornou um site de sucesso na internet e é livre da influência das grandes companhias farmacêuticas e agências governamentais. Entretanto, é pelo conjunto da obra conhecida como "a experiência da intenção" que McTaggart é mais conhecida. Esse nome representa não só o livro que leva o mesmo nome, mas também uma ativa comunidade da internet formada por voluntários que McTaggart uniu, auxiliada pelo seu marido, Bryan Hubbard, além de uma equipe de cientistas. Eles conduzem experiências em seu site na internet, onde utilizam o poder coletivo da mente das pessoas para atingir objetivos específicos.

Em *O Símbolo Perdido*, o leitor é informado de que as pesquisas de Katherine Solomon já provaram que o pensamento focado pode afetar qualquer organismo vivo, atuando inclusive na taxa de crescimento das plantas. O capítulo 15 parece ter sido baseado precisamente no trabalho de McTaggart e sua equipe, e relata um experimento que foi levado a cabo pelo grupo da Experiência da Intenção.

A série de experimentos aos quais estamos nos referindo ficou conhecida como As Experiências de Germinação na Água e aconteceram em junho e julho de 2008. Lynne McTaggart pediu a um grupo de pessoas reunidas em Hamburgo, na Alemanha, que elas escolhessem uma garrafa de água entre quatro opções, sendo que o objetivo era regar um grupo de sementes com

a garrafa escolhida. Depois de cada pessoa escolher, ela foi instruída a enviar a seguinte intenção para a água: "Minha intenção é de que todas as sementes que recebam água da garrafa marcada germinem e alcancem a altura de pelo menos oito centímetros no quarto dia de crescimento."

Os resultados depois de cinco dias mostraram que as sementes que haviam sido regadas com a garrafa escolhida cresceram muito mais que as amostras que receberam água comum. Além disso, 100% das sementes germinaram, embora apenas 90% delas germinem em condições comuns. A experiência foi considerada um sucesso.

Desde 2008, experiências de maior porte foram realizadas, envolvendo grupos progressivamente crescentes de pessoas que enviaram suas intenções. O maior desses testes foi a Experiência de Intenção da Paz, que contou com um grupo significativo de participantes conectados via internet; eles formavam "grupos mentais" que dirigiram o foco do pensamento para a obtenção de paz duradoura na região norte do Sri Lanka. Analistas acreditam que a experiência foi bem-sucedida, pois se verificou uma dramática redução na violência daquela região nas semanas que se seguiram ao exercício.

A descrição do trabalho de Lynne McTaggart em *O Símbolo Perdido* é bem precisa. A própria escritora recebeu com surpresa e alegria a sua inclusão no livro e comentou: "Utilizar o livro mais vendido do mundo como plataforma para divulgar o poder da mente visando a uma plateia completamente nova certamente ajudará a promover o trabalho na área de pesquisas sobre a consciência." Ela também deu algumas declarações adicionais muito esclarecedoras, destacando aspectos admiráveis do seu trabalho:

A intenção melhora por meio de práticas que podem ser aprendidas. Eu entrevistei dezenas de "professores de intenção" — mestres do Qigong, monges budistas, curadores importantes — e todos eles citaram técnicas especiais que aprenderam a utilizar para focar suas intenções... Manifestar uma intenção exige um foco específico, como o do laser, visualização sensorial completa e uma crença profunda...

As partículas são afetadas pelo observador. Este é um princípio fundamental da física quântica: observar uma partícula subatômica tem o poder de transformar algo potencial em algo real.

Este é, provavelmente, o aspecto mais fascinante do trabalho de Lynne McTaggart: a descoberta de que a nossa interação com o mundo material e a própria consciência de cada um são capazes de afetar o ambiente físico à nossa volta.

Um dos enigmas produzidos pela física quântica é o comportamento da matéria em nível quântico. Se minúsculas partículas de matéria podem estar em todos os lugares ao mesmo tempo, o que será que as obriga, na realidade, a aparecer em uma determinada localização e agir como matéria sólida? A ciência de McTaggart oferece uma tentativa de resposta: é a nossa consciência e o nossos papéis como observadores que influenciam essas porções minúsculas de matéria, aglutinando-as de algum modo para formar um ser.

Isso provoca mais perguntas do que respostas. Por exemplo, isso provaria a ideia de que todos nós criamos o próprio universo? Se cada um de nós influencia o comportamento de partículas quânticas e literalmente as traz à vida, será que podemos ter certeza de que compartilhamos o mesmo universo com os outros

Esta famosa e misteriosa gravura de Albrecht Dürer recebeu o nome de *Melencolia I*. Repare no quadrado mágico colocado no canto superior direito, que inclui o ano em que a obra foi feita: 1514.

O Capitólio, em Washington DC. (© ACE TRUMP)

Visão da Rotunda do Capitólio. (© ACE TRUMP)

O Capitólio visto do Monumento a Washington. (© ACE TRUMP)

A tumba de George Washington sob a cripta nunca foi utilizada. (© WILLIAM HENRY)

A cripta do Capitólio. (© WILLIAM HENRY)

Acima: A Apoteose de Washington, afresco de Brumidi. (© ACE TRUMP) Detalhe da ilustração
As estrelas no teto, simbolizando o infinito. (© WILLIAM HENRY)
Abaixo: George Washington sentado sobre um arco-íris. (© WILLIAM HENRY)
Página oposta: Estátua de George Washington retratado como Zeus, deus dos gregos.

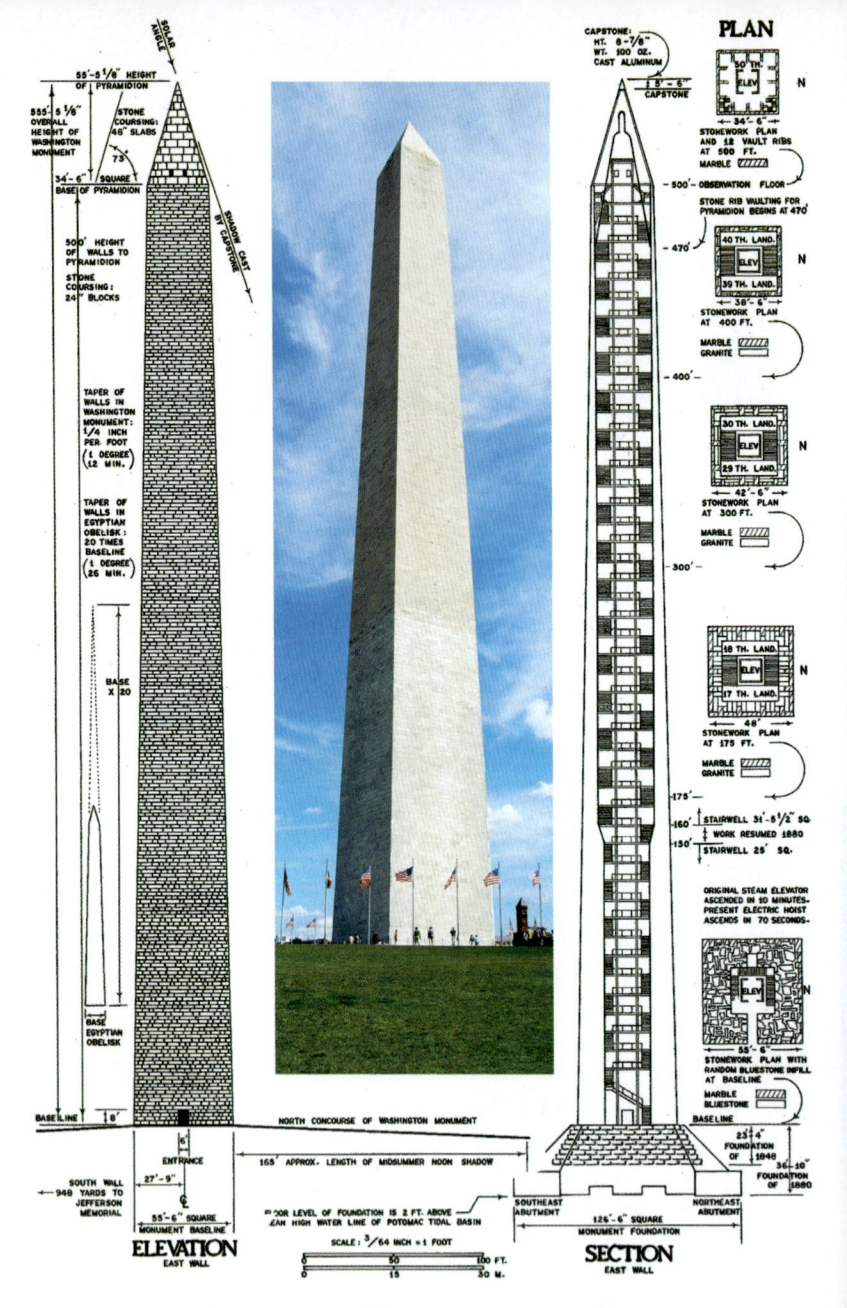

Seção transversal do Monumento a Washington.

(FOTOGRAFIA © ANDREW BEIERLE. DESENHO © HISTORIC AMERICAN ENGINEERING RECORD, NATIONAL PARK SERVICE, DELINEATED BY JOHN BERRY, 1986)

Monumento a Washington, incompleto.

A Casa do Templo, Washington DC. (© ACE TRUMP)

Vista da Catedral Nacional de Washington. (© ACE TRUMP)

O CAMS (Centro de Apoio dos Museus Smithsonian). (© ACE TRUMP)

observadores? Talvez realmente criemos universos particulares que são únicos para nós. Como Katherine sugere em *O Símbolo Perdido*, talvez todos nós sejamos, na verdade, mestres do próprio universo.

Melencolia I

Em sua busca de uma pista para o significado do enigma que estão tentando resolver, os protagonistas de *O Símbolo Perdido* são informados de uma data, 1514, e o que parece ser uma simbatura, ou seja, um símbolo que é usado no lugar de uma assinatura. Trata-se das iniciais "A" e "D", reconhecidas como a assinatura do artista Albrecht Dürer. O uso da intuição e mais algumas reflexões os leva a uma famosa gravura de Dürer, criada em 1514, denominada *Melencolia I*.

Embora a gravura esteja exposta na Galeria Nacional, em Washington, a busca não exige que Langdon veja a obra frente a frente. Uma busca na internet o leva aos elementos essenciais da gravura que quebrarão um dos códigos centrais da trama, revelado sob a forma de um quadrado mágico contendo 16 números. Para admirar essa obra em todo o seu esplendor e complexidade, vá até as páginas com ilustrações, situadas no meio deste livro.

Volumes inteiros e teses elaboradas já foram desenvolvidos para tentar explicar os elementos dessa famosa gravura e os conceitos que Dürer tentava expressar ao realizá-la. Considerada uma de suas obras mais enigmáticas e analisadas, *Melencolia I* é especial, pois traz o próprio título entalhado na gravura (a palavra "melancolia", em sua forma arcaica, aparece em uma pequena faixa presa a uma criatura híbrida de roedor, morcego e cobra).

Dürer também incluiu elementos da ciência da alquimia, e essa gravura é cheia de símbolos e referências a essa prática. O arco-íris ao fundo da gravura, por exemplo, representa as cores que, segundo a tradição, apareciam durante a preparação da Pedra Filosofal, que era o instrumento necessário para transmutar os metais-base, como o chumbo, em ouro. Ela também tinha o poder de mudar as pessoas do seu estado de mortalidade para o de imortalidade. Outros itens e apetrechos de natureza alquímica podem ser vistos na imagem, incluindo um cadinho, uma esfera, ferramentas para entalhar madeira, balanças e compassos. *Melencolia I*, de Dürer, é, de diversas maneiras, um compêndio de simbolismo, e a imagem quase indistinta de um crânio em uma das faces de um poliedro ajuda a compor o mistério.

Uma vez que o número I apresentado em algarismo romano acompanha o título dessa gravura, parece plausível imaginar que ele faria parte de uma série. Tal série talvez incluísse, originalmente, quatro obras, uma vez que a melancolia é um dos quatro temperamentos exibidos pelos diferentes tipos de pessoas. Os outros três são o colérico, o fleumático e o sanguíneo. Os temperamentos ligados aos quatro humores — bile negra, bile amarela, fleuma e sangue — e também aos quatro elementos e aos planetas. Médicos, cientistas, filósofos e todas as pessoas da época que tinham interesse na condição humana eram familiares a esse conceito e influenciados por tal conhecimento, universalmente aceito. Melancolia significa, etimologicamente, "bile negra" e acreditava-se que quem apresentasse um desequilíbrio dessa substância no corpo teria uma disposição melancólica. A melancolia era ligada ao elemento terra e ao planeta Saturno.

Outra hipótese é a de que várias gravuras da série Melencolia teriam sido planejadas, cada qual abordando um dos três

 *229*

elementos da alma, segundo Aristóteles: a imaginação, o racional e o mental.

Ao analisar essa gravura, Frances Yates explica, em seu livro *The Occult Philosophy in the Elizabethan Age* [A filosofia oculta na era elisabetana]:

> A Melancolia retratada por Dürer apresenta um ar anêmico, com compleição morena e um tipo de "rosto preto", e apoia a cabeça, pensativa, sobre a mão, em uma pose característica. Ela tem compassos para medir e marcar. Ao seu lado há uma pequena bolsa para dinheiro. À sua volta estão ferramentas artesanais. Obviamente ela está melancólica e se apresenta com o tipo físico característico, a postura e as ocupações da velha e cruel melancolia, mas parece também expressar um tipo de atitude imponente e intelectualizada. Na verdade ela não faz nada, está simplesmente sentada, pensando. O que significam essas formas geométricas, e por que uma escada se eleva por trás do poliedro, rumo ao céu?

Analisando tudo isso, será que a imagem é uma metáfora do gênio desperdiçado?

Parece que, em todas as eras, grande talento e habilidade em uma determinada área muitas vezes eram ligados a instabilidade ou tormento mental. Do gênio frágil de Mozart ao extravagante estilo de vida do poeta Byron, passando pelo comportamento destrutivo de muitos astros do rock, a ideia do gênio atormentado é familiar a todos nós. Exatamente isso parece ser o que nos sugerem Klibansky, Panofsky e Saxl no livro *Saturn and Melancholy* [Saturno e melancolia]:

O humor melancólico, quando entra em ignição e brilha, gera um frenesi (furor) que nos leva à sabedoria e à revelação, especialmente quando vem combinado com alguma influência celestial, acima de tudo a de Saturno... É por isso que Aristóteles diz em sua *Problemata* que, por meio da melancolia, alguns homens se tornam seres divinos, predizendo o futuro como faziam as Sibilas... enquanto outros se tornaram poetas... e diz também que todos os homens que se distinguiram em qualquer área de conhecimento eram, geralmente, melancólicos.

Dürer poderia nos estar mostrando o interior da sua mente. Mary Heaton certamente especulou a respeito disso nos idos de 1870, em seu livro *The History of the Life of Albrecht Dürer of Nürnberg* [A história da vida de Albrecht Dürer de Nuremberg]:

Talvez as asas da sua própria alma batessem em vão contra a muralha impassível que bloqueia nossos horizontes mentais. Um dia, recolheram-se as asas que brotavam de seus ombros poderosos, pois elas pareciam uma mera paródia, no confinamento em que foram colocadas.

O que devemos vislumbrar do fato de Dan Brown ter escolhido usar Dürer e sua gravura em *O Símbolo Perdido*? Robert Langdon certamente é muito erudito, inteligente e se mostra capaz de enfrentar os apuros que o autor trama para ele. Apesar de tais qualidades, Langdon continua sendo um personagem que acha difícil acreditar. Ele comenta, em um determinado ponto, que "a fé nunca foi fácil para mim". E esse é o mesmo homem que encontrou o Santo Graal e salvou Roma da destruição iminente.

Vemos aqui a descrição de alguém que está à espera da centelha de inspiração que iluminará a escuridão; um eco do gênio torturado que reside em um melancólico mundo interior, mas que possui incrível criatividade e também a ignição que o torna brilhante, quando necessário. Será que o próprio Dan Brown não se identifica com o seu protagonista, Robert Langdon, e também com os gênios melancólicos e torturados que apresenta em seus romances?

Ver também: Alquimia; Albrecht Dürer; Pedra Filosofal.

Mistérios Antigos

Em *O Símbolo Perdido*, Robert Langdon nos informa de que os chamados Mistérios Antigos são a combinação da sabedoria das eras passadas, um conjunto dos maiores mistérios conhecidos pelo homem reunidos em um único lugar e mantidos em segredo. Aprendemos que a Mão dos Mistérios é um convite para o iniciado acessar e descobrir os Mistérios Antigos.

De fato, os Mistérios Antigos são a chave para todo o romance. Em última análise, são aquilo que Robert Langdon busca: a recompensa final de toda a busca. As pistas na pirâmide de granito e a procura pela palavra perdida levariam à decifração dos Mistérios Antigos que, supõe-se, estão escondidos em algum ponto da cidade de Washington.

A forma como tudo isso é apresentado no livro de Dan Brown sugere que os Mistérios Antigos são a reunião do conhecimento de muitas disciplinas, algo que poderíamos imaginar como uma enciclopédia dos ensinamentos de todas as escolas de mistério. Na verdade, não há provas de que uma coleção de tais

escritos exista. Em vez disso, temos obras avulsas sobre sabedoria antiga, vindas de vários ramos dos Mistérios Antigos. Embora todos esses textos tenham um valor inestimável para a humanidade, não existe uma única obra que englobe todo esse conhecimento e possua a verdade completa.

Várias dentre as mais antigas escolas de mistério se estabeleceram na Grécia antiga. Algumas delas eram muito conhecidas e sua existência não era segredo; entretanto, o verdadeiro conhecimento mantido dentro dessas escolas era intensamente protegido, e esperava-se dos iniciados que eles guardassem os segredos e os rituais das fraternidades com suas próprias vidas. Do mesmo modo que a Francomaçonaria hoje, os iniciados das antigas escolas de mistério faziam votos sagrados: eles juravam preferir a morte a revelar algum conhecimento secreto.

As escolas de mistério da Grécia antiga surgiram a partir de disciplinas, como a filosofia e o misticismo, e a exploração de tais assuntos levou aos Mistérios Antigos de forma natural. Dramas secretos do passado teriam ligação com os Mistérios, sendo que três eram mais famosos: o de Ísis, uma deusa cujo culto começara no Egito antigo; o de Cibele, a sacerdotisa que trabalhava como oráculo do antigo mundo asiático; e o de Deméter e Perséfone, esta a deusa grega que deu origem aos Mistérios Eleusianos, provavelmente a mais importante das escolas de mistério da Grécia antiga.

Acredita-se que os Mistérios Eleusianos tiveram início em torno de 1600 a.C. e lidavam com o tema recorrente da imortalidade da alma humana, conhecida como Psique, cujo verdadeiro lar ficava no mundo espiritual, livre de cadeias, das tumbas e da forma humana. Na visão dos eleusianos, o nascimento sob a forma humana representava a morte propriamente dita, e só através da morte física a alma finalmente poderia renascer.

 *223*

Mais tarde, em Roma, houve várias escolas de mistério, como o culto a Mitras, que importou muita coisa do conhecimento dos persas, de tal modo que esse conhecimento ancestral foi passando de geração em geração. As escolas de mistério podem ter evoluído e se modificado, mas os segredos passados adiante eram os mesmos.

As escolas de mistério do mundo ocidental foram obrigadas a entrar para a clandestinidade nos séculos V e VI da era cristã, quando o paganismo foi banido do Império Romano. Dizem que o golpe decisivo para a destruição dos Mistérios Antigos foi o fechamento da Academia de Platão, no ano 529 da era cristã, pelo imperador bizantino Justiniano I. Os Mistérios Antigos, porém, não morreram. Foram mantidos a salvo e simplesmente hibernaram, à espera do momento certo para renascer.

Os gnósticos guardaram muitos dos mistérios que haviam sido absorvidos pela nova religião chamada cristianismo. Durante a Idade Média os Cavaleiros Templários mantiveram vivos alguns dos Mistérios Antigos, do mesmo modo que os herméticos e os alquimistas. A fundação da Fraternidade Rosa-Cruz e de outras ordens secretas no período da Renascença levaram a um ressurgimento do conhecimento dos povos antigos.

O Símbolo Perdido deixa claro que a Francomaçonaria não apenas tem acesso aos Mistérios Antigos como também atua como sua guardiã, mantendo a salvo uma enorme quantidade de conhecimento ancestral e passando-o adiante por meio dos vários graus da confraria. A questão é saber se os segredos que a Francomaçonaria guarda são plenamente compreendidos na era moderna. Esse é um tema aberto a debates, mas não há dúvida de que a Francomaçonaria é uma moderna escola de mistérios que serve para manter vivos os Mistérios Antigos.

 *224*

No livro *The Secret Teachings of All Ages* [Os ensinamentos secretos de todas as eras], Manly P. Hall cita Robert Macoy, um francomaçom do 33º grau, ao descrever o quanto os Mistérios Antigos foram importantes para moldar a sociedade moderna:

> Parece que a perfeição da civilização e todos os avanços feitos nas áreas da filosofia, ciência e arte entre os antigos aconteceram graças a essas instituições que, sob o véu do mistério, lograram ilustrar as mais sublimes verdades da religião, da moralidade e da virtude, bem como imprimi-las no coração dos discípulos. Seu principal objetivo era ensinar a doutrina do Deus único, da ressurreição do homem para a vida eterna, da dignidade da alma humana e de como levar as pessoas a enxergar a deidade na beleza, na magnificência e no esplendor do universo.

Percebemos em tudo isso a ideia de que muitas das religiões do mundo também poderiam ser classificadas como guardiãs dos Mistérios Antigos. O cristianismo, o islamismo, o judaísmo, o zoroastrismo, o budismo e inúmeras outras crenças contêm as sementes dos Mistérios Antigos e passam às gerações futuras as tradições sagradas e antigas relacionadas ao renascimento da alma humana.

O Símbolo Perdido começa com uma citação de Manly P. Hall, e seus escritos influenciaram a criação do romance de Dan Brown, sem sombra de dúvida. Em *The Secret Teachings of All Ages* [Os ensinamentos secretos de todas as eras] ele faz um resumo da sabedoria oculta dos ancestrais para, em seguida, sugerir que ela tornará a aparecer no mundo, de forma tão irreprimível quando a fonte que brota de uma montanha.

Ver também: Manly P. Hall; Hermetismo.

Monumento a Washington

Com seus magníficos 170 metros de altura, este imponente monumento é a construção mais alta da cidade de Washington. Na verdade, ele é a mais alta estrutura maçônica independente e também o obelisco egípcio mais alto do mundo. Quando da sua inauguração, ele se tornou a mais alta estrutura do mundo e continuou assim até a construção da Torre Eiffel, em 1889.

Na lombada da edição norte-americana de *O Símbolo Perdido*, o Monumento a Washington é mostrado dentro de um buraco de fechadura. Isso indica que há revelações no livro: é debaixo dessa torre grandiosa que o próprio Símbolo Perdido do título é descoberto.

Projetado pelo arquiteto Robert Mills, a construção desse incrível obelisco começou em 1848, e a cerimônia da colocação da pedra fundamental aconteceu no dia 4 de julho. O maçom James K. Polk, décimo primeiro presidente dos Estados Unidos, esteve à frente da cerimônia, e mais de 20.000 pessoas compareceram ao evento. Polk também presidiu a colocação da pedra fundamental do Instituto Smithsonian, em 1847.

O monumento foi completado em 1884. Durante quase 25 anos a obra permaneceu interrompida enquanto a Guerra Civil Americana transcorria com sua fúria, e foi deixado incompleto — com menos de 50 metros de altura — enquanto o terreno à sua volta era usado como campo de treinamento para o exército da União. Mark Twain observou que o monumento, nessa época, "parecia uma chaminé oca e exageradamente alta".

Em 1876, a responsabilidade pela análise do monumento foi passada para o Corpo de Engenheiros do Exército dos Estados Unidos, e o tenente-coronel Thomas L. Casey passou a ser o

oficial responsável pela obra. Casey fez um trabalho magnífico no local. O fato de o monumento ter se mantido de pé sobre o terreno encharcado em que foi construído, não tendo sido afetado pelos anos que se passaram desde a sua vistoria e o término da construção, é um grande testemunho de sua habilidade como engenheiro.

O mármore utilizado para construir o monumento foi retirado de uma pedreira em Maryland, mas essa fonte se esgotou depois da Guerra Civil e o mármore de Massachusetts passou a ser usado. Uma sutil mudança na coloração do revestimento revela o local onde o trabalho parou e depois continuou, no fim da guerra.

Em 1783, o Congresso havia votado a favor da colocação de uma estátua de George Washington em um cavalo, e o local chegou a ser escolhido. Em 1800, porém, esse plano foi colocado de lado e um mausoléu, baseado em uma das Sete Maravilhas do Mundo Antigo — o Mausoléu do rei Mausolo, em Halicarnasso, onde hoje é a Turquia —, foi proposto, todo feito de granito e mármore americanos. Esse plano continuou, mas a pedra fundamental, colocada pelo presidente Jefferson em 1804, cedeu no terreno encharcado, e o fundo financeiro para o monumento secou a partir daí, por muito tempo.

Embora a ideia do mausoléu não fosse substituída de imediato pela sugestão do Monumento a Washington, ela ressurgiu muitos anos depois, durante o projeto e a construção da Casa do Templo, sede do Rito Escocês da Francomaçonaria, Jurisdição Sul, em Washington.

A Sociedade Monumento Nacional a Washington, formada em 1833, retomou os planos para um memorial, e uma competição para escolher o melhor projeto foi proposta. Robert Mills, que já havia projetado um monumento para Washington em

Baltimore, foi o vencedor. Seu projeto era o de uma coluna neo-clássica com quase 200 metros de altura, exibindo uma colunata em torno da base onde havia a estátua de uma carruagem puxada por cavalos. Quando a obra foi retomada, em 1876, esse projeto foi deixado de lado em favor do obelisco em estilo egípcio que vemos hoje.

O projeto inicial de Mills foi modificado mais tarde por George Perkins Marsh, mais conhecido como o primeiro ambientalista norte-americano e embaixador dos Estados Unidos na Itália de 1861 até sua morte, em 1882. Enquanto estava na Itália, Marsh dedicou-se a estudar os muitos obeliscos egípcios que existem em Roma (a propósito, existem mais obeliscos em Roma do que no Egito) e chegou a viajar ao Egito para aprofundar as pesquisas.

Ele descobriu que os obeliscos egípcios eram construídos de acordo com determinadas proporções. Calculou que a altura dos obeliscos egípcios era geralmente dez vezes maior que a base; que as paredes do obelisco poderiam convergir a uma altura de até 20 vezes o comprimento da base; que o ângulo da pequena pirâmide que ficava no topo raramente passava de 73 graus; que a altura dessa pequena pirâmide deveria ser igual ao comprimento da base e que o obelisco deveria se afunilar a uma média de pouco mais de meio centímetro para cada 30 centímetros. Como resultado dessa pesquisa, Marsh declarou que o projeto do monumento deveria ter sua altura reduzida de 600 pés (183 metros) para 555 pés (170 metros).

"Joguem fora todos os enfeites excessivos do projeto de Mills" foi o conselho que Marsh deu, e sua influência foi responsável pela elegante estrutura que temos em Washington.

Planejada originalmente para se situar diretamente a sul da Casa Branca e a oeste do Capitólio, a construção foi transferida

para a sua localização atual devido à inadequação do solo irregular e úmido do lugar previamente escolhido. Hoje, um pequeno marco de granito instalado no local original, chamado de Pilar Jefferson, marca o segundo meridiano de origem dos Estados Unidos. Esse marco fica mais ou menos a 120 metros a noroeste do monumento.

Um dos fatos interessantes a respeito do obelisco é que cada bloco empregado, a maioria deles com inscrições, foi doado por várias partes do país e do mundo. Casey conseguiu incluir a maioria dessas pedras no interior da torre, e uma delas em especial causou certo desconforto. No início dos anos 1850, o papa Pio IX doou um bloco de mármore para o projeto; entretanto, ele foi roubado, em 1854, pelo chamado Partido Americano, anticatólico, muitas vezes citado como o "partido dos sabenada". Eles destruíram o mármore e jogaram os fragmentos no fundo do rio Potomac.

No dia 22 de fevereiro de 1885, mais de 1.000 pessoas assistiram à cerimônia de inauguração — uma data auspiciosa, já que era a do nascimento de George Washington. Thomas L. Casey, o engenheiro responsável pela construção segura do monumento, foi um dos que discursaram, bem como o presidente Chester Arthur.

Quando o monumento foi aberto à visitação pública, em 1888, o elevador central foi considerado impróprio para ser usado por mulheres. Devido a isso, elas e as crianças eram obrigadas a subir os 897 degraus até o topo do monumento, a fim de poderem admirar a vista. Esse elevador original era movido a vapor e levava mais de 20 minutos para alcançar o topo do obelisco.

Em *O Símbolo Perdido*, o Monumento a Washington recebe um significado maçônico simbólico e o desfecho da história

acontece nesse local. Então nos perguntamos: que ligações maçônicas o monumento tem?

Sabemos com certeza que Robert Mills era maçom, como a maioria dos membros da Sociedade ao Monumento Nacional a Washington. Conforme já foi mencionado, o presidente Polk, que colocou a pedra fundamental, era francomaçom, e essa cerimônia foi presidida por Benjamin B. French, Grão-Mestre da Grande Loja do Distrito de Colúmbia, que usou o avental e o cinturão que haviam pertencido ao próprio George Washington durante a colocação da pedra angular do Capitólio.

Durante a cerimônia de colocação da pedra fundamental do Monumento a Washington, vários itens interessantes foram enterrados sob sua fundação. Dan Brown faz referência a um desses itens em *O Símbolo Perdido*: um exemplar da Bíblia Sagrada foi, realmente, um deles. Além da Bíblia, havia uma cópia da Constituição dos Estados Unidos, uma cópia da Declaração da Independência, várias plantas e desenhos do projeto original do monumento, um catálogo da Biblioteca do Congresso, um conjunto completo de moedas dos Estados Unidos, desde o antigo meio *dime* (cinco cents) até a águia (moeda de um dólar), além de uma bandeira norte-americana e o brasão da família Washington.

Segundo o autor e pesquisador David Ovason, "no projeto original, no alto do obelisco, estava prevista a colocação de uma enorme estrela de cinco pontas". Dizem que essa estrela de cinco pontas, do mesmo modo que as estrelas da bandeira americana, é um símbolo maçônico que representa a estrela Sírius.

O cume da pirâmide, uma peça de alumínio puro pesando 45 quilos, foi instalado e consagrado em uma cerimônia maçônica no dia 6 de dezembro de 1884. O cume piramidal propria-

mente dito possui 13 degraus, refletindo a pirâmide inacabada do Grande Selo que as pessoas veem nas notas de um dólar.

Entretanto, a ideia de que o Monumento a Washington foi de execução inteiramente maçônica exibe um problema. Embora Mills fosse francomaçom, seu projeto original foi substituído pela planta revisada por George Perkins Marsh e Thomas L. Casey, e não ficou provado que algum dos dois fosse filiado a uma loja francomaçônica. Ovason afirma que Casey era, sim, membro da confraria, mas não exibe prova de sua filiação.

Curiosamente, no entanto, ao estudarmos a altura e as proporções do Monumento a Washington, torna-se claro que o simbolismo numérico desempenhou um papel importante. No livro *The Sacred Geometry of Washington* [A geometria sagrada de Washington], Nicholas R. Mann afirma:

> É muito provável que a decisão de construir o monumento com 555 pés de altura e mais 5 polegadas foi influenciada por um dos vários ramos da Francomaçonaria que existiam na cidade por essa época. Tais homens pareciam ter em mente símbolos e significados específicos que se relacionavam ao número 5. O porquê de o ângulo preciso encontrado na estrela de cinco pontas, ou pentalfa, que é de 72 graus, não ter sido usado no cume que coroa a edificação é um mistério.

No entanto, se considerarmos as dimensões do monumento em polegadas, conseguiremos resolver o mistério. A altura total do obelisco, em polegadas, é um pouco maior do que 6665,125, que podemos arredondar para 6666. A altura do cume de alumínio, em polegadas, é 660. Os lados da base têm o comprimento de 661,5 polegadas. Devemos

 *231*

ainda considerar o ângulo de inclinação dos quatro cantos da base até o topo, que dá exatamente 66 graus e seis segundos, revelando o número oculto 666.

O simbolismo numérico inerente ao monumento parece apontar para 5 e 6 — ambos números de grande significado nas tradições francomaçônicas e no Mundo Antigo.

Em *O Símbolo Perdido* é revelado aos leitores que na face leste do cume de alumínio está entalhada uma frase em latim: *Laus Deo*, que significa "Louvado seja Deus". Essa informação realmente é verdadeira, e os quatro lados do cume têm as seguintes inscrições:

Face Norte
Comissão conjunta
presente à
instalação do Cume:
Chester A. Arthur
W. W. Corcoran, presidente
M. E. Bell
Edward Clark
John Newton
Lei de 2 de agosto de 1876

Face Oeste
Pedra Angular colocada na Base da Fundação
em 4 de julho de 1848
Primeira pedra a alcançar a altura de 152 pés, colocada
em 7 de agosto de 1880
Cume piramidal instalado em 6 de dezembro de 1884

FACE SUL
Engenheiro-Chefe e Arquiteto
Thomas Lincoln Casey,
Coronel do Corpo de Engenheiros
Assistentes:
George W. Davis,
Capitão, 14º Regimento de Infantaria
Bernard R. Green,
Engenheiro Civil
Mestre mecânico:
P. H. McLaughlin

FACE LESTE
Laus Deo

Recentemente, foi criada uma controvérsia provocada pela decisão do Serviço dos Parques Nacionais, que colocou em exibição
uma réplica do cume de alumínio do monumento no centro de
visitantes. Com o cume original a 555 pés (170 metros) acima do
solo, ele era inacessível, mas a réplica foi instalada de modo que
o lado onde se lê a inscrição *Laus Deo* ficou virado para a parede
e não é visível aos visitantes. No texto junto da vitrine, a referência para o lado leste do cume de alumínio também estava faltan-
do em 2007. Nesse local, anteriormente estava a informação:
"A peça recebeu uma inscrição com a frase *Laus Deo* (Louvado
seja Deus)."

Um grupo de pessoas que reparou na eliminação deliberada
da palavra Deus desse monumento nacional entrou em contato
com o Serviço dos Parques Nacionais e a campanha acabou vei-
culada pela mídia em todo o país. Diante dos protestos, o cume
foi girado para que a inscrição *Laus Deo* pudesse ser lida com

facilidade, e a nota explicativa com detalhes da inscrição foi recolocada.

O Monumento a Washington permanece hoje como um símbolo perene de resistência em meio à adversidade. Sua mensagem, como um raio que desce do céu, está marcada de forma indelével na textura da cidade de Washington e se ergue acima da cidade como um tributo adequado ao primeiro líder da nação que engatinhava. Ele se manteve impávido em meio a tempos turbulentos e tumultuados, o que levou o presidente Herbert Hoover a declarar, durante a crise da quebra da Bolsa de Valores de Nova York, em 1929: "O Monumento a Washington, pelo visto, é a única coisa estável na minha administração."

Ver também: Dólar — Simbolismo da Cédula de Um Dólar; Francomaçonaria; Casa do Templo.

Monumento Maçônico a Washington

Em *O Símbolo Perdido*, no momento da história em que Robert Langdon e Katherine Solomon precisam despistar a CIA, eles passam para os agentes a impressão de que vão visitar o Monumento Maçônico a George Washington. Esse importante marco maçônico está localizado em Alexandria, ao sul da cidade de Washington, e isso serviu aos personagens como desculpa para entrar no metrô da cidade, embora, ao chegar à estação, tenham ido para outro lugar.

Como vários prédios importantes da cidade, o projeto do Monumento Maçônico a George Washington foi inspirado pela arquitetura do mundo clássico. A estrutura do Monumento Maçônico a George Washington foi baseada no Farol de

Alexandria, no Egito, conhecido como Faros e, na sua época, considerado uma das Sete Maravilhas do Mundo. No alto da torre há uma pirâmide egípcia e a representação de uma chama, em referência à função do farol. É claro que a cidade que no passado abrigou o famoso farol, local onde o Monumento Maçônico foi construído, também têm o mesmo nome: Alexandria.

George Washington estava no cargo de Mestre da loja de Alexandria quando tomou posse como primeiro presidente dos Estados Unidos, em 1789. Depois da sua morte, a Loja foi rebatizada de Loja Alexandria-Washington, número 22. Diferentemente da maioria dos monumentos maçônicos, esse memorial foi construído com doações de todas as 52 grandes lojas dos Estados Unidos. Em 1910, Joseph Eggleston, o Grão-Mestre da Virgínia, convidou todos os Grão-Mestres dos Estados Unidos a participar de uma reunião com a intenção de projetar e construir um monumento maçônico em homenagem a George Washington. Itens como o uniforme de gala maçônico de Washington e importantes documentos foram levados para a Loja Alexandria-Washington, mas havia preocupações sobre a segurança do local, pois houve um incêndio na loja onde o material estava.

Curiosamente, Thomas Jefferson certa vez sugeriu que o local em Alexandria onde hoje fica o Monumento Maçônico a Washington seria um lugar interessante para a construção do Capitólio. O local era perto de pontos familiares a George Washington, como a Igreja de Cristo, que ele costumava frequentar.

O arquiteto desse monumento maçônico foi Harvey W. Corbett e, além das influências egípcias que vemos na edificação, ele incluiu uma entrada inspirada no Partenon, em Atenas, e enfeitou o prédio com uma mistura de estilos antigos. O monu-

 *235*

mento teve sua pedra fundamental lançada em 1º de novembro de 1923, em uma cerimônia maçônica da qual participaram o presidente Calvin Coolidge e o ex-presidente William Taft, que era maçom. Em 1932, 200 anos depois do nascimento de George Washington, o memorial foi reinaugurado, novamente com a presença do presidente, dessa vez Herbert Hoover. As obras internas continuaram até 1970 e só recentemente, em 1999, o famoso símbolo do esquadro com o compasso foi instalado no gramado da entrada.

No primeiro andar estão os santuários usados pela Antiga Ordem Arábica dos Nobres do Santuário Místico, conhecidos simplesmente como Shriners, que são citados em *O Símbolo Perdido*. No museu dedicado a George Washington, no quarto andar da torre, estão expostos diversos itens de suas vestimentas maçônicas, entre eles o avental que ele usou na cerimônia de lançamento da pedra fundamental do Capitólio.

Na Sala do Capítulo do Real Arco há afrescos de hebreus e egípcios e uma descrição das ruínas do Templo de Salomão, um tema importante na Maçonaria. Ali também está uma réplica da Arca da Aliança que ficava guardada, de acordo com o Antigo Testamento, no Templo de Salomão. Os murais são obra do artista Allyn Cox, que também recebeu a incumbência de completar o friso na Rotunda do Capitólio, deixada inacabada após a morte de Constantino Brumidi.

Ver também: Constantino Brumidi; Francomaçonaria; Shriners; George Washington.

Newton, Sir Isaac

Isaac Newton nasceu em Lincolnshire, no dia 25 de dezembro de 1642, e foi sagrado Cavaleiro pela rainha Anna em 1705. Era exemplo admirável de uma pessoa muito culta que possuía profundo entendimento e habilidade em muitos campos de conhecimento, dos quais apenas um já seria suficiente para satisfazer uma pessoa comum. Newton, como veremos, não era comum em nada. Ele estudou física, matemática, astronomia, aspectos de filosofia e a antiquíssima arte da alquimia.

Os leitores de *O Código Da Vinci*, de Dan Brown, já conhecem Newton de perto, pois seu túmulo, na Abadia de Westminster, serviu de pista para a descoberta do Santo Graal. Agora, em *O Símbolo Perdido*, encontramos várias referências a Isaac Newton, não só pela escala de temperatura que ele criou, mas também pelos seus estudos como alquimista.

Em 1661, Newton foi aceito pelo Trinity College, em Cambridge, como aluno e estagiário. Ele preferia absorver as ideias dos filósofos e astrônomos mais modernos e dedicar o seu tempo, como era norma na época, aos ensinamentos aristotélicos. Ele se graduou em 1665, o ano da Grande Praga, e voltou dois anos depois para trabalhar na universidade.

Segundo a lenda, Newton descobriu a natureza da gravidade quando estava sentado sob uma macieira e um fruto caiu sobre sua cabeça. Em suas palavras, ele simplesmente analisou o fenômeno da maçã que caiu. O que quer que tenha acontecido, ele chegou à conclusão de que os objetos caem em direção à terra, como prova a nossa experiência diária, e, ao longo de muitos anos, formulou a lei da gravitação universal. No século XX, essa lei foi substituída pela teoria geral da relatividade, de

  *237*

Einstein, mas ela continua sendo aceita como uma aproximação, a não ser nos casos de objetos muito maciços ou quando se exige precisão absoluta.

A Lei de Newton apareceu em sua *Philosophiae Naturalis Principia Mathematica*, publicada em 1687, o que deu origem a um tremendo debate com Robert Hooke, cientista brilhante da época e que reclamou que essa pesquisa lhe fora roubada. Entretanto, Newton reconheceu os devidos créditos de vários cientistas antigos, tais como Copérnico, Brahe, Galileu e Kepler, ao afirmar: "Se eu enxerguei mais longe foi por estar sobre os ombros de gigantes."

Desde Aristóteles, sempre se ensinou que a luz era branca. Newton foi o primeiro a ousar contradizer essa sabedoria amplamente aceita quando teve a audácia de mostrar que, na verdade, a luz do sol, ao passar por um prisma, se divide em um espectro completo de cores. Devido a essa descoberta, ele assumiu, de forma equivocada, que telescópios com lentes refratoras poderiam causar problemas, e inventou o telescópio refletor.

Quase no fim do século XVII, Newton voltou os pensamentos para a medição de temperaturas e inventou um termômetro usando a escala de Newton, que marca 33 graus no ponto de ebulição. Partindo de teorias que descreviam a temperatura em graus que iam do frio glacial ao calor de carvões em brasa, percebeu que isso não serviria muito para determinar uma escala, e então decidiu aquecer sementes de linho e comparar seu volume à temperatura da neve ao derreter e à da água no ponto de ebulição. O cientista Anders Celsius soube, provavelmente, a respeito da invenção de Newton e inventou sua própria escala de temperatura, três vezes mais extensa. Ambas apresentavam a marcação de zero grau para congelamento, mas o ponto de ebulição de 33 graus correspondia a 100 na escala Celsius.

 *238*

A escala Celsius é utilizada hoje (às vezes com o nome de "centígrada") porque é muito mais prática, enquanto a escala de Newton parecerá pouco familiar à maioria dos leitores de *O Símbolo Perdido*. A cena da imersão de uma pirâmide em água fervente, a fim de revelar uma mensagem luminescente, leva a trama do romance adiante e fornece outra ligação para o simbolismo associado ao número 33.

Newton tinha muito interesse por religião, embora fosse um cristão pouco ortodoxo. Seu pai faleceu antes de ele nascer, e a mãe se casou com um pastor com o qual Newton não se dava bem. Ele admitiu ter ameaçado queimar a casa da família, em um momento de destempero típico da juventude, e talvez sua fé tenha sido prejudicada por sua atitude diante do padrasto. Dizem que Newton aceitava a chamada heresia ariana; segundo as crenças arianas, Jesus não era formado da mesma substância de Deus-Pai, e houve um tempo em que Jesus não existia. Depois de estudar cuidadosamente os textos da Bíblia em busca de informações científicas, Newton escreveu tratados religiosos, acreditando ser um dos escolhidos por Deus para lançar uma luz brilhante sobre o significado das escrituras. Ele disse, certa vez: "Tenho uma crença fundamental na Bíblia como sendo a palavra de Deus escrita por pessoas que foram inspiradas para isso."

Documentos não publicados escritos por Newton profetizavam que o fim do mundo aconteceria no ano 2060, ou, como alternativa a isso, um novo mundo abençoado pela paz divina seria criado.

Seis anos após a morte de Newton, uma importante obra sua a respeito da Bíblia e denominada *Observações sobre as profecias de Daniel e o Apocalipse de São João* foi publicada.

Quando o mote *Jeova Sanctus Unus*, isto é, "Único Deus verdadeiro" é revelado em *O Símbolo Perdido*, Robert Langdon

explica que esse mote serviu de pseudônimo para Newton. Em latim (língua na qual o "i" pode ser substituído pelo "j" e tanto o "u" quanto o "v" são intercambiáveis), Isaacus Neutonuus é um anagrama de *Jeova Sanctus Unus*. E, de fato, essa assinatura era usada por Newton quando escrevia a amigos sobre assuntos alquímicos ou quando trocava documentos com eles, para não se arriscar a ter sua identidade revelada.

Dan Brown também faz alusão a uma lenda segundo a qual o cão de Isaac Newton, Diamond, esbarrou numa vela e provocou um incêndio que destruiu importantes documentos. No romance que estamos analisando, o cão de Peter Solomon, Hércules, come o precioso exemplar de uma Bíblia do iluminado século XVII, encadernada em velino, que pertencia a Langdon.

Embora não haja nenhuma prova de que sir Isaac Newton fosse maçom, existem pistas que nos levam a crer que talvez ele fosse membro da fraternidade. De acordo com alguns pesquisadores, ele foi Mestre do misterioso Priorado de Sião entre 1691 e 1727. Teria sido também membro da Sociedade dos Spalding Gentlemen, uma entidade de eruditos que contava entre seus membros com Lorde Tennyson, sir Hans Sloane, sir Joseph Banks e Alexander Pope. Newton parecia vividamente interessado em assuntos como a importância de Noé, que os maçons também consideram significativo. Porém, apesar da fama e do prestígio de Newton, nenhuma loja maçônica alega tê-lo tido como membro.

É fato conhecido que Newton demonstrava interesse por alquimia, algo que poderia ser muito perigoso em sua época. Os castigos eram severos para os que lidavam com esse assunto, e a execução pública era apenas uma das possibilidades. Seus documentos sugerem que a Pedra Filosofal (uma ferramenta necessária) e o Elixir da Vida (um possível solvente universal) eram tão importantes quanto o Santo Graal e deveriam ser encontrados.

James Frazier, em seu livro *Contested Iconography* [Iconografia contestada], explica o atraso na publicação das obras alquímicas de Newton:

> Em um esforço que visava a proteger a imagem e a importância de Newton, a supressão deliberada de seus esforços na área da alquimia teve início logo após o seu falecimento... Os manuscritos teológicos e alquímicos foram todos reunidos, mas o dr. Pellet* os considerou inapropriados para publicação. Com isso, ficaram fora todos os textos e manuscritos sobre alquimia e teologia, que totalizavam mais de dois milhões e quatrocentas mil palavras.

Newton também afirmou ter descoberto o cálculo diferencial antes de Gottfried Liebniz, outro grande estudioso da época. Como era brigão, Newton acusou o matemático alemão de ter roubado suas ideias. Essa disputa, bem como as desavenças constantes com Robert Hooke e outros, nos mostra uma faceta não muito atraente do temperamento de Newton.

Newton, pelo visto, também era um professor fraco, pois seus alunos evitavam suas aulas. Humphrey Newton, um parente distante, escreveu, em uma carta: "As pessoas que apareciam para ouvi-lo eram poucas, e as que o compreendiam eram em número ainda menor, a ponto de, por falta de ouvintes, ele dar as aulas para as paredes." Parece claro que seus alunos não acompanhavam o ritmo de sua mente, e Newton preferia se afastar deles, mergulhando em pesquisas pessoais.

Newton demonstrava grande interesse pelos povos antigos, em especial os egípcios. Em sua *The Chronology of Ancient*

---

* Inventariante e organizador da obra de Newton. (N. T.)

Kingdoms, Amended [A cronologia dos reinos antigos, revisada], ele relatou que os estudos da astrologia tiveram início no Egito, sob a orientação dos sacerdotes. As medidas utilizadas pelos egípcios, especialmente o cúbito, eram o objeto de seus estudos.

Entre suas outras atividades, ele ocupou o cargo de diretor e mestre do Royal Mint, começando em 1696. Com seu típico vigor, ele se dedicou a uma campanha contra as falsificações e os plágios, que eram comuns na época, apesar de serem consideradas faltas graves. Newton foi mestre do Royal Mint até o fim da vida. Também era membro da Real Sociedade e a presidiu de 1703 até morrer, além de ser escolhido como membro do Parlamento de 1689 a 1690, e também em 1701.

Sir Isaac Newton morreu no dia 20 de março de 1727. Está enterrado na Abadia de Westminster, em Londres; foi o primeiro cientista a ser enterrado lá, o que representa uma grande honra.

O economista Maynard Keynes, que adquiriu grande parte da coleção de manuscritos de Newton, disse em um discurso diante da Real Sociedade, em 1942: "Newton foi não apenas o primeiro homem da era da razão, mas também o último dos magos."

Ver também: Alquimia; Pedra Filosofal.

Olho que Tudo Vê

O Olho que Tudo Vê, parte do Grande Selo dos Estados Unidos, é o símbolo misterioso que está impresso na nota de um dólar.

O símbolo de um olho que irradia luz vem sendo usado como uma metáfora visual para representar Deus há muitos

séculos. Ele sugere vigilância divina constante sobre todas as coisas, não importam quão pequenas ou quão distantes estejam, e é a poderosa imagem de uma deidade onisciente.

Para os francomaçons, esse olho rodeado de raios de luz é conhecido como Olho da Providência (ou da Divina Providência). Normalmente, ele não está ligado a nenhuma pirâmide quando usado nas vestimentas de gala dos maçons, e flutua sozinho ou entre nuvens.

Imagens de um olho dentro de um triângulo são encontradas desde os tempos medievais. Naquela época, porém, ele representava a Santíssima Trindade da crença cristã, e não uma pirâmide.

Recuando ainda mais na história, reconhecemos esse poderoso símbolo como o Olho de Hórus, no Antigo Egito. Ele era usado normalmente como amuleto de proteção, e os faraós iam para suas tumbas com amuletos do Olho de Hórus colocados em meio às muitas faixas que envolviam seu corpo mumificado.

A primeira vez que o Olho da Providência apareceu junto a uma pirâmide foi quando o Grande Selo foi criado. Até então, não havia registro de ambos serem usados juntos; se isso aconteceu, não foi publicamente.

Foi Pierre Eugene du Simitiere, artista e filósofo suíço, que colocou o Olho da Providência no Grande Selo dos Estados Unidos, depois que lhe pediram para criar um emblema que pudesse ser usado no selo da nação.

Em seu projeto original, encontramos a seguinte descrição: "O Olho da Providência aparece dentro de um triângulo radiante cuja glória se estende por cima do escudo e além das figuras."

Vários comitês foram criados para projetar o selo, e as versões que incluíam o Olho da Providência foram rejeitadas duas vezes. Entretanto, em 1782, seis anos depois de o primeiro comitê

ter sido formado, sugeriram que o olho poderia ser usado no verso do selo, e foi assim que ele foi parar acima da pirâmide inacabada.

Quaisquer que sejam as razões exatas para a combinação desses símbolos fortes, o fato é que o Olho da Providência acima da pirâmide inacabada resulta em uma imagem muito poderosa. Esses dois símbolos estão combinados de forma tal no Grande Selo que o olho acima parece realmente completar a pirâmide embaixo. Essa é uma alegoria muito inteligente, que sugere que só por meio da Divina Providência a nação dos homens se tornará perfeita.

É claro que, como Dan Brown sugere em *O Símbolo Perdido*, ela também pode representar uma metáfora para a transformação pessoal: a apoteose da mente humana se tornando divina; a lapidação do bloco rude de pedra que torna o espírito humano uma forma perfeita.

Outro ponto interessante a notar é que a personagem Katherine Solomon explica ao fim do livro, no capítulo 133, que a glândula pineal do cérebro humano pode ser comparada ao Olho que Tudo Vê. Essa glândula, segundo a tradição dos mistérios ocidentais, é a parte do corpo considerada por muitos o "terceiro olho" místico. Isso nos leva ao budismo e ao hinduísmo, nos quais o conceito de terceiro olho e do sexto chacra (localizado entre as sobrancelhas) é amplamente aceito. De acordo com a tradição hindu, esse terceiro olho é o "olho do conhecimento", considerado tão poderoso que age como uma espécie de guru interno, nos ensinando tudo que precisamos saber, se o ouvirmos com atenção. Essa ideia, é claro, se harmoniza perfeitamente com os conceitos apresentados em *O Símbolo Perdido*, que afirma de forma inequívoca que "Deus está dentro de nós".

Por fim, não devemos encerrar a discussão sobre o Olho que Tudo Vê sem mencionar que Manly P. Hall, filósofo e místico ocultista que Dan Brown cita em *O Símbolo Perdido*, publicou uma revista mensal denominada *O olho que tudo vê* e que abordava vários assuntos esotéricos, inclusive artigos sobre a Atlântida, o tarô, o I Ching, a Francomaçonaria, o Antigo Egito e os mistérios mesoamericanos, entre muitos outros tópicos.

Ver também: Grande Selo dos Estados Unidos; Manly P. Hall; Glândula Pineal.

Ordem da Estrela do Oriente

Ao contrário da Francomaçonaria, sua congênere mais famosa, a Ordem da Estrela do Oriente (OEO) e as suas ligações maçônicas são relativamente desconhecidas do público em geral. Na verdade, esse assunto surge quando o professor Robert Langdon é questionado por uma de suas alunas de Harvard a respeito da exclusão das mulheres na Francomaçonaria. Langdon explica que a Ordem da Estrela do Oriente é o ramo feminino da Maçonaria. Embora seja verdade que a maioria dos membros da Ordem da Estrela do Oriente pertença ao sexo feminino, a Ordem é aberta a homens e mulheres, e possui um Digno Diretor e uma Digna Diretora como principais administradores em cada loja e na organização como um todo.

Sua sede internacional fica na cidade de Washington DC, em Dupont Circle. A organização possui mais de dez mil lojas em 20 países e mais de um milhão de membros em todo o mundo.

Para se filiar à Ordem da Estrela do Oriente, uma pessoa tem de ser maçom, no caso de homens, ou, no caso de mulheres, parenta de um maçom (esposa, filha, sobrinha, madrasta, irmã, cunhada e até sogra; curiosamente, tia é um parentesco não mencionado na lista de exigências para a filiação). Além disso, as mulheres filiadas à Ordem Internacional das Filhas de Jó e à Ordem Internacional do Arco-Íris para Meninas, organizações para jovens do sexo feminino, patrocinadas pelos maçons, também podem se filiar ao completar 18 anos de idade. A Ordem da Estrela do Oriente é uma "organização social" para pessoas.de todas as crenças que acreditem em um Ser Supremo (ateus não são aceitos) e que desejem promover o bem-estar dos outros. Suas lições e princípios básicos, ensinados ao longo dos vários graus de iniciação, incluem a fidelidade, a constância, a lealdade, a fé e o amor. Seguindo esses princípios, seus membros arrecadam grandes quantidades de dinheiro para comunidades locais e associações internacionais para a caridade.

Conforme Langdon cita, dizem que a Ordem da Estrela do Oriente foi fundada na França em 1703, embora a data não seja certa. Entretanto, sabe-se que em 1850 o dr. Rob Morris, advogado norte-americano e Mestre Maçom, incentivou a jovem organização que existia na época a se organizar em graus de iniciação, para possibilitar às mulheres a adesão a uma fraternidade maçônica, a fim de poderem atender ao impulso filantrópico que inspirou seus parentes do sexo masculino a se tornarem maçons. Nessa ocasião, o dr. Morris redigiu o ritual para a ordem, publicado em 1865 sob o título *O Rosário da Estrela do Oriente*. Ali estavam definidos os graus da ordem, seus nomes, sinais, símbolos, cores e princípios. O porquê de ele ter escolhido tais símbolos e emblemas específicos, bem como seus significados mais profundos e as lições inspiradoras que estão asso-

ciadas a tais princípios, é segredo fortemente guardado pela ordem, embora tais símbolos estejam, segundo dizem, associados às cinco mulheres bíblicas — Ada, Rute, Ester, Marta e Electa — que aparecem como uma espécie de heroínas que todas as mulheres filiadas à ordem devem imitar.

Essas cinco heroínas bíblicas são simbolizadas por uma estrela de cinco pontas de cabeça para baixo, e cada ponta está associada a um papel específico, uma cor e um símbolo. Desse modo, Ada é a filha, sua cor é o azul, simbolizando a fidelidade, e seus símbolos são a espada e o véu, significando que ela sacrificou sua vida para salvar a honra de seu pai. Ela representa o primeiro grau da Estrela do Oriente e é a ponta superior direita. Seguindo no sentido horário, o segundo grau é Rute, a viúva, representada pela cor amarela (constância) e um feixe de cevada, o símbolo da abundância, em uma alusão ao fato de ela ter passado a recolher restos de cevada para se sustentar quando ficou viúva. A heroína do terceiro grau da estrela é Ester, a esposa. Sua cor é a branca, representando a lealdade, e é a ponta da estrela que fica apontada para baixo; a coroa e o cetro representam a posição de Ester como rainha, seu espírito nobre e sua determinação de se sacrificar pelo seu povo. A quarta ponta, a inferior esquerda, é verde (fé) e representa Marta, a irmã. Ela mostra uma coluna ou pilar quebrado, que representa as incertezas da vida. O último grau é o vermelho (amor), para Electa, a mãe. Ela representa a tolerância e a aceitação da vontade de Deus, apesar dos tratamentos cruéis e das perseguições. Seu símbolo é o cálice, que simboliza a caridade e a hospitalidade. No meio da estrela de cinco pontas existe um pentágono no qual vemos um altar com um livro aberto, simbolizando a obediência à palavra de Deus. Em torno do pentágono está a palavra FATAL, que

representa, em inglês, a frase *Fairest Among Thousands, Altogether Lovely* (A mais bela entre milhares, absolutamente adorável).

Embora seja fácil perceber por que a estrela de cinco pontas foi escolhida, pois ali estão representados os cinco papéis geralmente atribuídos às mulheres, é mais fácil explicar por que o pentagrama invertido é o símbolo da ordem, considerando as conotações negativas geralmente associadas a esse símbolo hoje. A razão mais citada é que esse símbolo representa a Estrela de Belém, que apontava do céu para a Terra e mostrava o caminho para Cristo e seus ensinamentos. De fato, a Estrela de Belém tem relação com o nome da ordem, ainda mais se considerarmos seu lema: "Vimos a sua estrela no Oriente e viemos adorá-lo" (Mateus 2:2). O dr. Rob Morris criou essa ligação em 1886, ao declarar, como está citado no livro *A História da Ordem da Estrela do Oriente*, de Willis D. Engle:

> A Estrela do Oriente: A Estrela de Belém guiou os três Reis Magos para o local onde o Menino Jesus nasceu. Mas a Estrela do Oriente dos dias de hoje guia cinquenta mil *mulheres* rumo ao plano mais elevado do mérito e da prestimosidade terrenos.

Entretanto, alguns autores afirmam que o emblema da ordem não pode representar a Estrela de Belém porque esse famoso astro é representado, tradicionalmente, por uma estrela de seis pontas. Em vez disso, eles dizem que, de acordo com os textos e a iconografia do Antigo Egito, a estrela de cinco pontas tem relação específica com Sírius, representada pela deusa Sopdet, que teria dado à luz a Estrela da Manhã.

Outros notaram que o pentagrama invertido tem ligação com Baphomet, uma figura identificada, erroneamente, com o

Diabo e o satanismo. Entretanto, como foi mostrado pelo dr. Hugh Schonfield, ao empregarmos o código Atbash, criado no século VI a.C., o termo "Baphomet" (que se diz ter sido um ídolo pagão cuja devoção foi uma das acusações apresentadas contra os Cavaleiros Templários) se torna Sofia, a deusa grega da sabedoria, intimamente ligada ao Sagrado Feminino.

Entre as mulheres famosas que foram associadas à Ordem da Estrela do Oriente encontramos Eleanor Roosevelt, esposa de Franklin D. Roosevelt, 32º presidente dos Estados Unidos, Laura Ingalls Wilder, autora da famosa série *Os pioneiros* de livros infantojuvenis, e também a poeta e biógrafa Maya Angelou.

Ver também: Francomaçonaria.

Ouroboros

Dan Brown descreve em *O Símbolo Perdido* que o personagem Mal'akh possui, na cabeça, a tatuagem de uma serpente devorando a própria cauda, e afirma que essa imagem se chama ouroboros. Será que o ouroboros foi inventado pelo autor ou é algo verdadeiro que a maioria de nós nunca viu?

No início do capítulo 128 do romance, os leitores se deparam, entre outras informações e figuras importantes, com nada menos do que a imagem do ouroboros. Lá está, mais uma vez, a serpente devorando a cauda. É o sétimo símbolo da sequência

de imagens que Robert Langdon está tentando decifrar, e ele é apresentado aos leitores como um símbolo de inteireza ou integridade.

Essa ideia da serpente engolindo a própria cauda parece ter sido criada, pela primeira vez, no Antigo Egito, em meados do segundo milênio antes de Cristo. Poucos anos depois desse período, durante a Dinastia Zhou, na China, o dragão ou serpente engolindo a própria cauda também virou uma representação gravada. Será coincidência que duas grandes civilizações separadas por um continente gigantesco tenham desenvolvido a mesma imagem e o mesmo conceito sem terem ligação alguma entre si?

Os fenícios também assumiram para si o símbolo do ouroboros, e ele se tornou parte da sua cultura. Esse povo habitou a região onde hoje se situa a costa da Síria, junto ao Mediterrâneo. Os empreendedores fenícios, migrantes com grande sucesso, estabeleceram colônias ao longo da costa do Mediterrâneo e nas ilhas. Como eram também excelentes marinheiros e tinham um talento inigualável para o comércio, prosperaram como mercadores. Acredita-se que tenham inventado a técnica para a fabricação do vidro, uma mercadoria de luxo muitíssimo valorizada na época e, por meio de suas ligações econômicas e comerciais, suas ideias se disseminaram por todo o mundo. Os antigos gregos, então, adotaram a imagem do ouroboros e lhe deram o nome pelo qual ele é conhecido hoje e que significa "aquele que come a própria cauda". Encontra-se a palavra ouroboros escrita, alternativamente, de dois modos: *uroboros* e *oureboros*.

O ouroboros passou, com o tempo, a simbolizar o ciclo da natureza: a vida que surge a partir da morte, a criação a partir da destruição. Uma das teorias sobre o ouroboros afirma que o *yin* e o *yang* chineses são um símbolo muito mais antigo que foi transformado, provavelmente pelos egípcios, no ouroboros,

pelas similaridades de seus conceitos. O *yin* e o *yang* representam a criação, e o ouroboros recria a si mesmo constantemente. O *yin* simboliza a terra, o feminino, a escuridão, o negativo; o *yang* significa o céu, o masculino, a luz, o positivo. A fim de criar um equilíbrio, cada metade alimenta a outra. São tantas e tão diversas as opiniões e teorias relacionadas às origens do ouroboros que existe até mesmo uma escola de pensamento oposta, que insiste que o ouroboros teria sido a inspiração para a imagem do *yin/yang*, uma teoria adequadamente contrária à tradicional.

Na alquimia, o ouroboros é uma serpente ou, às vezes, um dragão que, nos tempos ancestrais, era representado por uma minhoca. Ele forma um círculo e alimenta a si mesmo, recriando-se constantemente, em uma metáfora do ciclo do nascimento e da morte. Os alquimistas também consideram o *ouroboros* símbolo do choque entre os opostos.

O gnosticismo, uma forma de ensinamento espiritual cujos seguidores garantiam possuir iluminação especial, ensinava que o disco solar pode ser imaginado como um imenso dragão que come a própria cauda. A maioria dos gnósticos se refere a Deus como "Mônada" (Um). Um deus imperfeito teria criado um mundo igualmente imperfeito que, segundo acreditavam, era habitado por almas divinas, ou seja, seres humanos.

Outra forma de misticismo, o chamado hermetismo era um conjunto de crenças baseado nos supostos textos de Hermes Trimegistus (Hermes, o três vezes grande), que teria sido um brilhante sacerdote egípcio. Ele teria uma ligação pessoal com o deus da sabedoria, Thoth. Durante a Renascença, as crenças herméticas influenciaram muitas pessoas com tempo disponível e habilidade para explorar a magia e o ocultismo. Um dos símbolos que eles utilizavam em seus estudos era o ouroboros, que representava a continuidade do ciclo da vida.

Em vários graus do Rito Escocês da Francomaçonaria, os paramentos especiais, especialmente os aventais dos que alcançaram o grau mais elevado, são adornados pela imagem do ouroboros.

A mitologia escandinava também possui a sua versão do *ouroboros*. Trata-se da serpente Jurmungand. Ela era uma das três filhas do grande deus Loki, aquela que muda de forma, a dissimulada. Muito tempo atrás, Odin, o maior dos deuses, percebeu que um dia, no futuro, a serpente Jurmungand traria muitos problemas para o mundo e resolveu atirá-la no fundo do oceano que rodeava o planeta. Entretanto, a criatura era tão imensa que envolveu o globo e mordeu a própria cauda. Até hoje, os deuses e os homens estão presos por ela.

Dizem que Friedrich August Kekulé, um químico alemão do século XIX, sonhou com a serpente que devorava a própria cauda. Na época, ele pesquisava o benzeno químico, mas sem sucesso. Certo dia ele acordou, refletiu sobre o círculo que a serpente formava e entendeu que o seu sonho era a solução do problema; a serpente representava um anel fechado de carbono, e isso deu origem à sua teoria sobre a forma hexagonal do benzeno. Ele resolveu o problema ao dormir durante a pesquisa.

O ouroboros teve grande importância para os mais diversos povos durante um período muito longo da história. Embora, a princípio, tais povos possam parecer ter pouco em comum uns com os outros, todos eles foram unidos pela serpente que devora a si mesma.

Ver também: Alquimia; Hermetismo; Rito Escocês da Francomaçonaria.

Pedra Filosofal

A Pedra Filosofal é um dos maiores segredos da alquimia. Tão grande, na verdade, que até hoje não sabemos exatamente o que ela significava. A verdadeira natureza do que ela era manteve-se envolta em tantos mistérios ao longo dos séculos que é difícil adivinhar a resposta.

Em *O Símbolo Perdido*, Robert Langdon descobre uma palavra escrita na parede de uma sala no subsolo do Capitólio: VITRIOL. Os leitores são informados de que VITRIOL é o acrônimo de *"visita interiora terrae rectificando invenies occultum lapidem"*, que, traduzido do latim, significa "visite o interior da terra e, retificando-se, você encontrará a pedra oculta".

A parte mais interessante desta frase é *"occultum lapidem"*, a "pedra oculta", pois aprendemos que ela pode ter relação com a Pedra Filosofal dos alquimistas, o seu verdadeiro Santo Graal.

Portanto, antes de seguirmos em frente, o que sabemos exatamente a respeito da Pedra Filosofal? Ela é um objeto ou uma substância mítica, descrita como o elixir da imortalidade, a fonte da juventude que aparece em inúmeras culturas, em uma ou outra variação. Na Idade Média, em particular, o conceito de um elixir que poderia trazer a vida eterna era conhecido como Pedra Filosofal e a grande obsessão dos alquimistas era tentar criá-lo.

Alguns dos maiores alquimistas da Europa e do Oriente Médio empenharam seu trabalho e suas mentes na descoberta desse elixir: Ostanes, Nicolas Flamel, o conde de Saint Germain, Fulcanelli e até mesmo Isaac Newton estão entre os que buscaram essa imprecisa substância.

Além da capacidade de obter a imortalidade, esse elixir era considerado um agente por meio do qual certas transmutações,

como a do chumbo em ouro, poderiam ser alcançadas. Ela foi objeto de inúmeras experiências e debates ao longo dos séculos, e muitas pessoas duvidam de que tal elixir tenha verdadeiramente existido. Em vez disso, acham que ele representava um símbolo para a substância *ideal*, a perfeição em si.

Zózimo, o historiador bizantino que viveu em fins do século V, cunhou a seguinte frase sobre a Pedra Filosofal: "Recebei esta pedra que não é pedra, este objeto precioso que não possui valor algum, esta coisa com muitas formas que não tem forma alguma, este objeto desconhecido que todos conhecem."

Sabemos que a alquimia tem duas rotas. Uma delas é exotérica e tem a ver com a busca da transformação de metais comuns em metais nobres, tais como o ouro. A outra é esotérica e está mais interessada na transformação da alma do ser humano mortal no ser divino. Com relação a isso, é interessante notar que muitos comparam a Pedra Filosofal ao Santo Graal. Uma das primeiras descrições do Graal surgiu na obra *Percival*, poema épico escrito por Wolfram von Eschenbach no início do século III. Nessa obra ele afirma claramente que o Santo Graal é, na verdade, uma pedra:

Se não conheceis, ela vos será apresentada aqui. Chama-se *lapsit excillis*. Graças ao poder dessa pedra, a fênix desaparece em chamas até se transformar em cinzas, mas as cinzas lhe fornecem novamente a vida. Assim, a fênix perde sua plumagem e a modifica; ela ressurge nova, brilhante e bela como antes. Qualquer ser humano, mesmo que esteja extremamente enfermo, escapará da morte em menos de uma semana se vier a contemplar a pedra. E jamais perecerá. Seja mulher ou homem, sua aparência permanecerá a mesma a partir do momento em que tiver contato com a pedra, e

continuará sem mudanças ao longo dos melhores anos da sua vida; e mesmo que a pessoa viva duzentos anos, sua aparência nunca se modificará, exceto pelo cabelo, que talvez se torne grisalho. O poder que a pedra dá é tão grande que a carne e os ossos de quem a vê se rejuvenescem. Essa pedra também é conhecida como Graal.

Isso é fascinante, porque encontramos aqui as mesmas propriedades do elixir conhecido como Pedra Filosofal. No seu livro *The Elixir and the Stone* [O elixir e a pedra], Michael Baigent e Richard Leigh discutem o possível significado da *lapsit excillis*:

Os estudiosos sugeriram várias interpretações para a expressão "*lapsit excillis*", todas elas mais ou menos plausíveis. Ela pode ser uma variação de *lapis ex caelis* — "pedra que desce do céu"; pode ser uma abreviação de *lapis lapsus ex caelus* — "pedra caída do céu"; a mais óbvia, evidentemente, é *lapis elixir*, a Pedra Filosofal e elixir da alquimia. O poema *Percival*, de Wolfram von Eschenbach, está cheio de simbolismos alquímicos. A fênix, por exemplo, é uma imagem familiar nas obras alquímicas, e Von Eschenbach a invoca em um contexto alquímico familiar.

Existe outra possibilidade curiosa para essa expressão: *lapis lapsus exiliens*, que parece ser a tradução do nome de uma pedra lendária mencionada por Muhammad al-Idrisi, um árabe do século XII que era geógrafo. Ele cita a "pedra que se elevou e caiu" e afirma que havia uma ligação entre ela e a Cúpula da Rocha, em Jerusalém, a pedra a partir da qual Maomé teria ascendido ao céu. Esta pedra também é chamada de Eben

Shetiyah pelos estudiosos do judaísmo e sua tradução seria "a pedra da fundação".

Outra pista que nos leva a perceber que talvez o Santo Graal e a Pedra Filosofal representem o mesmo objeto é a história do lendário Hermes Trimegistus, o Hermes "três vezes grande", cujos textos são a fundação do hermetismo e da alquimia. Acredita-se que foi Hermes Trimegistus quem escreveu a Tábua Esmeralda, um tratado cheio de conhecimentos alquímicos. Isaac Newton traduziu esse texto, que inclui a seguinte descrição da tábua do título: "Ela se eleva da terra para o céu, torna a descer para a terra e recebe a força das coisas superiores e inferiores." Reparem na curiosa semelhança entre o objeto que Newton descreve e a pedra citada por "al-Idrisi como "a pedra que se elevou e caiu".

A questão é: será que a Tábua Esmeralda existiu realmente sob uma forma física? Analisando mais uma vez a expressão *lapis ex caelis*, "pedra que desce do céu", chegamos à imagem de meteoritos, muito valorizados na Antiguidade (ver o verbete sobre a Akedah, neste livro). Existe uma substância chamada moldavita, que se assemelha a vidro verde e se forma quando um meteorito atinge a Terra. Essa pedra semipreciosa é geralmente usada em trabalhos de joalheria e possui qualidades semelhantes às das pedras preciosas. Verificando novamente a tradução que Isaac Newton fez da Tábua Esmeralda, encontramos uma pista irresistível: "Sua força e poder só se tornarão plenos se ela for trazida para a Terra." Isso descreve a moldavita com precisão. Ela é criada por meio do fogo, quando o "poder" e a energia de um meteoro são liberados pelo impacto com o solo, criando uma nova substância por meio desse poderoso evento — a sagrada alquimia dos deuses, se você for um alquimista.

Uma tradução recente, feita por Nineveh Shadrach a partir do original em árabe da Pedra Esmeralda cita a linha em questão

como "o fogo que se tornou a nossa terra", que novamente descreve com precisão a criação da moldavita. Essa nova tradução contém ainda uma surpreendente variação, diferente da versão de Newton: "Ela extrai as luzes das alturas, trazendo-as à terra, e contém o poder do que está no alto e do que está embaixo; ela é a luz das luzes e dela as trevas se afastam."

Será possível que a Tábua Esmeralda tenha sido um grande pedaço de moldavita sobre o qual as palavras de Hermes Trimegistus foram gravadas? Isso seria fascinante, porque o vocábulo de onde deriva a forma "graal" é, provavelmente, a palavra persa "*ghr*", que significa "pérola" ou "pedra". Além disso, existe outra palavra persa, "*ghr'al*", que se parece muito com a palavra "graal" e significa "pedra entalhada". As implicações de tudo isso são fascinantes, pois já não precisamos decidir entre *lapis ex caelis*, "pedra que desce do céu" e *lapis elixir*, a Pedra Filosofal, como significando o Santo Graal. Se a Pedra Esmeralda foi um pedaço de moldavita com palavras gravadas, a Pedra Filosofal nada mais é do que as duas coisas ao mesmo tempo: um meteorito sagrado que desceu do céu com propriedades mágicas, onde foram gravados os ensinamentos alquímicos de Hermes Trimegistus.

Se isso representa, em essência, o que a Pedra Filosofal era ou ainda é, tal artefato seria realmente o mais valorizado entre as peças do Mundo Antigo. Os meteoritos foram venerados em muitas culturas por toda a Europa e também no Oriente Médio e no resto do mundo. Portanto, não é surpresa descobrir que um dos mais sagrados objetos dos mitos e das lendas, a Pedra Filosofal, pode ter sido originada do próprio céu.

Ver também: Alquimia; Hermetismo; Sir Isaac Newton.

Quadrados Mágicos

Para um simbologista como Robert
Langdon, resolver enigmas e quebrar
códigos é como uma segunda natureza e, curiosamente, o pai de Dan
Brown era matemático. Brown já
revelou que muitas vezes seu pai lhe

4	9	2
3	5	7
8	1	6

dava códigos para resolver, quando criança. Mais ou menos do
mesmo jeito com que hoje relaxamos a mente com palavras cruzadas e enigmas numéricos, tudo indica que durante séculos as
pessoas tinham prazer em manipular números por diversão.
A criação dos chamados quadrados mágicos aconteceu em muitas civilizações, e sua criatividade é atraente em muitos aspectos.

Em essência, as linhas, colunas e diagonais de um quadrado
mágico devem, quando somadas, ter como resultado o mesmo
número. A complexidade pode ser aumentada incluindo-se uma
camada externa ou considerando-se a grade como face de um
cubo. Os números utilizados para criar o quadrado são geralmente sequenciais; por exemplo, em uma grade 3x3 deveremos
ter números de 1 a 9.

O quadrado Lo Shu data, segundo se calcula, de 650 a.C. e é
um quadrado 3x3 ("ordem 3") em que todos os eixos somam 15.
Na literatura chinesa, a lenda do quadrado Lo Shu fala de uma
série de grades contendo pontos que teria sido vista no casco de
uma tartaruga encontrada próximo ao Rio Lo.

O Kubera Kolam é uma variação do quadrado Lo Shu no
qual 19 foi adicionado a cada número, fazendo com que os dígi-
tos apresentados sigam de 20 a 29 e o total mágico seja 72.

O Kubera Kolam, mencionado no romance de Dan Brown, é um padrão, geralmente feito de grãos de arroz, que é montado em formas diferentes, dia após dia, no piso de casas indianas e que, segundo se acredita, traz prosperidade para o lar.

Os quadrados mágicos também são encontrados em obras árabes do século X. Eles foram publicados em uma enciclopédia no Iraque moderno e são os primeiros exemplos de quadrados da ordem 5 e 6. O *Rasa'il Ihkwan al'Safa*, como essa enciclopédia é conhecida, tem ligação com um grupo conhecido como a Fraternidade da Pureza. O pesquisador maçônico Chris McClintock, em sua tese intitulada *Sol de Deus*, sugeriu recentemente que essa fraternidade serviu de fio condutor entre os ensinamentos antigos e a francomaçonaria moderna.

O primeiro quadrado mágico que Langdon encontra em *O Símbolo Perdido* é o quadrado 4x4 desenhado por Albrecht Dürer em sua gravura *Melencolia I*. Neste quadrado existe um curioso elemento adicional, pois a data da criação da gravura, 1514, aparece em dois quadrados adjacentes na fileira de baixo.

Heinrich Cornelius Agrippa, escritor renascentista de temas esotéricos, produziu a obra *De occulta philosophia* entre 1509 e 1510, e nos três volumes que a compõem incluiu uma série de quadrados mágicos. Em contraste com as opiniões modernas de que o estudo do oculto ou da magia seria ímpio ou herege, Agrippa afirmava que a melhor maneira de o homem conhecer Deus e a natureza era por meio do estudo da magia. No terceiro volume da *De occulta philosophia*, Agrippa revela que o nome de Jesus contém o poder do Tetragrama*.

---

* Referência ao *Tetragrammaton*, o nome de Deus na tradição judaica. (N. T.)

Agrippa construiu uma série de quadrados mágicos relacionados a cada um dos planetas; esses quadrados também são conhecidos como *kameas*. Adiciona-se uma nova camada de mistério quando um nome ou uma palavra é traduzido de letras para números ou um formato é traçado em torno da posição dos números no *kamea*. O padrão resultante, quando produzido com finalidades mágicas, é um exemplo de sigilo, ou seja, um símbolo formado por diferentes elementos místicos; somos informados em *O Símbolo Perdido* que o personagem Mal'akh tem vários símbolos tatuados pelo corpo.

Benjamin Franklin criou um quadrado 8x8 que faz parte do enigma central de *O Símbolo Perdido* e ajuda Langdon a resolver o arranjo de 64 símbolos que formam o mapa que aponta para a localização do "símbolo" perdido. Na grade de números mágicos criada por Benjamin Franklin, os números somados nas linhas e colunas alcança o valor de 260; o mais impressionante, porém, é o conjunto de oito quadrados adjacentes que também somam 260.

A possibilidade de que as pistas da trama levam, na verdade, ao quadrado mágico de ordem 8 criado por Benjamin Franklin ocorre a Langdon depois que se descobre que a dica sobre o "oito em Franklin Square" (supostamente a Praça Franklin, número 8) não é um endereço, como se imaginava, e não tem nada a ver com o prédio conhecido entre os maçons como Shriners, o Templo Alma Shrine, localizado de frente para a Franklin Square, em Washington DC.

Franklin escreveu que gostava de se distrair montando quadrados ou círculos mágicos nas horas livres, para se livrar do tédio. Considerando suas múltiplas atividades e talentos, é de espantar que ele tivesse horas livres. Franklin também foi o

famoso criador de um quadrado mágico de ordem 16 (16x16), uma façanha fenomenal.

Ele escreveu em uma carta:

> Certo dia, quando eu estava na residência campestre do nosso amigo comum, o erudito e já falecido sr. Logan, ele me mostrou um livro francês cheio de quadrados mágicos. O livro foi escrito, se não me falha a memória, por M. Frenicle... O sr. Logan comentou que não se lembrava de nenhum inglês que tivesse conseguido tal feito.

Será que esse é o motivo de a capa britânica de *O Símbolo Perdido* não conter o quadrado mágico apresentado na contracapa da edição norte-americana do romance?

Como se fosse uma réplica do quadrado de Dürer, o que Dan Brown treina seus leitores a resolver dentro da história é a mensagem "Sua mente é a chave". A julgar pelas considerações e ideias que Robert Langdon e Katherine Solomon trocam em uma conversa que acontece perto do fim do romance, quando eles analisam o poder do pensamento humano e da mente dos homens que recebem iluminação, essa me parece ser uma mensagem importante para Dan Brown.

Ver também: Albrecht Dürer; Benjamin Franklin; Melencolia I; Shriners.

Real Sociedade
e Colégio Invisível

A Real Sociedade, ou, para dar seu nome completo, a Real Sociedade de Londres para o Progresso do Conhecimento da Natureza, é um venerável corpo dos mais respeitados cientistas da nossa era. Os membros atuais incluem Stephen Hawking, Richard Dawkins e sir Timothy Berners-Lee. Devido à sua respeitável tradição, o leitor poderá se perguntar por que tal instituição seria mencionada em *O Símbolo Perdido* como tendo ligação com os antigos estudos sobre a alquimia.

Dan Brown, na verdade, afirma que o Colégio Invisível, uma sociedade de mentes eruditas e brilhantes, forma uma elite dentro da Real Sociedade. Seus membros se juntaram para compartilhar seu conhecimento e progredir em seus estudos, e a Real Sociedade de hoje se beneficiou muito da compreensão desses mestres sobre os antigos conhecimentos passados através dos séculos, remontando às escolas de mistério do Antigo Egito. Os ancestrais do personagem Peter Solomon, de *O Símbolo Perdido*, foram membros da Real Sociedade.

Composta por um corpo de membros que sucedeu o Colégio Invisível, a Real Sociedade surgiu a partir da união de uma série de filósofos que respeitavam e discutiam a obra de sir Francis Bacon. Em seu livro *A Nova Atlântida*, Bacon descrevia um local chamado Casa de Salomão onde eram realizadas investigações a respeito da verdadeira natureza do mundo. Foi o conceito de um grupo de sábios que buscam ampliar o conhecimento humano e os princípios da ciência experimental, descritos posteriormente por Bacon no livro *O Avanço do Conhecimento*, que serviu de inspiração para a fundação do Colégio Invisível.

Robert Boyle, um dos que seguiram os princípios investigativos de Bacon, referiu-se ao Colégio Invisível já por esse nome em 1646. Boyle era um alquimista e também autor do livro *The Sceptical Chymist* [O químico cético]. Em carta ao seu antigo tutor, ele escreveu:

> O melhor de tudo é que as pedras fundamentais do Colégio Invisível (ou Filosófico, como eles autodenominam) de vez em quando me brindam com a honra de sua companhia, o que me deixa pesaroso nos momentos em que preciso voltar mais cedo.

A Real Sociedade foi fundada em 28 de novembro de 1660 no Gresham College, depois de uma palestra apresentada por sir Christopher Wren. Os 12 membros fundadores pretendiam formar um "colegiado para a promoção do ensino experimental da físico-matemática".

Wren, um renomado arquiteto que projetou, entre outras maravilhas, a Catedral de São Paulo, em Londres, não se contentava com um único campo de estudos, como acontecia com outros homens ilustres de sua época. Suas pesquisas científicas abrangiam os campos da medicina, da astronomia e da microscopia.

Um dos importantes membros fundadores da Real Sociedade foi sir Robert Moray, um líder francomaçom — quase certamente ele foi o primeiro exemplo registrado de um homem que recebeu as iniciações maçônicas e se tornou membro da Maçonaria como candidato especulativo (ou seja, não oficialmente maçom). Moray era soldado, lutou no exército francês e teve contato com Charles II durante o seu exílio.

O rei Charles II tinha muito interesse em ciência, conforme se nota pelo seu envolvimento com o Observatório Real de Greenwitch, e quando Moray o informou sobre a formação da sociedade, ele deu o seu aval. Um segundo aval real foi emitido em 1663 para o que hoje é conhecida como "Real Sociedade de Londres para o Progresso do Conhecimento da Natureza".

Outro dos membros fundadores da Real Sociedade foi Elias Ashmole, iniciado como francomaçom em 1646, antes da inauguração da Grande Loja de Londres. Ashmole era um verdadeiro homem da Renascença e demonstrava interesse em assuntos tão diversos quanto política, história, militarismo e astrologia, mas principalmente alquimia.

Durante a Guerra Civil Inglesa, Ashmole foi o maior defensor dos monarquistas, e quando Charles II chegou ao trono, Ashmole foi recompensado com postos importantes. Seu legado ainda pode ser visto em Oxford; ele doou sua vasta coleção de antiguidades, livros e pesquisas para a instituição que hoje conhecemos como Museu Ashmolean.

Robert Hooke, conhecido como o "pai do microscópio", foi o primeiro curador da sociedade para experiências; trabalhou também como inspetor depois do grande incêndio de Londres em 1666. Seus muitos talentos e interesses variados são exemplo da linhagem dos primeiros membros da sociedade.

Existem vários resultados tangíveis dos avanços científicos realizados pelos membros da Real Sociedade e eles são fáceis de identificar e compreender, mas não se pode dizer o mesmo do Colégio Invisível. Será que uma elite dentro das fileiras da sociedade continua a basear sua filosofia nos ensinamentos místicos antigos? Certamente muitos membros da Real Sociedade, ao longo dos anos, foram maçons, e muitas vezes ocuparam cargos de destaque na confraria.

O autor maçônico Robert Lomas no livro *The Invisible College* [O Colégio Invisível] comenta o seguinte sobre a carreira de John Theophilus Desaguilers:

> Desaguilers conheceu a Francomaçonaria quando era empregado de Isaac Newton, na época presidente da Real Sociedade. Ele trabalhava como demonstrador de experiências nas reuniões da sociedade. Mesmo começando a carreira como empregado da Real Sociedade, Desaguilers tornou-se membro dela, com o apoio de Newton, e acabou alcançando os mais altos postos da Francomaçonaria inglesa.

Desaguilers foi, de fato, o Grão-Mestre da Primeira Grande Loja de Londres, em 1719. O nome de sir Isaac Newton aparece com frequência quando se discutem conhecimentos ocultos e envolvimento esotérico na ciência. Newton foi presidente da Real Sociedade de 1703 até sua morte, em 1727. Os homens que formaram a Real Sociedade eram especialistas em muitas disciplinas; capazes de ler textos raros em latim e em grego, certamente estavam familiarizados com as antigas religiões e filosofias, inclusive as descritas nos textos alquímicos e herméticos.

Em sua obra *O Avanço do Conhecimento*, sir Francis Bacon escreveu:

> Deveria existir uma fraternidade ou irmandade dedicada ao aprendizado, por meio da qual os homens cultos pudessem compartilhar conhecimento e ajudar uns aos outros... Essa fraternidade dedicada ao aprendizado deveria também transcender as fronteiras nacionais.

O ideal de uma fraternidade internacional, expresso por Bacon, foi alcançado com a Real Sociedade, que admite membros que moram fora da Grã-Bretanha, da Irlanda e da Comunidade Britânica.

O sonho de sir Francis Bacon de existir um fórum onde os estudiosos mais brilhantes e as mais inovadoras mentes do mundo científico pudessem compartilhar e desenvolver suas ideias se tornou realidade no século seguinte e representa uma verdadeira vitória do Iluminismo.

Ver também: Sir Francis Bacon; Sir Isaac Newton.

Rito de Cerneau

No prólogo de *O Símbolo Perdido*, Dan Brown descreve um ritual maçônico durante o qual Mal'akh alcança o 33º grau. Essa cena marcante é descrita do modo como seria enxergada por um leigo que não fizesse parte da fraternidade e inclui ideias estereotipadas sobre o que tais rituais implicam. Entretanto, ela não é uma descrição precisa da prática maçônica moderna, e é um dos poucos momentos do romance em que o autor parece florear demais a ação, o que acabou pintando com tons sinistros os rituais e o simbolismo da Francomaçonaria.

O que testemunhamos no prólogo de Dan Brown é, na verdade, um ritual de iniciação verdadeiro e bem documentado, mas não o que é usado na Ordem do Rito Escocês, o que ele se propõe a retratar. O ritual descrito data do século XIX, quando um grupo de maçons renegados do Rito Escocês formou o que ficou conhecido como Rito de Cerneau. O Conselho Supremo de Cerneau nunca teve sua carta de autorização para funciona-

mento devidamente emitida pela Jurisdição Norte nem pela Jurisdição Sul do Rito Escocês e se manteve à margem da Maçonaria, estabelecendo bases de poder em Nova York e Nova Jersey. Albert Pike, chefe da Jurisdição Sul, foi muito incisivo em sua posição contrária ao estabelecimento do grupo e se recusou a autorizar seu funcionamento.

No ritual descrito no romance, Mal'akh leva aos lábios um crânio humano e bebe dele um vinho com cor de sangue. Isso certamente faz parte do Rito de Cerneau para o 33º, no qual tanto um crânio humano quanto um esqueleto completo eram utilizados. A invocação que Mal'akh balbucia também é a do Rito de Cerneau. O membro que alcança o 33º grau usa as seguintes palavras:

> Acima de tudo, juro solenemente que manterei completa fidelidade à Suprema Corte dos Estados Unidos da América, seus estados e territórios. Juro que jamais reconhecerei que algum homem, ou grupo de homens, pertença ou não ao Rito Escocês Antigo e Aceito, exceto em questões que envolvam lealdade a este Conselho Supremo ou aos que reconhecem este conselho. Diante de todos os presentes eu juro solenemente e invoco o Mais Alto Deus para ratificar meu juramento.
>
> No caso de, por livre e espontânea vontade, eu violar este juramento, que este vinho que agora bebo se torne veneno para mim, como o cálice de cicuta bebida por Sócrates. [O iniciado bebe o vinho contido no crânio.] E que os frios braços da morte me envolvam para sempre. [Os braços do esqueleto são colocados em torno do iniciado.] Amém.

Algumas das palavras acima são ditas por Mal'akh no ritual descrito no livro.

Em 1807, Joseph Cerneau estabeleceu o Grande Consistório do Rito de Heredom na cidade de Nova York, alegando ter o direito de organizar e autorizar o funcionamento de lojas como as do Rito Escocês Antigo e Aceito. Em 1813 ele já havia estabelecido uma Suprema Corte em Nova York e, em 1816, existiam filiais em Maryland e Baltimore. Em 1889, porém, um edital foi baixado pelo Grão-Mestre dos Maçons do Distrito de Colúmbia, que se colocava contra os seguidores do Rito de Cerneau, alegando que tais membros teriam se envolvido em relações fraternais com membros do Grande Oriente da França. Um segundo edital foi emitido, conforme relato do *New York Times* do dia 23 de abril de 1890:

> Um segundo edital sobre essa questão acaba de ser emitido pelo atual Grão-Mestre, anulando o edital anterior e declarando-o inválido. O novo edital determina que os mestres das lojas sob a sua jurisdição deixem de incluir o teste reconhecido e obrigatório administrado aos visitantes de suas lojas no qual é exigida a declaração de que tais visitantes não são membros de nenhum grupo ligado por laços de lealdade ao chamado Rito de Gorgas-Cerneau.

Entretanto, a reabilitação dos filiados ao Rito de Cerneau junto à confraria teve vida curta. No início do século XX, o Rito de Cerneau havia sido extinto.

Dizem que Aleister Crowley teria sido iniciado no 33º grau do Rito Escocês no México, por meio do Rito de Cerneau e utilizando seus rituais.

Ver também: Aleister Crowley; Francomaçonaria; Casa do Templo; Rito Escocês da Francomaçonaria.

Rito Escocês da Francomaçonaria

Um dos elementos principais do enredo de *O Símbolo Perdido* é o Rito Escocês da Francomaçonaria, especialmente o 33º grau. Em seu livro, Dan Brown afirma que esse é o mais alto grau de toda a Francomaçonaria e que algo importante é revelado aos membros desse grupo de elite mais que especial. Seu símbolo é uma fênix de duas cabeças. A sede do Rito Escocês é a Casa do Templo, em Washington DC. O romance informa que os membros se referem à Casa do Templo como Heredom, em homenagem a essa montanha mítica na Escócia.

Mas o que é o Rito Escocês? Será que ele tem alguma coisa a ver especificamente com a Escócia? Existe um segredo que só é revelado à elite dos membros, aqueles que alcançam o 33º grau? Se existe, qual o significado disso?

Existem tantas referências à Escócia, aos escoceses e aos seus ritos e graus que muitas pessoas se perguntam por que a sede do Rito Escocês da Francomaçonaria não fica na Escócia, e sim nos Estados Unidos. *A Masonic Encyclopaedia* [Enciclopédia maçônica], escrita por Henry Wilson Coil, um maçom do 33º grau, e que foi editada por três outros maçons do mesmo grau do autor, nos explica o seguinte:

O escocês, a Escócia e o dialeto escocês estão entre as expressões e palavras mais problemáticas nos textos maçônicos. Enquanto eles se referiam unicamente à Escócia, tudo corria bem. Por volta de 1740, porém, essas expressões passaram a ser usadas para descrever vários graus criados na Europa por autores que nunca tinham ido à Escócia.

Como já vimos no verbete sobre o desenvolvimento da Franco-maçonaria, quando a Primeira Grande Loja dos francomaçons foi inaugurada, em 1717, não havia nenhum "alto grau". Havia unicamente um sistema de dois graus, sendo que o terceiro só surgiu nos anos 1730. Em conjunto, esses três graus da confraria maçônica se tornaram conhecidos como Maçonaria Azul.

Em 1737, o Chevalier Andrew Ramsey, exilado escocês que morava na França e fora tutor do príncipe Charles Edward Stuart (*Bonnie Prince Charlie*), era o Grande Orador dos francomaçons franceses. Naquele ano ele fez um pronunciamento maçônico que ligava de forma tão inexorável as referências escocesas à Francomaçonaria que isso iria mudar a estrutura da organização para sempre. Tudo isso aconteceu sob o contexto de inquietação política e religiosa que varria toda a Europa na época.

Historiadores e acadêmicos concordam que o discurso de Ramsey foi de natureza fundamentalmente mitológica. Pelo visto, parece que ele queria associar uma linhagem nobre e cavalheiresca à Francomaçonaria; uma linhagem que ela não possuía quando funcionava sob a estrutura de simples "confraria" de três graus da seção britânica. Os franceses adoraram o fato de os *Hauts Grades*, os cavalheirescos "altos graus" francomaçons, que incluíam os graus templários e rosa-cruzes, começarem a aparecer.

A mais ousada afirmação de Ramsey foi a sugestão de que a Francomaçonaria teria sido fundada, na realidade, ainda no tempo das Cruzadas, como está implícito no seguinte fragmento do seu discurso, tirado do livro *The Quest for the Celtic Key* [A busca pela chave celta], escrito por Karen Ralls-Macleod e Ian Robertson:

Na época das Cruzadas na Palestina, muitos príncipes, lordes e cidadãos se associaram e fizeram votos de restaurar o

 *290*

Templo dos Cristãos na Terra Santa, bem como de se dedicar à restauração da arquitetura do Templo segundo o projeto original. Escolheram vários sinais e palavras simbólicas nas antigas tradições religiosas a fim de se reconhecerem em meio aos gentios e aos sarracenos. Tais sinais e palavras eram divulgados unicamente aos que prometiam solenemente, muitas vezes diante de um altar, jamais revelá-los a terceiros. Essa promessa sagrada não era um juramento execrável, como muitos apontavam, e sim um laço respeitável que uniria os cristãos de todas as nacionalidades em uma única confraria. Algum tempo depois, a ordem se uniu aos Cavaleiros de São João de Jerusalém, e a partir desse momento todas as lojas assumiram o nome de Loja de São João.

Ele continuou o discurso dizendo:

Os reis, príncipes e lordes voltaram da Palestina para suas próprias terras e lá estabeleceram lojas secretas. À época das últimas Cruzadas, muitas lojas já haviam sido erguidas na Germânia, Itália, Espanha, França e, a partir daí, também na Escócia, devido à íntima aliança entre os franceses e os escoceses.

James, Lorde Stewart da Escócia, foi o Grão-Mestre de uma loja inaugurada em Kilwinning, na região oeste da Escócia, em MCCLXXXVI (ano 1286 da era cristã), logo após a morte de Alexander III, rei da Escócia, e um ano antes de John Baliol *montar* [*sic*] no trono. Este lorde recebeu como francomaçons em sua loja os condes de Gloucester e Ulster. Um deles era inglês; o outro, irlandês.

Pouco a pouco as nossas lojas e nossos ritos foram esquecidos na maioria dos lugares. Eis o porquê de, entre tantos historiadores, apenas os da Grã-Bretanha falarem da

nossa ordem. No entanto, ela preservou seu esplendor entre os escoceses, aos quais os reis da França confiaram, durante tantos séculos, a segurança da realeza.

Ramsey não sugeriu a criação de novos rituais, mas foi exatamente nisso que seu discurso resultou, e logo depois nasceu a Maçonaria Escocesa. Os termos Escocês, Escócia ou Ecosse (Escócia em francês) logo se tornaram um rótulo para o que era encarado como a elite entre as ordens cavalheirescas e Templárias. Em 1738 foi emitida a *In Eminenti*, primeira bula papal atacando a Francomaçonaria e proibindo os católicos de se tornarem maçons. A primeira loja a ser afetada pela bula foi, curiosamente, uma loja em Roma, composta basicamente de jacobitas que apoiavam a monarquia Stuart, exilada da Escócia. Embora muitos francomaçons franceses fossem católicos romanos e, portanto, sujeitos à autoridade do papa, a bula não conseguiu dissuadi-los a abraçar a nova tendência.

A partir da França, a Maçonaria Escocesa rapidamente se espalhou por toda a Europa e a América. Mais de 1.100 graus diferentes apareceram ao longo dos anos seguintes, criando mais de 100 novos ritos. Muitos desses ritos tiveram vida curta, mas entre os novos ramos que daí advieram podemos encontrar a Ordem Real da Escócia, o grau Rose Croix, o Rito Escocês Retificado e o Rito Escocês Antigo e Aceito.

Em 1761, Stephen Morin recebeu autorização para utilizar um sistema de 25 graus, conhecido como Rito da Perfeição para o hemisfério ocidental. Começando nas Índias Ocidentais, essa forma de Francomaçonaria se espalhou por todo o território americano. O recém-criado Rito de York, que continha os Capítulos do Real Arco, os Conselhos Crípticos e as Comendas

 *292*

Cavalheirescas Templárias também ganharam espaço por essa época no continente americano.

Uma modificação do Rito de Perfeição de 25 graus para um novo sistema formado por 33 graus aconteceu sob a Constituição de 1786. O número de graus do novo sistema foi determinado em alusão aos 33 anos da vida de Cristo. Em 1802, foi adotado o nome de Conselho Supremo do 33º Grau, mas isso mudou e se transformou no Rito Escocês Antigo e Aceito, no ano de 1804, em concordância com o Conselho Supremo na França. O mais curioso de tudo isso é que o Rito Escocês só se estabeleceu na Escócia tardiamente, em 1846.

A criação plena do que conhecemos hoje como Rito Escocês surgiu quando Albert Pike, general confederado e franco-maçom, se tornou Grande Comandante Soberano na Jurisdição Sul em 1859, cargo que ocupou até sua morte, em 1891. Em um momento memorável, Albert Pike reescreveu e desenvolveu os rituais que existiam, produzindo um livro que alguns chamam de "bíblia" do Rito Escocês: *The Morals and Dogma of the Ancient and Accepted Scottish Rite of Freemasonry* [Os dogmas e princípios morais do Rito Francomaçônico Escocês Antigo e Aceito], publicado em 1871. Pike promoveu o rito como o supremo santuário da Francomaçonaria, que continha em seus graus a sabedoria da Cabala, do hermetismo, da alquimia e dos ensinamentos filosóficos dos rosa-cruzes.

Diz-se que em toda a Francomaçonaria não existem graus mais elevados do que os graus Azuis: Aprendiz Principiante, Companheiro Artesão e Mestre Pedreiro. Por outro lado, a exclusividade do 33º grau torna esse um dos graus mais respeitados da confraria. Os chamados graus elevados se propõem a oferecer mais detalhes e instruções para ajudar os membros a refletir sobre os ensinamentos da Maçonaria Azul. O simbolismo é

muito aumentado, valorizado e embelezado ao longo de todo o Rito Escocês.

A águia ou fênix de duas cabeças é o símbolo dos graus mais elevados do Rito Escocês e dizem que ele é uma interpretação alquímica similar ao "Casamento Alquímico" citado na tradição rosa-cruz. Segundo uma citação do irmão G. Peters, que alcançou o 33º grau:

> Que cada um de nós possa, como maçons do Rito Escocês, assumir a tarefa de analisar e purificar nossas naturezas; que possamos ser orgulhosos, nobres, veneráveis e corajosos como a águia que é o nosso símbolo, mostrando às nossas mentes o caminho direto para a ascensão aos céus, levando nossas almas até o trono de toda a criação.

O brasão tem origem muito antiga e leva o nome de "Águia de duas cabeças de Lagash", pois Lagash é uma antiquíssima cidade suméria. Esse símbolo foi usado ao longo dos séculos por governantes como Carlos Magno, que o adotou por volta do ano 802, ao se tornar chefe do Sacro Império Romano-Germânico. As duas cabeças representariam a união de Roma com a Germânia. Seu uso foi adotado pela Francomaçonaria com o Rito Francês da Perfeição, por volta de 1758, e ele foi o emblema do Conselho de Imperadores do Oriente e do Ocidente em Paris. Os sucessores desse conselho se tornaram os Conselhos Supremos do 33º grau em todo o mundo. Dizem que o fundador do Rito Escocês foi, na verdade, o rei Frederico II o Grande, da Prússia, cujo brasão exibe a águia de duas cabeças. Porém, embora seja considerado maçom, há pessoas que acreditam que a versão de que foi ele quem criou o rito não passa de uma lenda divulgada pelos

escritores maçons Albert Pike e Albert Mackey, a fim de exibirem uma linhagem esplêndida para sua amada ordem.

Em *O Símbolo Perdido*, quando Robert Langdon entra correndo pela Casa do Templo, ele passa por um busto em bronze de Albert Pike, em uma citação às origens do Rito Escocês que Dan Brown resolveu colocar no romance.

Embora se fale muito do 33º grau, existem apenas 29, tecnicamente falando. Os primeiros três graus são os graus básicos da confraria, e os graus que vão do 4º ao 32º é que são os graus propriamente ditos. O grau derradeiro é uma honra concedida apenas aos membros que tenham prestado serviços destacados à Francomaçonaria. Os afiliados são informados do seguinte:

Os Príncipes Sublimes do Real Segredo do 33º grau que não tenham menos de trinta e três anos de idade poderão ser eleitos, durante uma sessão anual do Conselho Supremo, como Soberanos Grandes Inspetores-Gerais do 33º e último grau, bem como Membros Honorários do Conselho Supremo, desde que isso ocorra por unanimidade e em votação secreta. Essa honra será concedida no caso de serviços importantes prestados à Fraternidade ou por "serviços a terceiros que resultem em mérito para a Ordem". Os Membros Honorários têm o direito de estar presentes a todas as sessões do Conselho Supremo, exceto às sessões executivas, e também podem se manifestar nelas, mas não votar. No entanto, os Soberanos Grandes Inspetores-Gerais do 33º grau poderão ser eleitos Membros Ativos do Conselho Supremo nas Reuniões Anuais.

 *295*

O Primeiro Supremo Conselho do Mundo, como ele é chamado, que é basicamente a Grande Loja do Rito, conforme é mencionada em *O Símbolo Perdido*, é a Casa do Templo em Washington DC. A estrutura de graus com os quais ela opera (neste ponto, devemos mencionar que há nomes diferentes entre os graus da Jurisdição Norte dos Estados Unidos e de outras jurisdições) é a seguinte:

4º Grau: Mestre Secreto

5º Grau: Mestre Perfeito

6º Grau: Secretário Íntimo

7º Grau: Preboste e Juiz

8º Grau: Intendente dos Edifícios

9º Grau: Mestre Eleito dos Nove

10º Grau: Mestre Eleito dos Quinze

11º Grau: Cavaleiro Eleito dos Doze

12º Grau: Grão-Mestre Arquiteto

13º Grau: Cavaleiro do Real Arco

14º Grau: Grande Eleito

15º Grau: Cavaleiro do Oriente, Cavaleiro da Espada ou Cavaleiro da Águia

16º Grau: Príncipe de Jerusalém

17º Grau: Cavaleiro do Oriente e do Ocidente

18º Grau: Cavaleiro Rosa-Cruz

19º Grau: Grande Pontífice

20º Grau: Mestre da Loja Simbólica ou Mestre *Ad Vitam*

21º Grau: Noaquita ou Cavaleiro Prussiano

22º Grau: Cavaleiro do Real Machado ou Príncipe do Líbano

23º Grau: Chefe do Tabernáculo

24º Grau: Príncipe do Tabernáculo

25º Grau: Cavaleiro da Serpente de Bronze

26º Grau: Príncipe da Mercê ou Escocês Trinitário

27º Grau: Cavaleiro do Sol ou Príncipe Adepto

28º Grau: Grande Comendador do Templo

29º Grau: Grande Escocês de Santo André

30º Grau: Cavaleiro Kadosh ou Cavaleiro da Águia Branca e Preta

31º Grau: Inspetor Inquisidor-Comendador

32º Grau: Sublime Cavaleiro do Real Segredo

33º Grau: Soberano Grande Inspetor-Geral

Robert Langdon supõe que os membros do rito conheçam a Casa do Templo como Heredom. A propósito, *Heredom* também é o título do informativo sobre as atividades anuais da Sociedade de Pesquisa do Rito Escocês.

Entretanto, o termo está mais ligado, na verdade, à Ordem Real da Escócia, que é outra organização completamente diferente. Ela data dos anos 1740 e continua com seus rituais do século XVIII virtualmente intactos. Sua sede mundial fica na Escócia, na Grande Loja de Edimburgo. A Ordem Real possui apenas dois graus, chamados de Heredom de Kilwinning e Cavaleiro Rosa-Cruz.

Em 1877, Kenneth Mackenzie, autoridade maçônica, escreveu:

Heredom é uma palavra de significado dúbio na Maçonaria. Foi associado sucessivamente à Ordem Real de Heredom na Escócia, pois a palavra Heredom é o nome de uma montanha escocesa, e também às palavras gregas para Sagrado e Casa; portanto, o título Rosa-Cruz de Heredom pode significar Rosa-Cruz da Casa Sagrada.

 *299*

A Casa da Rosa-Cruz (Casa do Templo), que Langdon comenta que é equivalente em termos arquitetônicos à Capela Rosslyn, da Escócia, é uma construção terminada no século XX, em 1915, que se tornou a morada "espiritual" do rito. É uma réplica surpreendente de uma das Sete Maravilhas do Mundo Antigo, o Mausoléu do rei Mausolo em Halicarnasso. É desse rei que herdamos a palavra mausoléu, que significa "local para colocar os restos mortais".

Além de ser um grande templo maçônico, a Casa do Templo é realmente um mausoléu. Em 1944 e, mais tarde, em 1953, com a permissão do Congresso norte-americano, os restos mortais dos Soberanos Grandes Comandantes Albert Pike e John Henry Cowels foram colocados em urnas dos dois lados do "poço da luz".

Como nota final a respeito do romance *O Símbolo Perdido* e dos altos graus da Francomaçonaria, é importante lembrar que urnas secretas e a Palavra Perdida aparecem como alegorias constantes em toda a história da Francomaçonaria.

No filme *A Lenda do Tesouro Perdido*, de 2004, o que está escondido é um tesouro verdadeiro. No filme, a Declaração da Independência funciona como um mapa e a mensagem oculta, nem um pouco esotérica, é do tipo "o X marca o local do tesouro". Em *O Símbolo Perdido*, Dan Brown agiu de forma diferente. Ele parece ter captado a mensagem e os mistérios das tradições antigas, que a Francomaçonaria afirma serem também os seus. O segredo é que não há nenhum grande segredo perdido e ele nem mesmo é material. Está oculto dentro de cada um de nós, à espera de ser descoberto.

Ver também: Francomaçonaria; Heredom; Casa do Templo.

Rosa-Cruzes

O livro *An A to Z of the Occult* [Ocultismo de A a Z], escrito por Simon Cox e Mark Foster, explica que a Fraternidade Rosa-Cruz foi "uma sociedade esotérica formada com a intenção de promover uma mudança na civilização europeia, visando a criar uma sociedade mais aperfeiçoada, baseada nos valores herméticos e nos ensinamentos alquímicos".

Como acontece com a maioria das sociedades esotéricas, incluindo os francomaçons, tentar determinar as origens reais dessa fraternidade é difícil, ou mesmo impossível. Diversos autores, muito antes de Dan Brown, já sugeriram que os rosa-cruzes foram os precursores da Francomaçonaria. Robert Langdon explica, em *O Símbolo Perdido*, que a Rosa-Cruz é um símbolo da Francomaçonaria que existe em homenagem aos primeiros rosa-cruzes e à sua contribuição à filosofia maçônica.

A Francomaçonaria inclui vários rituais que se referem à Fraternidade Rosa-cruz. O décimo oitavo grau do Rito Escocês Antigo e Aceito é chamado de Grau Rosa-Cruz, e ele faz parte das cerimônias da Ordem Real da Escócia. Existem ainda sociedades rosa-cruzes que restringem a filiação somente para maçons. Uma dessas sociedades, a Societas Rosicruciana em Anglia (SRIA), foi fundada em Londres, em 1867. Ela não deve ser confundida com a Societas Rosicruciana in America, fundada em 1909, que é não maçônica. Para complicar as coisas ainda mais, existe também uma sociedade americana ligada à Francomaçonaria conhecida como Societas Rosicruciana in Civitatibus Foederatis (SRICF).

 *299*

A estrutura dos graus dessas sociedades é:

Primeira Ordem
Grau I — Zelador
Grau II — Teórico
Grau III — Prático
Grau IV — Filósofo

Segunda Ordem
Grau V — Adepto Júnior
Grau VI — Adepto Sênior
Grau VII — Adepto Isento

Terceira Ordem
Grau VIII — Mestre do Templo
Grau IX — Mago

Cada um desses graus convida o membro a estudar com mais profundidade os mistérios rosa-cruzes. Muitos membros da SRIA inglesa eram maçons particularmente místicos e fundaram a famosa escola de ocultismo conhecida como a Ordem Hermética da Aurora Dourada, em 1888. Um dos membros veteranos da Aurora Dourada foi acusado de praticar magia negra e criar uma religião própria — ele era ninguém mais, ninguém menos, que o famoso mago Aleister Crowley, que também alegava ter alcançado o 33º grau da Maçonaria, embora isso seja contestado por alguns. Mal'akh, o vilão de *O Símbolo Perdido*, estudou os textos de Crowley em sua busca por poder e conhecimento.

O místico cristão Arthur Edward Waite foi contemporâneo de Crowley. Francomaçom e membro da Aurora Dourada, ele se tornou famoso por seu baralho de tarô Rider-Waite, talvez o

mais popular de todos os tempos. Autor prolífico de temas eso-téricos, ele escreveu em sua *New Encyclopaedia of Freemasonry* [Nova enciclopédia da Francomaçonaria] (1922) que "devemos lembrar que o mistério rosa-cruz tratava do Renascimento Divi-no, conceito que encontramos — envolto sob diversos véus — nas cerimônias da Francomaçonaria".

Esse "Renascimento Divino" acontece dentro do indivíduo e tem relação com a mensagem que recebemos nos capítulos mais importantes de *O Símbolo Perdido*. No Monumento a Washington, Peter Solomon revela a Robert Langdon que a ver-dade dos antigos mistérios é a percepção de que os homens não são unicamente súditos de Deus, pois têm dentro de si mesmos a capacidade de serem, eles próprios, deuses, por meio do enten-dimento dessa verdade.

A Ordem Rosa-Cruz com sede nos EUA é a AMORC — Antiga e Mística Ordem Rosae Crucis. Ela é mencionada por Robert Langdon quando ele afirma que o objetivo da ordem é "estudar os intangíveis mistérios da vida e do universo". Essa organização "ancestral" foi fundada, na verdade, em 1915, em Nova York. Em sua defesa, no entanto, deve ser mencionado que eles proclamam ser herdeiros de uma impressionante "tradição oral" que data de mais de 3.500 anos, até o reinado do faraó Tutmés III.

A AMORC também afirma que suas influências incluem o faraó "herege" Amenhotep IV (Amenófis na versão latina). Ele se tornou conhecido por Akhenaton e foi um faraó revolucioná-rio que aboliu o culto dos antigos deuses do Egito e os substituiu por um único deus, chamado Aten (Aton, na versão latina). Esse foi o primeiro registro conhecido do conceito de um deus único. Esse conceito recebeu o nome de monoteísmo e foi nele que todas as grandes religiões do mundo atual se basearam.

Os rosa-cruzes afirmam que vários homens importantes foram filiados à Fraternidade, entre eles os físicos Paracelso e Michael Maier, o alquimista Robert Fludd, sir Isaac Newton, sir Francis Bacon, Benjamin Franklin, o matemático John Dee, o maçom e antiquário Elias Ashmole e o místico Jacob Boehme. Isso é citado por Robert Langdon, que insinua que muitos dos listados acima realmente eram rosa-cruzes.

Em termos de provas documentais, a primeira menção aos rosa-cruzes apareceu na série de panfletos do século XVII conhecida como Os Manifestos Rosa-Cruzes. Katherine Solomon, a cientista noética que é uma das personagens do romance de Dan Brown e irmã de Peter Solomon, também personagem, explica a Langdon que o estudo desses documentos fez parte de suas pesquisas.

Os manifestos rosa-cruzes circularam pela Alemanha antes mesmo que a notícia de uma misteriosa e mística fraternidade se espalhasse por toda a Europa, acabando por alcançar os Estados Unidos e o resto do mundo. O primeiro manifesto, *Fama Fraternitatis, ou a Descoberta da fraternidade da mais nobre ordem dos rosa-cruzes,* foi editado em Kassel, Germânia, em 1614 (embora cópias anteriores escritas à mão e datadas de 1610 e 1611 tenham aparecido desde então). Em 1615, um segundo manifesto se seguiu. Seu título era *Confessio Fraternitatis, ou Confissão da Louvável Fraternidade da mais nobre ordem dos rosa-cruzes, escrita para todos os eruditos da Europa.*

Não se sabe quem escreveu esses manifestos, e alguns acadêmicos questionaram se o grupo realmente existiu ou se tudo não passou de uma elaborada farsa. O que se viu em seguida, no entanto, foi verdadeiro, e grupos rosa-cruzes específicos começaram a aparecer por toda parte, e isso continua acontecendo desde então.

Em 1616 apareceu outro documento rosa-cruz, intitulado *O casamento alquímico de Christian Rosenkreutz*. Ele era apresentado em um estilo ligeiramente diferente e sua autoria foi atribuída ao pastor luterano Johannes Valentinus Andreae. A expressão "casamento alquímico" é interessante, pois trata-se de uma referência ao processo alquímico da transmutação espiritual por meio da qual o casamento entre opostos é consumado, a fim de descobrir o Elixir da Vida, ou Pedra Filosofal, e atingir o conhecimento de Deus.

As explicações sobre o porquê de a sociedade ter o nome de cruz rosada ou de rosa-cruz variam. Em *O Símbolo Perdido*, Robert Langdon explica a Katherine que a rosa-cruz é um símbolo binário, ou seja, "dois símbolos que se fundem para criar um só". Os egípcios já tinham usado uma cruz para expressar a interseção dos reinos celeste e humano, também abordado pelo famoso conceito "assim no alto como embaixo". Este também é o significado por trás do uso do esquadro e do compasso, representando a transformação. A rosa representa o amor, ou espírito, e a cruz com os dois braços do mesmo tamanho equivale à matéria. Portanto, o espírito é crucificado na matéria e o trabalho do místico rosa-cruz é libertá-lo ao explorar, compreender e equilibrar (ou casar) o pensamento racional com a espiritualidade. A alusão a Cristo e à promessa de ressurreição dentro da tradição cristã é óbvia.

Os mais antigos documentos afirmam que o primeiro elemento a ser divulgado seria a ordem fundada por um místico chamado Irmão Christian Rosenkreutz. Dizem que ele nasceu em 1378; ao se tornar um homem feito, mostrou ser muito culto, tendo viajado para vários países a fim de estudar os místicos árabes, por meio dos quais aprendeu a sabedoria esotérica, bem como a Cabala, o hermetismo e a alquimia.

Ao voltar para a Europa, foi isolado e evitado pela comunidade acadêmica, e instituiu uma sociedade para a realização de boas obras em segredo. Na Fraternidade Rosa-Cruz, cada irmão deve se misturar com a cultura em que se encontra e se manter anônimo, mas deve fazer um relatório anual sobre seu progresso. Outra exigência é que cada membro escolha um sucessor para compartilhar os mistérios e passar os segredos adiante.

Quando Christian Rosenkreutz morreu, foi colocado em um jazigo secreto com sete lados e três andares, onde também foram colocados livros de ensinamentos e equipamentos de ocultismo. Essa tumba, segundo uma descrição, tinha lâmpadas que queimavam dia e noite e que, segundo afirmam, continuavam acesas quando o túmulo foi reaberto em 1604, embora sua localização exata fosse desconhecida. Dizem também que o corpo do fundador estava perfeitamente conservado.

A mais recente versão impressa da *Fama Fraternitatis*, em inglês, foi traduzida pelo filósofo Thomas Vaughan em 1652. Porém, uma nota de rodapé muito interessante no livro de Frances Yates chamado *The Rosicrucian Enlightenment* [A iluminação rosa-cruz] declara que uma cópia manuscrita datada de 1633 foi encontrada perfeitamente preservada na biblioteca de sir David Lindsay, primeiro Lorde Lindsay de Balcarres, que tinha interesse em alquimia. Pode ser apenas coincidência, mas sua neta se casou com o fundador da Real Sociedade de Londres, ou Colégio Invisível, que também foi o primeiro "cavalheiro maçom" ou "francomaçom", sir Robert Moray.

Não pode ser coincidência, no entanto, que em 1638 um escocês chamado Henry Adamson tenha escrito um poema no qual encontramos alguns versos muito citados:

Pois nós, irmãos da Cruz Rosa,
Temos a palavra maçônica e a segunda visão
De coisas que virão e que já podemos prever com precisão.

Ver também: Alquimia; Aleister Crowley; Francomaçonaria; Hermetismo; Único Deus Verdadeiro.

Selo de Salomão — Estrela de Davi

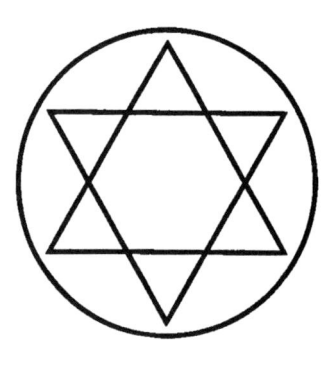

Em *O Símbolo Perdido*, depois de ter dado os passos fundamentais para decifrar a pirâmide e o cume de ouro, Katherine Solomon e Robert Langdon pegam um táxi e rumam para noroeste, afastando-se do Edifício Thomas Jefferson. Em um momento de revelação interna Katherine declara que o termo *Jeova Sanctus Unus*, único Deus verdadeiro, resume o significado do símbolo sagrado dos hebreus, o Selo de Salomão, também conhecido como Estrela de Davi. Esse símbolo também tem um significado maçônico muito importante. Ao desenhar a Estrela de Davi sobre o Grande Selo dos Estados Unidos em uma nota de um dólar, Katherine forma a palavra MASON (maçom, em inglês) com as letras que estão nas pontas da estrela, o que a leva a declarar que eles devem ir imediatamente para a Freedom Plaza.

O Selo de Salomão, ou Estrela de Davi, é formado por dois triângulos equiláteros sobrepostos, um apontando para cima e outro, para baixo, geralmente exibido em forma sólida ou, como é mais comum, na forma de um desenho no qual os dois triângulos

entrelaçados criam uma estrela de seis pontas. Esse símbolo, além de Selo de Salomão e Estrela de Davi, também é conhecido pelo nome de Escudo de Davi, sendo essa última denominação derivada da estrutura de metal utilizada para fortalecer o escudo de guerra desse rei. As origens do símbolo são obscuras, mas desde 1897, quando foi usada pela primeira vez como símbolo sionista, tal imagem foi reconhecida em todo o mundo como um símbolo judaico, e hoje ele é relacionado ao Estado de Israel. Entretanto, apesar da sua identificação direta com o judaísmo, o Selo de Salomão ou Estrela de Davi não possui um significado religioso especificamente judaico. Na verdade ele não é específica e unicamente um símbolo judeu.

Não obstante, segundo a tradição judaica, parece que o Selo de Salomão foi usado desde a Antiguidade como um amuleto contra o mal. Textos talmúdicos da época medieval fazem referência ao Selo de Salomão gravado sobre um anel mágico, um presente divino para o rei Salomão que agiria como proteção contra os demônios e também como meio de comandá-los. Depois do século XI, o nome Selo de Salomão foi substituído gradativamente pelo de Estrela de Davi, embora o porquê dessa mudança seja incerto. A partir do século XII o símbolo é mencionado em comentários bíblicos judaicos, especialmente no *Eshkol ha-Kofer*, de Judah ben Elijah Hadassi, que explica que o Escudo de Davi age como uma forma de proteção em conjunto com a *mezuzah*, uma peça de pergaminho colocada do lado de fora das casas judaicas e que traz versos da Torá. Tendo em mente as conotações de proteção que o emblema possui, não é surpresa que o seu uso, originariamente, tenha sido o de amuleto e símbolo de proteção para as entradas dos lares.

O hexagrama é muito usado na tradição islâmica, e a estrela de seis pontas pode ser vista gravada na parte de baixo de xícaras,

em vários artefatos e também na decoração arquitetônica em mesquitas e outras estruturas. O hexagrama também é muito mencionado na literatura, especificamente ligado ao rei Salomão a ao selo mágico do seu anel. Na verdade, há estudiosos que acham que a tradição judaica do hexagrama da Estrela de Davi tem origem árabe. Dizem que a literatura cabalística ilustrada com arte islâmica é que teria transmitido o simbolismo para os judeus. Como prova dessa ideia, o filósofo judaico Gershom Scholem cita cópias de livros religiosos judaicos datados do século XIII que eram decorados com esse símbolo; eles foram traduzidos nos países islâmicos e depois teriam sido levados para a Espanha e a Alemanha. Como na tradição islâmica, o Selo de Salomão/Estrela de Davi também era usado como tema decorativo nas sinagogas. Christopher Knight e Robert Lomas afirmam em seu livro *A chave de Hiram* que Alfred Gotte, um construtor de sinagogas do século XIX, declarou o seguinte:

> Sua forma geométrica se presta a todos os propósitos estruturais e ornamentais, e já é fato estabelecido que, considerando sua tradição sagrada, a Estrela de Davi representa, para os judeus, o mesmo símbolo sacro que a cruz e o quarto crescente significam para as crenças monoteístas.

De fato, uma lápide em uma sinagoga na Galileia datada do século III tem a Estrela de Davi gravada, o que ressalta seu uso arquitetônico. Essa pedra veio de um arco de entrada, o que serve para enfatizar o uso do hexagrama como símbolo de proteção, juntamente com a mezuzah. Quando o sultão Suleiman, o Magnífico, reconstruiu quase todo o Templo do Monte em Jerusalém, em 1536, decorou as paredes em torno da cidade com Estrelas de Davi para obter proteção.

 *287*

Quaisquer que sejam as suas origens, o Selo de Salomão/ Estrela de Davi tem grande significado na Cabala, a tradição mística judaica, na qual o hexagrama possui vários significados. Em primeiro lugar, ele simboliza o número 7: suas seis pontas representam as direções para cima, para baixo, para o norte, para o sul, para o leste e para o oeste, ilustrando o domínio universal e onipotente de Deus; o sétimo elemento, o hexágono central, contendo a Árvore da Vida, representa harmonia e graça, Deus e a humanidade, o céu e a Terra. O triângulo apontado para cima também representa o fogo e simboliza o desejo da humanidade de retornar a Deus. O triângulo apontado para baixo representa a água e a descida do divino para o plano físico. Além disso, o hexagrama cabalístico pode ser utilizado para ilustrar as dez sephirot (atributos ou emanações de Deus), com a Árvore da Vida no centro e as nove sephirot restantes nas pontas dos ângulos externos do hexagrama. Os 12 signos do zodíaco também foram incorporados ao hexagrama cabalístico dentro das seis pontas.

Como na Cabala, o hexagrama é utilizado, em alquimia, para representar o fogo e a água. Além disso, quando uma linha horizontal é traçada sobre o triângulo voltado para cima e outra sobre o triângulo voltado para baixo, a terra e o ar são igualmente representados, completando assim os quatro elementos. Em função disso o hexagrama, na alquimia, é o símbolo da transmutação. O livro *Hidden Symbolism of Alchemy and the Occult Arts* [O livro oculto da alquimia e das artes ocultas], de Herbert Silberer, chama o Selo de Salomão/Estrela de Davi de Pedra Filosofal, o artefato que promoveria uma metamorfose espiritual. Em *The Continuum Encyclopedia of Symbols* [A enciclopédia contínua dos símbolos], Udo Becker ressalta que o hexagrama é "muitas vezes o símbolo da interpretação dos mundos visível

e invisível" e é também o "símbolo da união dos opostos, uma vez que é composto por todas as formas e sinais básicos dos elementos".

O hexagrama também tem alto significado no budismo, pois é o símbolo do Anahata, o chacra do coração na ioga tântrica, enquanto nas práticas religiosas e nas tradições hindus o símbolo tem imensa importância e significado, sendo reverenciado como o sinal da união sagrada entre Shiva e Shakti. Desse modo, os dois triângulos entrelaçados simbolizam os aspectos masculino e feminino. O conceito de masculino Δ (espada) e feminino ∇ (cálice) parece ser muito antigo, sugerindo o poder procriador do homem e o poder reprodutor da mulher. Esse tema foi utilizado de forma intensa — e controversa — no romance anterior de Dan Brown, *O Código da Vinci*. No livro *Magdalene's Lost Legacy* [O legado perdido de Madalena], Margaret Starbird declara que esses símbolos estão em sagrada harmonia, renovando os ciclos da vida no planeta. Em seu íntimo entrelaçar, o símbolo do hexagrama — ✡ — é a imagem arquetípica do sagrado matrimônio.

A associação "íntima" sugere que a sagrada união dos dois triângulos formando o hexagrama talvez seja o motivo de o Grande Selo dos Estados Unidos ter 13 estrelas, representando as colônias originais, dispostas no formato da Estrela de Davi.

Na Francomaçonaria, o Selo de Salomão/Estrela de Davi simboliza a união do masculino e do feminino, do ativo e do passivo, além de outras forças opostas, tais como as trevas e a luz, o bem e o mal. É muito usado como insígnia para os cargos administrativos, muitas vezes sendo apresentado dentro de um círculo ou como elemento decorativo nos templos maçônicos.

O hexagrama, no paganismo, simboliza a harmonia e o conhecimento e representa o conceito de "assim no alto como

embaixo", o equilíbrio entre o macrocosmo e o microcosmo, enquanto no satanismo o símbolo adquiriu um significado mais sinistro e muitas vezes é associado a maldições ou usado para invocar as forças das trevas. O texto de magia do século XVII chamado *The Lesser Key of Solomon* [A chave menor de Salomão] lista demônios, espíritos e seus atributos, e declara que o hexagrama é "exibido aos espíritos quando eles aparecem, para compeli-los a assumir a forma humana e ser obedientes a quem os conjurou".

De fato, Aleister Crowley usou o "Hexagrama de Salomão" no Ritual da Besta, sem dúvida porque o símbolo pode representar o 666, o número do diabo, pois tem seis pontas, uma forma geométrica com seis lados em seu centro, além de seis pequenos triângulos.

Ver também: Alquimia; Aleister Crowley; Francomaçonaria; Grande Selo dos Estados Unidos.

Shriners

Em *O Símbolo Perdido*, a personagem Inoue Sato explica que a Antiga Ordem Arábica dos Nobres do Santuário Místico, geralmente conhecida como Shriners, tem ligação com os maçons. Turner Simkins, outro personagem do romance, informa que os Shriners são "filantropos que constroem hospitais para crianças" e usam barrete vermelho na cabeça. Tudo parece muito misterioso.

Os dois fatos são imediatamente confirmados. Sato está correta — os membros da Antiga Ordem Arábica dos Nobres do Santuário Místico são normalmente conhecidos simplesmente

como Shriners. A organização realmente existe e constrói hospitais para crianças.

Os Shriners começaram a aparecer em 1870, em Manhattan, Nova York, no lugar onde os francomaçons se reuniam para almoçar. Foi durante esses almoços que a ideia de uma nova fraternidade dedicada ao companheirismo e à diversão foi concebida. Uma das pessoas desse grupo, William Florence, famoso ator da época, foi convidado por um diplomata árabe a um evento em Marselha, onde assistiu a uma comédia com música, ao fim da qual houve uma reunião onde todos concordaram em se tornar membros de uma sociedade secreta. William fez anotações e montou esquemas sobre essa reunião, e também sobre duas outras, que aconteceram no Cairo e em Argel.

De volta a Nova York no verão de 1871, Florence e um amigo, Walter Fleming, montaram um ritual, determinaram o uso de vestimentas específicas, escolheram um brasão e fizeram a iniciação de 11 membros na fraternidade. Por tradição e homenagem ao nome original da organização, um tema árabe sempre era tocado antes das reuniões. O número de filiados cresceu muito e hoje existem mais de meio milhão de Shriners.

Construído em Washington DC, o Templo das Almas dos Shriners, que está localizado no Franklin Park, é um prédio de cinco andares, inaugurado em 1929, possui o estilo peculiar das construções do Oriente Médio. No romance *O Símbolo Perdido*, as pistas "a Ordem" e "Eight Franklin Square" se referiam, conforme se supôs no início da trama, aos Shriners e ao seu endereço.

Embora a temática árabe continue a fazer parte das atividades dos Shriners, seus rituais não possuem nenhum elemento islâmico. Na verdade, não existe nenhum aspecto especificamente religioso nas suas cerimônias. Entretanto, dado que todos os

Shriners devem ser maçons, os membros precisam afirmar a sua fé em um Ser Supremo. É impossível filiar-se aos Shriners sendo ateu ou mesmo agnóstico.

A partir das suas origens de organização com funções sociais, os Shriners são essencialmente um clube. Como John Greer explica em *The Element Encyclopedia of Secret Societies and Hidden History* [Enciclopédia básica das sociedades secretas e da história oculta]:

> Nos primeiros anos da sua existência, ou mais, os Shrines existiam basicamente como desculpa para a promoção de festas onde havia muita comida e bebida. No início dos anos 1880, a convenção anual do Conselho Imperial, corpo que rege os Shrines em nível internacional, já tinha a reputação de promover as festas mais agitadas da história das fraternidades norte-americanas.

Por fim, propósitos mais altruístas e voltados para o público foram se instalando a partir de atividades que visaram, inicialmente, a arrecadar fundos e suprimentos para as vítimas da epidemia de febre amarela ocorrida na Flórida em 1888. A partir de 1930, o plano de construir e manter hospitais para crianças foi lançado, pois essa era uma ideia à qual o nome dos Shriners passara a ter íntima associação. É nesse contexto que Turner Simkins menciona a organização em *O Símbolo Perdido*.

A rede de hospitais dos Shriners para crianças tem sua sede em Tampa, na Flórida. Para se internar em um deles, é necessário que os pacientes tenham menos de 18 anos e possuam condições de receber tratamento. Existem agora mais de 20 hospitais gratuitos dos Shriners na América do Norte.

Cada um deles está voltado para uma área de especialização. Por exemplo, quatro deles tratam de queimados e três são voltados para lesões da espinha. Às vezes, pacientes com necessidades crônicas recebem tratamentos dentro e fora dos hospitais até completarem 21 anos de idade.

Além dos hospitais, os Shriners financiam clínicas de pesquisa e tratamento para adolescentes até os 17 anos de idade. Os profissionais envolvidos são geralmente especialistas na identificação e no tratamento de problemas musculares e ósseos.

O barrete vermelho utilizado pelos Shriners — chamado *fez* — foi escolhido como parte da vestimenta oficial devido à sua associação com o mundo árabe. Embora esse barrete esteja perdendo popularidade no norte da África, os Shriners continuam sua tradição de usar o *fez* vermelho para manter a ligação com o passado.

Os circos dos Shriners estão entre as mais bem-sucedidas e divertidas atrações que existem, e são montados com a finalidade de angariar fundos para o seu trabalho de caridade. Seus acrobatas, cavalos e cães amestrados, malabaristas e outras atrações empolgantes e coloridas atraem grandes plateias.

Embora a organização dos Shriners seja exclusivamente masculina, devemos informar que as mulheres que forem parentas de algum membro da organização podem se filiar a grupos voltados especificamente para elas. O resultado disso é que esses grupos femininos ligados aos Shriners acabaram por formar uma organização feminina específica, fundada em 1913, que recebeu o nome de Filhas do Nilo.

Um dos Shriners mais famosos de todos os tempos foi Harold Lloyd (1893-1971), comediante, produtor de cinema e ator de filmes mudos. Seu rosto e os peculiares óculos de tartaruga com aros redondos são facilmente reconhecíveis por

pessoas de gerações passadas, até mesmo hoje. Mas ele não era um membro como outro qualquer. Era muito ativo e se tornou Potentado Imperial da América do Norte em 1949. Mais tarde, em 1963, Lloyd se tornou o principal executivo da Corporação dos Hospitais Shriners e também presidente do Conselho de Administração.

Em 2000, as exigências para filiação aos Shriners foram modificadas, sendo excluída a necessidade de os Shriners terem alcançado altos graus no Rito Escocês ou o grau de Cavaleiro Templário no Rito York da Francomaçonaria. O propósito era aumentar o número de pessoas afiliadas à organização; entretanto, talvez isso tenha afastado os afiliados do Rito Escocês em algumas regiões.

Os Shriners se divertem muito organizando paradas espetaculares, coloridas e festivas. Tomam as ruas para comemorar eventos famosos, como a tradicional mostra de carros pequenos enfeitados com motivos circenses. Trazem também bandas, tocadores de gaitas de fole e muitos palhaços para incrementar a animação. Apesar das reclamações que surgem de vez em quando, geradas pelos problemas no trânsito das grandes cidades, parece óbvio que o povo gosta da agitação promovida por tais paradas.

Originalmente, a organização dos Shriners foi formada a fim de criar oportunidades de diversão para seus membros, mas hoje esse sentido de diversão é estendido para o resto da população, e essas atividades públicas ainda vão continuar por muito tempo.

Ver também: Francomaçonaria; Rito Escocês da Francomaçonaria.

Simbolismo dos Números

Os números têm uma participação de destaque em *O Símbolo Perdido*, seja sob a forma de quadrados mágicos, a localização codificada de uma sala no subsolo do Capitólio ou datas históricas que agem como chaves para códigos secretos. O número que desempenha um papel mais significativo no romance de Dan Brown é o 33.

Os exemplos mais evidentes são as referências ao 33º grau dos maçons, o mais elevado no Rito Escocês da Francomaçonaria. O emblema desse grau é formado por uma águia de duas cabeças, a frase *"Ordo Ab Chao"* (ordem a partir do caos), citada muitas vezes em *O Símbolo Perdido*, e o número 33 dentro de uma pirâmide, que é a imagem que está entalhada no anel de Peter Solomon.

Na Francomaçonaria, o número 33 é realmente muito especial e o seu significado na fraternidade tem sido discutido e debatido há muito tempo. Manly P. Hall lançou alguma luz sobre o significado dos 33 graus ou estágios da Francomaçonaria em seu livro *The Secret Teachings of All Ages* [Os ensinamentos secretos de todas as eras]. Sua combinação da figura central de Hiram na Francomaçonaria com os vários conceitos do misticismo hindu é simplesmente assombrosa:

> Existem semelhanças suficientes entre o Hiram maçônico e a *Kundalini* do misticismo hindu que nos garantam afirmar que o Hiram pode ser considerado também um símbolo do Espírito de Fogo, que se move através do sexto ventrículo da coluna espinhal. A ciência exata da regeneração humana é a Chave Perdida da Maçonaria, pois quando o Espírito de Fogo *se eleva* através dos trinta e três estágios ou vértebras da

coluna espinhal e penetra na câmara abobadada do crânio humano, ele imediatamente passa para a hipófise ou glândula pituitária (Ísis), onde invoca Rá (a glândula pineal) e exige o Nome Sagrado. A maçonaria operacional, na verdadeira acepção do termo, significa o processo a partir do qual o Olho de Hórus se abre.

A espinha humana realmente contém 33 segmentos ou vértebras, e Dan Brown tem consciência dessa ligação entre os 33 graus da Maçonaria e a coluna espinhal, porque Mal'akh tem uma escadaria tatuada nas costas, onde cada um dos degraus está sobre uma vértebra, à medida que se eleva até a base do crânio. Katherine Solomon conta a Robert Langdon, no fim de *O Símbolo Perdido*, que a espinha é a Escada de Jacó, e o crânio, o verdadeiro Templo.

Embora existam 33 graus no Rito Escocês da Francomaçonaria, eles são apenas 32, na realidade, pois o trigésimo terceiro é um grau honorário. Isso é fascinante, porque também são 32 os caminhos da Sabedoria da Árvore da Vida da Cabala, o ramo místico do judaísmo. Trinta e dois também é o número de vezes que Deus é mencionado no capítulo 1 do Livro do Gênesis, na Torá. Quando alguém completa de forma satisfatória os 32 Degraus da Sabedoria, essa pessoa alcança a iluminação, que pode ser considerada o trigésimo terceiro degrau.

Langdon nos conta, em uma das cenas do romance, que a adoração ao número 33 teve origem há muito tempo, na época da Grécia antiga. O grande matemático Pitágoras descrevia o número 33 como o mais importante dentre os que ele batizou de "números mestres": 11, 22, 33 e 44. Voltaremos a Pitágoras e à sua obsessão pelo simbolismo dos números mais adiante, neste mesmo verbete.

Muitas pessoas acreditam que Jesus foi crucificado aos 33 anos. Ele começou seu ministério aos 30 e morreu três anos depois, no ano 33 da era cristã (lembrando que o nosso calendário começou precisamente com o nascimento de Jesus). Além disso, e igualmente importante no contexto da Francomaçonaria, o Templo de Salomão em Jerusalém, o primeiro templo dos judeus, permaneceu de pé durante 33 anos. O rei Davi reinou por 33 anos em Jerusalém. Sir Francis Bacon, autor de *A nova Atlântida*, usava uma cifra secreta que também era o número 33, valor numérico do seu nome na numerologia sagrada. Este número vem aparecendo muitas e muitas vezes nos ensinamentos religiosos, ocultos e esotéricos ao longo da história.

A Casa do Templo em Washington, onde acontece o clímax do romance *O Símbolo Perdido*, com a cena entre Mal'akh e seu pai, é o lugar do Conselho Supremo, ou, como diz a placa na entrada:

> Templo do Conselho Supremo do 33º e último grau do Rito Escocês Aceito da Francomaçonaria para a Jurisdição Sul dos Estados Unidos, erguido para Deus e dedicado ao serviço da humanidade. *Salve Frater!*

A construção possui 33 colunas externas, cada uma delas com 33 pés de altura (10 metros), e, na sua câmara executiva, existem 33 cadeiras cerimoniais, pois o Conselho Supremo possui 33 membros.

O Capitólio também apresenta ligações marcantes com o número 33. William Henry e o dr. Mark Gray as descrevem no livro *Freedom's Gate* [Portal da liberdade]:

A Rotunda do Capitólio é um salão amplo e circular localizado no centro do domo, no segundo andar. Tem 30 metros de diâmetro e é o coração simbólico e físico do Capitólio norte-americano. É o centro cerimonial dos Estados Unidos. Quando Barack Obama fez seu juramento de posse, do dia 20 de janeiro de 2009, na varanda oeste do Capitólio, subiu 33 degraus para chegar à Rotunda.

No primeiro esboço que Constantino Brumidi fez para *A Apoteose de Washington*, colocou 33 donzelas em torno de George Washington. No segundo esboço ele substituiu as 33 donzelas pelas 13 que vemos na obra final; nesse segundo esboço, porém, ele pintou 33 estrelas sobre as cabeças das 13 donzelas.

Levando a busca pelo simbolismo adiante, *O Símbolo Perdido* foi lançado nos Estados Unidos no dia 15 de setembro de 2009, ou 15/9/09. Se pegarmos esses números e os somarmos, teremos 33.

Dan Brown não é o primeiro a se mostrar obcecado pelos números e seus significados. Numerologia é uma disciplina antiquíssima, com uma história que remonta à Antiguidade, através das eras, e está intimamente ligada à adivinhação. O próprio Pitágoras dizia que "o mundo é construído sobre o poder dos números" e muito do que sabemos sobre numerologia vem dos ensinamentos do grande matemático da Grécia antiga. Pitágoras associava significados a certos números e então aplicava esse "código" aos nomes das pessoas e aos deuses, em uma tentativa de adivinhar algo a respeito da sua verdadeira natureza. Ao tentar explicar essa complexa combinação de ciência e magia, ele disse: "Todas as coisas do universo possuem um atributo numérico que as descreve de forma única." Esse é, essencialmente, o âmago da numerologia.

298

Os hebreus criaram um sistema numerológico incrivelmente complexo denominado gematria, baseados no trabalho de Pitágoras. Só que eles deram um passo à frente e aplicaram esses valores a frases inteiras, preces e seções do Talmude.

Uma pessoa poderia estudar gematria durante anos sem aprender todos os seus segredos. Um exemplo de como isso funciona e de como camadas de significados podem estar secretamente escondidas nos textos sagrados nos é dado no livro *The Secret Teachings of All Ages* [Os ensinamentos secretos de todas as eras], de Manly P. Hall:

> Todos os números, mesmo os elevados, podem ser reduzidos a um dos dez numerais originais, e o próprio 10 se torna 1. Portanto, todos os grupos de números que resultam da transferência dos nomes de deidades em seus equivalentes numéricos têm base em um dos primeiros dez números. Por esse sistema, no qual os dígitos são somados, 666 se torna 6+6+6, ou 18, e esse, por sua vez, se torna 1+8, ou 9. Segundo o Apocalipse, 144.000 pessoas deverão ser salvas. Esse número se torna 1+4+4+0+0+0, que é igual a 9, o que prova que tanto a besta da Babilônia quanto o número das pessoas que serão salvas se referem ao próprio homem, cujo símbolo é o 9. Este sistema pode ser usado com sucesso tanto com valores para letras no idioma grego quanto no idioma hebraico.

Apesar do significado numerológico de números como o 33 ter se perdido para muitos de nós, ecos desse conhecimento criptografado ainda se fazem sentir no mundo contemporâneo. Por exemplo, no caso da crença de que Jesus Cristo tinha 33 anos ao

morrer — embora seja pouco provável que essa fosse a sua idade exata —, 33 se tornou um número codificado dentro da história de Jesus. Quem quer que tenha concebido essa ideia queria que o número fosse passado adiante através das eras, ou seja, queria que ele fosse lembrado.

Acontece o mesmo com os rituais maçônicos. Nem todos os participantes compreendem o verdadeiro significado por trás do simbolismo dos números envolvidos, mas o processo assegura que o grau do conhecimento seja mantido vivo e transmitido através das eras.

Ver também: Manly P. Hall; Casa do Templo.

Smith, Joseph e o *Livro do mórmon*

Uma das práticas religiosas que são dadas como exemplo de parecerem assustadoras quando analisadas fora do seu contexto em *O Símbolo Perdido* é a prática mórmon do batismo dos mortos. Essa cerimônia póstuma é oferecida aos que morreram antes de obter um batismo válido e possibilita a entrada no reino de Deus para aqueles que, no mundo espiritual, aceitarem o evangelho.

A Igreja de Jesus Cristo dos Santos dos Últimos Dias — às vezes também chamada de Igreja Mórmon — foi fundada por Joseph Smith, que também é seu profeta. Ele nasceu em Sharon, Vermont, em 1805. Sua família se mudou para o estado de Nova York, pois a fazenda dos pais de Smith estava indo mal. Devido à

pobreza, as crianças da família tiveram de trabalhar cedo e não receberam instrução.

Joseph teve uma visão no ano de 1827, na qual um anjo chamado Moroni o levou a um monte onde estavam enterradas placas de ouro com o *Livro do mórmon*, escrito em egípcio antigo. O título deriva do historiador e profeta Mórmon, que teria compilado os textos e entalhado as placas. Além disso, havia duas pedras, Urim e Tumim. Em *O Símbolo Perdido*, Robert Langdon informa que Joseph usou essas pedras como "lentes mágicas" para traduzir as placas; aparentemente essas duas pedras poderiam significar as lentes de um par de óculos.

O método da tradução foi explicado por Richard van Wagoner e Steven Walker no livro *Joseph Smith: The Gift of Seeing* [Joseph Smith: o dom da visão], no qual eles citam Michael Morse, cunhado de Smith, segundo o qual "o procedimento consistia em Joseph colocar a Pedra de Vidente no fundo de um chapéu e, em seguida, colocar o rosto dentro dele, de modo a cobrir sua face por inteiro".

Joseph Smith afirmou que famílias judaicas teriam ido para a América na época do Antigo Testamento, saindo de Jerusalém. Um grupo, que Smith denominou de lamanitas, estava entre os ancestrais dos nativos norte-americanos. Sua tradução das placas de ouro também informava que Jesus Cristo visitou a América depois de ressuscitar, antes de subir ao céu.

Um pequeno grupo de crentes começou a dar apoio às suas ideias. Em 1830 a sua tradução do *Livro do mórmon* estava completa. Smith encontrou pessoas dispostas a testemunhar que viram as placas de ouro e seu testemunho está incluído na publicação. Por fim, as placas e as pedras Urim e Tumim voltaram para o anjo Moroni, que as levou embora.

A publicação do *Livro do mórmon* provocou uma onda de indignação de religiosos ortodoxos. Outros, no entanto, se mostraram atraídos por suas revelações, foram até Smith em busca de batismo e se tornaram membros da recém-criada Igreja Mórmon.

Joseph se tornou um orador eloquente, convincente e bem-humorado, e atraiu novos seguidores. Diferente de tantos oradores que pregavam o inferno e a danação eterna, essa nova religião prometia não só um pós-vida muito confortável para os que vivessem de forma decente, como também garantia que os pecadores não enfrentariam punições por toda a eternidade.

Os não crentes, pessoas às quais os mórmons se referem como "gentios", eram muitas vezes hostis para com Smith e seus seguidores. Quando a oposição aumentou e se tornou violenta, muitos dos fiéis seguiram Joseph Smith rumo ao oeste, em busca de um local mais pacífico onde pudessem praticar sua fé. Em 1839 fundaram uma cidade no Estado de Illinois, chamando-a de Nauvoo, e elegeram Smith seu prefeito. Alguns anos depois ele se tornou ambicioso a ponto de desejar ser presidente dos Estados Unidos.

Mas nem tudo deu certo em sua vida. Muitos dos seus amigos e companheiros tinham mágoas profundas com o fundador da Igreja e saíram dela, ou foram expulsos. Um dos comportamentos mais controversos de Joseph Smith era o de propor um "casamento celestial" a várias mulheres, muitas delas já casadas com amigos seus. Esses casamentos celestiais durariam por toda a eternidade e tinham mais importância que os casamentos terrenos.

Os mórmons têm sido criticados há várias gerações por promoverem a poligamia. Deve ser citado que a Igreja desistiu oficialmente dessa prática em 1890 e promove a excomunhão de membros que desobedeçam os novos preceitos. Existem, porém,

fundamentalistas mórmons, principalmente nos Estados Unidos, no Canadá e no México, que afirmam que para ser admitido no grau mais elevado do céu mórmon a poligamia é um requisito essencial.

Em 1844, vários detratores de Smith montaram uma gráfica. Em junho daquele ano foi publicada a primeira e única edição do *Nauvoo Expositor*. Esse jornal tinha por objetivo criticar Smith. Este, por sua vez, apoiado pelo conselho administrativo da cidade, ordenou que a gráfica fosse destruída. Por conta disso, o governador do Estado de Illinois ordenou sua prisão por desacato à Primeira Emenda da Constituição Americana, que garante liberdade de expressão e de imprensa.

Uma milícia o levou para a cadeia de Carthage, em Illinois, junto de alguns seguidores e também de seu irmão mais velho, Hyrum. Ali eles tiveram de ser resguardados da fúria de uma multidão de gentios e também de uma tropa formada por mórmons leais que planejavam libertá-los. Entretanto, quando o prédio foi invadido por ex-membros da milícia, com o rosto pintado de preto, os policiais não reagiram.

Mesmo assim, entregaram uma arma a Joseph, que conseguiu ferir alguns dos que atacavam no segundo andar da cadeia. Sem munição, correu para a janela, mas foi atingido pelos revoltosos que haviam invadido o local. Ao mesmo tempo, seus opositores o viram na janela e atiraram contra ele, que tombou, recebeu mais tiros e morreu. Tinha 38 anos.

A Igreja de Jesus Cristo dos Santos dos Últimos Dias sobreviveu à morte de Joseph Smith e continua sendo uma força poderosa, mesmo em países distantes da América.

Brigham Young, após a morte do líder da Igreja, conduziu os mórmons de Illinois até Utah, em um êxodo similar ao dos

judeus. De 1847 até a sua morte, 30 anos depois, Brigham Young, chamado de "Moisés Americano", foi o presidente da Igreja de Jesus Cristo dos Santos dos Últimos Dias. Foi também um nome importante na fundação da cidade de Salt Lake City e se tornou o primeiro governador do estado de Utah. A famosa universidade que leva seu nome é de propriedade da Igreja Mórmon.

A *Enciclopédia Britânica*, em seu verbete sobre a doutrina mórmon, informa o seguinte: "A doutrina mórmon difere dos princípios ortodoxos do cristianismo estabelecido... ao afirmar que Deus surgiu a partir do homem e que os homens podem evoluir e se transformar em deuses."

Não há descrição melhor para o conceito que Dan Brown explora nas páginas de *O Símbolo Perdido*.

Templo de Salomão

"Não há esperança para o filho da viúva?"

Essas palavras foram escritas em código na quarta capa da edição norte-americana de *O Código Da Vinci*, em 2003. Foi a partir dessa capa que muitas pessoas começaram a pesquisar pistas sobre o tema a ser abordado no próximo livro de Dan Brown, que recebeu o nome de *O Símbolo Perdido*.

A frase é de origem maçônica e aponta para uma história alegórica que desempenha um papel importante nas cerimônias e rituais francomaçônicos. Ela tem a ver com Hiram Abiff, Mestre Maçom e principal arquiteto do lendário Templo de Salomão, em Jerusalém. No romance *O Símbolo Perdido*, a história do assassinato de Hiram Abiff é recriada, de forma marcante, durante uma cerimônia de iniciação francomaçônica clandestinamente filmada por Mal'akh.

Hiram Abiff, segundo consta, é o mesmo Hiram citado na Bíblia, que era mestre em trabalhos com bronze e artesão e foi contratado pelo rei Salomão durante a construção do Templo. O Hiram descrito em I Reis 7:13-14 é "o filho da viúva" que veio de Tiro, que não deve ser confundido com o outro Hiram, rei dessa cidade, que é citado como o homem que enviou materiais e equipamentos para a construção do Templo.

O Templo de Salomão tem um significado especial para os maçons, não só por sua ligação com Hiram Abiff, mas também por causa de alguns dos elementos misteriosos e simbólicos exibidos ali. Em 1801, um estudioso maçom, o reverendo dr. George Oliver, explicou o significado do Templo dos Maçons no livro *Revelations of a Square* [Revelações de um esquadro]:

> A Sociedade adotou o Templo de Salomão por seu simbolismo, pois ele foi a estrutura mais estável e magnífica que já existiu, seja por suas fundações ou por sua superestrutura; tanto assim que, dentre as sociedades que o homem inventou, nenhuma é unida de maneira mais firme, nem mais bem planejada do que os Maçons... As edificações que os maçons constroem nada mais são do que vícios ou virtudes que devem ser erguidos ou destruídos; nesse caso, apenas o Paraíso ocupa suas mentes, que se erguem acima do mundo corrupto. O Templo de Salomão denota razão e inteligência.

O rei Salomão era filho do lendário líder dos judeus, o rei Davi. O próprio rei Davi se ofereceu para construir o Primeiro Templo para Deus, e chegou a adquirir e preparar a terra para construir a edificação no Monte Moriá, mas Deus não aceitou essa honra e a tarefa ficou para Salomão, o filho do rei Davi. Os primeiros relatos da construção do Templo são encontrados nos livros de

Josué, o dos Juízes, o de I e o II Samuel e o dos I e II Reis, todos do Antigo Testamento.

As dimensões e o tamanho do Templo original são temas de constantes debates e discussões, pois algumas das medidas possuem muita importância simbólica. Na entrada oriental do Templo ficavam as colunas Boaz e Jaquim; hoje existem, nos salões de todas as lojas maçônicas do mundo, dois pilares, também chamados Boaz e Jaquim, que servem para lembrar, ao iniciado, essa ligação com o Templo de Salomão.

Segundo a história, Hiram Abiff foi assassinado por três homens que tentaram arrancar dele a sua senha secreta de Mestre Maçom. Hiram se recusou a pronunciar a palavra secreta e, por isso, foi morto. Para os maçons, essa história alegórica ensina ao iniciado que a palavra de uma pessoa é o seu laço de união e a brevidade da existência deve ser compreendida.

De acordo com o autor maçom Chris McClintock, o ritual por meio do qual um iniciado é recebido na Francomaçonaria reflete nele, de forma simbólica, a forma como Hiram Abiff foi assassinado. Nesse ritual, o candidato recebe um corte simbólico na garganta feito por uma régua maçônica, representando o primeiro golpe que Hiram recebeu. Em seguida, o iniciado é golpeado de leve no lado esquerdo do peito por um pesado esquadro maçom, que imita a forma como o segundo agressor atingiu Hiram. O golpe final e letal (metaforicamente) é executado por um malho, que é colocado sobre a cabeça do iniciado, mais uma vez em uma representação da história original. É durante esse ritual que Hiram é citado como "o filho da viúva".

No livro *The Craft and the Cross: the True Story of the Sun of God* [A confraria e a cruz: a verdadeira história do sol de Deus], de Chris McClintock, várias revelações surpreendentes são des-

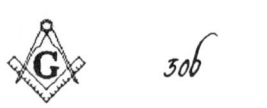

vendadas, não só em relação às origens simbólicas e misteriosas de tais rituais, mas também sobre a identidade oculta de Hiram Abiff, bem como de vários outros personagens ligados à ritualística maçônica.

Dentro do Santo dos Santos, no Templo de Salomão, foi colocada a lendária Arca da Aliança. Esse recipiente sobrenatural conteria as duas placas de pedra que Moisés trouxe do Monte Sinai, onde estariam entalhados os Dez Mandamentos de Deus. Curiosamente, algumas lojas francomaçônicas também possuem uma representação do Santo dos Santos, dentro do qual há uma réplica da Arca da Aliança. Um excelente exemplo disso pode ser apreciado no Salão do Real Arco (loja número 22) do Monumento Maçônico a George Washington, em Alexandria, perto da cidade de Washington. Ali se encontra a mais bela reprodução da Arca da Aliança criada para objetivos maçônicos.

Hoje, o local onde existiu o Templo de Salomão é um centro de controvérsias políticas em escala global. O Monte do Templo, como ele é conhecido, está sob controle de um conselho muçulmano e muitas autoridades rabínicas proíbem os judeus ortodoxos de ir até lá. Para alguns fundamentalistas cristãos, é no Monte do Templo que a Segunda Vinda do Messias será anunciada e o terceiro Templo místico será construído. Para fundamentalistas de todos os lados desse debate, o Monte do Templo representa um brado de convocação contra as crenças dogmáticas e a intolerância religiosa.

A Francomaçonaria enxerga o Templo de Salomão como uma celebração móvel: um templo em homenagem ao Grande Arquiteto do Universo que pode ser recriado em vários lugares; um exemplo do princípio hermético do "assim no alto como embaixo"; uma recriação da casa de Deus na Terra. O Templo de

Salomão foi o primeiro Templo para Deus e sua intenção é simbolizar o microcosmo de um universo muito maior.

Ver também: Boaz e Jaquim; Francomaçonaria.

Único Deus Verdadeiro

Esta frase é encontrada na pirâmide de granito que Robert Langdon ajuda a descobrir dentro da sala SBB13, localizada no subsolo do Capitólio. Depois de Langdon decodificar os símbolos encontrados na lateral da pirâmide, ele termina por revelar a expressão *Jeova Sanctus Unus*.

Langdon observa que a frase está em latim, e Katherine Solomon nos conta que ela é um sinônimo do nome de Deus que encontramos na Torá: Jeová, Jehovah, Yahweh, Javé. "Jeova Sanctus Unus" significa literalmente "único Deus verdadeiro".

De acordo com os livros sagrados dos judeus, Yahweh é, de fato, o único Deus verdadeiro, o mesmo que guiou Moisés do Egito e que, depois, revelou aos homens os Dez Mandamentos. Conhecemos o instante preciso em que Deus se revela, no Livro do Êxodo 20:1-3: "Então Deus falou todas estas palavras: Eu sou Javé, teu Deus, aquele que te tirou da terra do Egito, onde vivias como escravo. Não terás outros deuses além de mim."

Entretanto, o nosso nome moderno, Javé, é apenas uma aproximação, no nosso idioma, do original hebraico, que é formado por quatro letras: YHWH. Esse termo também é conhecido como o Tetragrama, que, em grego, significa "com quatro letras". Isso mostra o quanto esse nome era sagrado. Na verdade, ele era conhecido como o Nome Inefável, ou o Nome Impro-

nunciável. Pelo fato de Javé ser o nome verdadeiro e pessoal de Deus, os judeus ortodoxos o consideram, até hoje, sagrado demais para ser pronunciado.

Ao lembrarmos a passagem dos Dez Mandamentos, encontraremos: "Não pronuncies em vão o nome de Javé Deus, pois Javé não deixará impune aquele que pronunciar seu nome em vão" (Êxodo 20:7).

É por isso que os judeus ortodoxos nunca falam essa palavra em voz alta. Na época em que o Templo de Salomão estava de pé em Jerusalém, esse nome era pronunciado apenas pelo Alto Sacerdote no dia santo judeu do Yom Kippur. Desde a destruição do Templo pelo Império Romano, porém, o termo nunca mais foi verbalizado por judeus praticantes. Na verdade, dizem mesmo que a verdadeira e correta pronúncia do nome foi perdida ao longo das eras. Em uso comum, a palavra "Senhor" é usada, em vez de YHWH.

O conceito de um único Deus verdadeiro é conhecido como monoteísmo. As religiões abrâmicas (judaísmo, cristianismo e islamismo) são monoteístas, mas as raízes do monoteísmo são encontradas em um passado ainda mais longínquo. O zoroastrismo, que teve início na Pérsia em algum momento durante o primeiro milênio antes de Cristo, possui, em seu âmago, a crença em um só deus, conhecido como Ahura Mazda. O zoroastrismo teve muita influência na criação do judaísmo, o qual, por sua vez, ajudou a moldar o cristianismo.

A verdadeira época em que o zoroastrismo foi criado não é conhecida ao certo, mas pode ser que essa religião tenha usado conceitos de outra crença monoteísta que existiu na época de Akhenaton, no Antigo Egito. Sob o faraó Akhenaton, os egípcios adoravam Aton, o disco solar. O atonismo (ou atenismo) foi

uma religião de vida curta que floresceu unicamente durante a vida do governante herético Amenhotep IV, que adotou o nome Akhenaton. Com a sua morte, por volta de 1355 a.C., a religião morreu com ele. Entretanto, ainda temos registros das crenças do atonismo, e um texto agora conhecido como "O Grande Hino a Aton" foi encontrado em Amarna, a cidade de Akhenaton, construída em honra a seu deus:

> Como é múltiplo tudo o que fizeste!
> E que se esconde do rosto [do homem].
> Ó deus único, igual a ti não existe nenhum!
> Criaste o mundo de acordo com teu desejo...

Embora esse hino tenha uma misteriosa semelhança com uma passagem encontrada no Livro dos Salmos, na Bíblia, mais especificamente no Salmo 104, nunca ficou claro se o Hino a Aton influenciou a criação desse salmo. Entretanto, o aspecto mais intrigante do Salmo 104 é que ele começa descrevendo características que podem ser consideradas as mesmas do sol de Deus, reforçando a ideia de que talvez o Salmo 104 tenha sido baseado em algum trecho do Hino a Aton. O Salmo 104 diz:

> Bendize Javé, ó minha alma! Javé, meu Deus, como és grande! Vestido de esplendor e majestade, usando a luz como um manto! Estendes os céus como uma tenda e constróis tua morada sobre as águas; fazes das nuvens o teu carro, deslizando sobre as asas do vento; apontas os ventos como mensageiros e fazes das chamas de fogo os teus ministros!

Se o Hino a Aton realmente é a mais antiga referência à adoração de um único deus verdadeiro, isso ainda é discutido pelos estu-

diosos, mas uma coisa é certa: o monoteísmo, a crença em um único deus, é um conceito antigo.

Na tradição do simbolismo maçônico, o conceito de "único deus verdadeiro" é representado pelo título de Grande Arquiteto do Universo.

Em *O Símbolo Perdido*, descobrimos que a expressão "único deus verdadeiro" tem outro nível de significado. Robert Langdon revela que "Jeova Sanctus Unus" foi também o pseudônimo do famoso cientista Isaac Newton. Langdon explica que o nome de Newton em latim era Isaacus Neutonuus, e isso é um anagrama da frase "Jeova Sanctus Unus", pois a letra "i" pode ser substituída pelo "j".

É verdade que Isaac Newton assinava todas as suas obras que tratavam de alquimia como "Jeova Sanctus Unus". Ao longo da vida, Newton escreveu milhões de palavras, mas parece que passou algum tempo, no fim da vida, estudando a própria Bíblia, pois acreditava que todo o conhecimento sagrado estava codificado nela. John Maynard Keynes, que reuniu muitos dos textos do prolífico Newton, exclamou — depois de ler sua obra completa — que Newton acreditava que "o universo é um criptograma criado pelo Todo-Poderoso".

Ver também: Grande Arquiteto do Universo; Sir Isaac Newton.

Washington DC

A cidade de Washington, Distrito de Colúmbia, fica às margens do Rio Potomac, incrustada como um diamante em meio a colinas ondulantes entre os estados da Virgínia Ocidental e Oriental e de Maryland. Na verdade, o Distrito de Colúmbia foi original-

mente projetado para ter o formato de um diamante, com cerca de 273 quilômetros quadrados, com suas pontas voltadas para os quatro pontos cardeais.

A história de Washington DC reflete a história dos Estados Unidos, que se elevou de forma magistral em meio ao fogo e ao turbilhão de uma revolução. Foi o próprio presidente George Washington que projetou a área que iria se transformar na nova cidade de Washington e, mais tarde, no chamado Distrito de Colúmbia.

As ruas e monumentos de Washington são as principais locações das páginas de *O Símbolo Perdido*. A cidade é o pano de fundo para o drama de 12 horas que se desenrola ao longo do romance.

Em 1790, o Residence Act, ou Lei da Residência, foi aprovado, determinando a questão de onde seria localizada a nova sede do governo. A nova capital foi planejada sobre as margens do rio Potomac. George Washington enviou o agrimensor Andrew Ellicott para o local, acompanhado por uma equipe de agrimensores e um personagem interessante, chamado Benjamin Banneker, que era filho de um escravo liberto e nutria um profundo interesse por astronomia. Banneker e Ellicott iriam se transformar em figuras importantes para o nascimento da nova cidade.

Os 273 quilômetros quadrados que eles topografaram foram determinados por marcos colocados à distância de uma milha um do outro (1.609 km), e alguns desses marcos ainda existem. Em 1791, a nova cidade estava preparada para nascer.

George Washington contratou os serviços do arquiteto e também agrimensor Pierre Charles L'Enfant, a quem foi encomendado um projeto do que seria a cidade de Washington; entretanto, conforme está detalhado em outro verbete deste livro, a gestão de L'Enfant foi curta, e a cidade que vemos hoje e

322

apenas parte do seu trabalho — o resto é obra de Ellicott, que assumiu e terminou o projeto da cidade quando L'Enfant foi afastado do cargo.

Em *O Símbolo Perdido*, o simbologista Robert Langdon menciona aos seus alunos que a cidade de Washington tem, embutidos em sua planta, diversos mapas astrais, signos astrológicos e zodiacais. Langdon chega a comentar que Washington tem mais desses elementos simbólicos em seu traçado do que qualquer outra cidade do mundo. Então, qual é a verdade por trás dessa e de outras teorias e ideias segundo as quais Washington foi projetada com objetivos simbólicos e sagrados?

Segundo o autor David Ovason, existem 20 zodíacos completos dentro da planta da cidade de Washington. Ovason explica em um livro pioneiro denominado *The Secret Architecture of Our Nation's Capitol* [A arquitetura sagrada da capital de nossa nação] que tais referências astrais existem não apenas na planta e no projeto arquitetônico da cidade, mas também no fato de algumas edificações terem a cerimônia de colocação da sua pedra fundamental marcada de acordo com certas datas astrologicamente auspiciosas. Ovason afirma, especificamente, que a Constelação de Virgem desempenhou um papel importantíssimo na fundação da cidade. A teoria de Ovason é que esses alinhamentos astrológicos foram planejados e executados por maçons importantes, que eram responsáveis pelo projeto e planejamento da cidade à medida que ela crescia.

Alguns pesquisadores e teóricos da conspiração afirmam que o planejamento das ruas da cidade de Washington esconde significados simbólicos mais profundos. De acordo com tais argumentos, os maçons, mais uma vez, são os responsáveis por isso. Uma das características supostamente "satânicas" é a imagem

 *313*

ao norte da Casa Branca, vista em um mapa ou em uma foto de satélite, do que parece um pentagrama invertido, ou uma estrela de cinco pontas, onde uma delas é representada pela própria Casa Branca. Entretanto, há um pequeno problema com essa teoria: no local onde a avenida Rhode Island cruza com a avenida Connecticut, o pentagrama se desfaz e não existe a extensão que formaria sua ponta oeste.

Alguns estudiosos enxergam uma configuração indicativa de um compasso maçônico dentro do layout da cidade, com a avenida Pennsylvania se esticando em direção noroeste a partir do Capitólio e em direção sudoeste pela avenida Maryland. Entretanto, como acontece com o pentagrama ao norte da Casa Branca, uma das vias em questão, a avenida Maryland, não chega até o limite sudoeste da cidade. Desse modo, o chamado compasso teria um eixo maior do que o outro.

Nas ondas das teorias da conspiração, alguns pesquisadores veem até mesmo a silhueta de uma coruja no terreno e nos jardins do Capitólio. Alguns garantem que essa coruja seria a representação de Moloch, o apavorante anjo caído do poema épico *Paraíso Perdido*, de John Milton, que também é uma referência bíblica*. A coruja, dizem, também está estampada na nota de um dólar (ver o verbete *Dólar — Simbolismo da Cédula de Um Dólar* para mais informações).

David Ovason nota que a área do Triângulo Federal, como ela passou a ser conhecida, formada pela rua 15, pela avenida Constitution e pela avenida Pennsylvania, é muito simbólica:

---

* O nome de Mal'akh, o vilão de *O Símbolo Perdido*, é uma das variações de Moloch. (N. T.)

É quase como se L'Enfant tivesse colocado sobre um papel vegetal em branco um esquadro maçônico, simbolizando o espírito de George Washington, e tivesse dedicado suas três pontas ao fundador da nação. No mapa original da cidade esses três pontos formavam um triângulo reto, com o ângulo de 90 graus localizado no Monumento a Washington e a hipotenusa seguindo pela avenida Pennsylvania, unindo a Casa Branca ao Capitólio. O lado mais comprido do triângulo passaria pelo centro do National Mall.

Ovason continua:

> O triângulo de L'Enfant está impresso na terra, do mesmo modo que três maçons formam um triângulo com seus sapatos quando se encontram, a fim de formar o Real Arco.

A teoria de Ovason é que o chamado Triângulo Federal seria uma representação terrena do triângulo celestial formado pelas maiores estrelas da Constelação de Virgem: Arcturus, Regulus e Spica. Ele diz:

> O fato inegável é que esse triângulo de estrelas parece refletir o triângulo central na planta original de Washington. As estrelas do Triângulo de Virgem correspondem à tríade de L'Enfant do seguinte modo:
>
> — Arcturus fica na Casa Branca;
> — Regulus fica no Capitólio;
> — Spica fica no Monumento a Washington.

Como já foi mencionado, Benjamin Banneker estava na equipe de agrimensores chefiada por Andrew Ellicott. Considerando que Banneker, mais tarde, passou a escrever almanaques e artigos sobre astronomia, ele é a escolha natural se procurarmos o responsável pelo arcabouço das influências astrais sobre o projeto da cidade.

É como se a cidade de Washington fosse um local simbólico e sagrado. O layout original idealizado por Pierre L'Enfant possui profundos significados esotéricos. L'Enfant, sem dúvida, foi inspirado pelo projeto de Paris, sua cidade natal, com seus bulevares e o eixo central sagrado. Em *The Sacred Geometry of Washington, D.C.* [A geometria sagrada da cidade de Washington], Nicholas R. Mann escreve:

> O desafio é encontrar a determinação e a imaginação para restaurar e expandir o padrão da visão original. No entanto, quem, hoje em dia, tem noção da experiência que Pierre L'Enfant vivenciou na primavera de 1791, quando imaginou Washington em relação ao "eixo celestial" e começou a marcar no solo americano um padrão geométrico que pudesse representar de forma perfeita o princípio revolucionário de uma nova nação? A cidade que L'Enfant sonhou, projetada com fé e paixão, certamente superaria tudo que alguém pudesse imaginar na época — até mesmo na visão de George Washington.

Ver também: Pierre L'Enfant; George Washington.

Washington, George

A imagem de George Washington usando vestes de gala franco-maçônicas e colocando a pedra fundamental do Capitólio talvez não seja a primeira imagem que nos vem à cabeça quando nos lembramos desse grande homem norte-americano. Ela, porém, tem um significado importante nas páginas de *O Símbolo Perdido*, quando as ligações entre o projeto e a arquitetura da capital norte-americana, bem como o seu primeiro presidente, são analisadas.

George Washington nasceu em fevereiro de 1732, na casa de uma rica família de fazendeiros com antepassados ingleses da Virgínia. Uma vez que seu pai morreu quando Washington tinha apenas 11 anos, muitos dos seus anos de formação foram passados ao lado de parentes, embora a família Fairfax, vizinha da Fazenda Washington, também tenha tido um papel importante. Lorde Fairfax, o único nobre britânico que residia nos Estados Unidos colonial, enviou George Washington para acompanhar um grupo de homens encarregados de fazerem um levantamento de suas terras no vale Shenandoah, e essa foi uma viagem que o jovem George certamente apreciou muito; em 1749, aos 17 anos, ele foi nomeado agrimensor do condado de Culpeper.

Washington arrendou e depois herdou uma excelente propriedade chamada Mount Vernon de seu meio-irmão Lawrence, mais velho do que ele, que morreu de tuberculose em 1752. A única viagem que Washington fez para fora dos Estados Unidos foi uma visita a Barbados, em 1751, em companhia de Lawrence, em uma tentativa de recuperar a saúde do irmão. Washington, no entanto, não conseguiria se dar ao luxo de desfrutar sua herança sem interrupções.

Tornou-se oficial da milícia da Virgínia em 1752, aos 20 anos, e desempenhou um papel na Guerra Franco-Índia (seguida pela Guerra dos Sete Anos) de 1754 a 1763, durante a qual o governador da Virgínia, Robert Dinwiddie, lhe ofereceu duas missões visando a conter as ambições francesas em Ohio e apoiar os britânicos. Em 1755 ele trabalhou com o general Edward Braddock como ajudante de campo na sua marcha rumo ao Forte Duquesne. Apesar de ser tratado como coronel, por cortesia, Washington se ressentia pelo tratamento que a Grã-Bretanha oferecia aos oficiais como ele, que eram subordinados a um oficial de mesma patente e não recebiam missões diretamente do rei.

O general Braddock foi morto pelos franceses quando as forças britânicas alcançaram o rio Monongahela, então Washington teve de assumir o comando. Manteve suas posições de forma corajosa e foi saudado por sua bravura em batalha. Como reconhecimento pelo seu triunfo, foi nomeado comandante de todas as tropas da Virgínia. Mais tarde, liderou uma força sob o comando do brigadeiro John Forbes e recapturou o Forte Duquesne, o qual, depois de reconstruído, foi rebatizado de Forte Pitt, em homenagem ao primeiro-ministro britânico da época, William Pitt, o Velho. Depois de derrotar os franceses e com a alta patente de general-brigadeiro, Washington deixou o exército em 1758.

Além de cuidar das suas propriedades, Washington fez parte da Casa dos Burgueses em Williamsburg e, durante muitos anos, não demonstrou nenhuma oposição à forma como seu país vinha sendo governado. Foi quando, em 1756, o Parlamento Britânico aprovou a Lei do Selo. Seu objetivo era ajudar a cobrir o alto custo de manter tropas britânicas na América do Norte para defender os colonos. Sem representantes no Parlamento, os

colonos ficaram revoltados com o novo imposto. Violentos protestos estouraram e ficou claro que a nova lei não poderia ser colocada em prática.

A essa altura, as atitudes de Washington com relação aos interesses britânicos na América do Norte estavam se tornando mais duras. Em um discurso ao povo, ele afirmou: "O Parlamento Britânico não tem o direito de colocar a mão no meu bolso sem o meu consentimento, do mesmo modo que eu não tenho o direito de colocar a mão no bolso de vocês para pegar o seu dinheiro."

Em 1774, ele assinou a Resolução de Fairfax, na Virgínia, que estabelecia o Congresso Continental. Isso permitiria às colônias resistir coletivamente às ações do Parlamento Inglês. Washington foi eleito um dos representantes da Virgínia nesse Primeiro Congresso Continental. Então, 15 anos depois de ter sido comandante militar, foi convocado novamente, dessa vez como comandante em chefe do exército colonial em Boston, depois das batalhas de Lexington e Concord. O cerco exemplar que ele montou sobre a cidade obrigou os britânicos a se renderem e a cidade foi evacuada em março de 1776.

Ao longo dos cinco anos que se seguiram, e apesar de alguns contratempos, a sua força de patriotas americanos logrou sucesso sobre os britânicos e os colonos aliados que ainda permaneciam leais à coroa. Foi a energia de Washington e o seu bom-senso, bem como a confiança que o exército depositava nele, que contribuíram para a vitória. A guerra terminou de vez quando o general Cornwallis se viu forçado à rendição na cidade de Yorktown, em outubro de 1781. Dois anos depois, Washington pediu baixa e voltou à sua propriedade em Mount Vernon, onde passou os quatro anos seguintes.

 *319*

Como o processo político se movia na direção de um governo federal, Washington seguiu para a Filadélfia, a fim de participar dos planos para criar uma Constituição que servisse aos interesses da União. Foi bem recebido e unanimemente eleito presidente da Convenção Constitucional na Filadélfia, em 1787. Os representantes ampliaram o alcance da proposta original, que era a de revisar os Artigos da Confederação que estavam em vigor. Como resultado disso, nasceu a Constituição dos Estados Unidos e, dois anos depois, em 1789, Washington foi eleito o primeiro presidente dos Estados Unidos da América, em outra votação unânime. Sua posse aconteceu em Nova York, que era a sede do governo na época.

Em 1792, teve a honra de ser reeleito presidente e teria concorrido uma terceira vez, mas retirou-se do poder ao fim do segundo mandato, estabelecendo uma prática que agora é obrigatória por lei. Em seu discurso de despedida dirigido ao povo norteamericano, ofereceu o seguinte conselho: "A honestidade é a melhor política, tanto nos assuntos públicos quanto nos privados."

A capital dos Estados Unidos não ficava em um lugar fixo nos primeiros anos da história republicana, e o Congresso funcionava em vários lugares, inclusive na Filadélfia e em Nova York. Estabelecer o local definitivo da capital do país era uma reivindicação constante dessas duas grandes cidades, que se tornaram rivais em tal aspiração. Para dificultar ainda mais as coisas, os estados sulistas não queriam que a capital ficasse no extremo norte do país. Assim, ficou acertado um local interessante a todos, junto ao rio Potomac. Em seu diário, na página do dia 12 de julho de 1790, Washington escreveu: "Hoje o comitê do Congresso me apresentou dois projetos. Um deles é o da lei que determinará um local que será a sede permanente do governo dos Estados Unidos."

Essa lei se tornou o Residence Act [Lei da Residência]. O tamanho do novo território foi fixado em 673 quilômetros quadrados, e a lei especificava que o Congresso deveria se reunir pela primeira vez na nova cidade no ano de 1800. O presidente recebeu autoridade para escolher o local exato para a construção da capital e foi eleito seu agrimensor oficial.

Washington nomeou Andrew Ellicott como agrimensor de campo e, em 1791, escolheu o Distrito de Colúmbia como lugar para a nova capital.

Pierre L'Enfant, arquiteto francês, começou a projetar a cidade, auxiliado pelo próprio Washington e por Thomas Jefferson. Em homenagem ao primeiro presidente americano, a nova cidade foi batizada de "Cidade de Washington no Território de Colúmbia".

George Washington é muitas vezes chamado de "Pai da Nação". Esse também era o caso da maioria dos imperadores romanos, que recebiam tal título por votação no Senado. As iniciais PP, que significam *Pater Patriae*, vinham inscritas, orgulhosamente, nas moedas romanas. Existe um quadro no Senado norte-americano, criado pelo pintor Rembrandt Peale, que se chama *Patriae Pater*; onde a imagem de Washington aparece rodeada por uma coroa de folhas de carvalho encimada pela cabeça do deus Júpiter.

Roma referia-se a si mesma como uma república, mas a República dos Estados Unidos tem orgulho de ser uma verdadeira democracia, governada não por opressão, mas por concordância. Alguns americanos insatisfeitos, muitos deles oficiais que reclamavam por não terem recebido o pagamento devido pelos seus esforços de guerra, ao perceberem a imensa popularidade de George Washington, tentaram mudar a denominação

do cargo do presidente para o de rei. O coronel Lewis Nicola escreveu a chamada Carta de Newburgh para Washington, na qual propunha que o presidente se proclamasse rei. Recebeu a seguinte resposta categórica: "Saiba, senhor, que nenhum evento acontecido durante a Guerra me trouxe mais sensações dolorosas do que a informação de que tais ideias existiam no exército, conforme expressado por Vossa Senhoria. Devo encarar tais ideias com aversão e repreendê-las com severidade."

Em 1759, Washington se casou com Martha Dandridge (1732-1802). Viúva do coronel Daniel Custis, tinha dois filhos. Em uma demonstração de sua personalidade admirável, Washington os adotou e tratou essas crianças como se fossem filhos seus.

Washington se via como um ser humano simples e muitas histórias a seu respeito indicam sua disposição para realizar trabalhos pesados sempre que necessário. Sua riqueza e posição não o tornaram arrogante e ele gostava de jogar cartas, bilhar e vários esportes que os cavalheiros de sua época e status social apreciavam.

Era um homem do seu tempo. Apesar de possuir escravos trabalhando em suas terras, Washington lhes garantia serviços médicos quando necessário e tinha o cuidado de se assegurar de que seus companheiros de raça humana fossem bem alimentados e vestidos de forma adequada (em seu vestuário ele usava do bom e do melhor e geralmente encomendava suas roupas nos alfaiates de Londres). Recusava-se a vender seus escravos, explicando que era contra o comércio de seres humanos.

Durante seu mandato na Presidência, Washington morou com a esposa e os netos na Filadélfia, antes de voltar para Mount Vernon, dois anos antes de falecer, a 12 de dezembro de 1799 Houve um projeto para enterrá-lo na cripta do Capitólio, mas

322

ele deixou determinado em testamento que queria ser enterrado em Mount Vernon. Dos dois lados da entrada do túmulo há obeliscos em estilo egípcio.

Como acontece com muitos dos Pais Fundadores dos Estados Unidos, existem várias especulações sobre as visões religiosas de Washington. Ele disse em uma carta a sir Edward Newenham, em 1792: "De todas as animosidades que ocorreram entre os homens, as provocadas pelas diferenças entre sentimentos religiosos me parecem as mais crônicas e penosas, e deveriam ser abolidas."

Washington frequentava os serviços religiosos da Igreja Anglicana e da Igreja Episcopal, como, por exemplo, a Igreja do Cristo em Alexandria, na Virgínia. Entretanto, isso não evitava algumas especulações de que, no íntimo, a sua visão do mundo teria uma inclinação deísta. O deísmo é um sistema de crenças que equilibra o credo em um Deus trabalhando em união com as leis da natureza. Os deístas não aceitam alguns dos sacramentos das religiões organizadas. Em consequência disso, as pessoas sempre demonstravam curiosidade em saber se Washington, em determinado serviço, aceitaria ou não a Sagrada Comunhão.

Ao discutir esse assunto no livro *The Faiths of the Founding Fathers* [As crenças dos pais fundadores], o autor, David Holmes, cita o bispo episcopal William White, que disse, certa vez: "O general Washington nunca comungou nas igrejas nas quais fui pároco." Por outro lado, a neta de Washington afirma que antes da revolução ele recebia a Sagrada Comunhão em companhia de sua esposa, Martha.

É possível que ambos os testemunhos estejam corretos e que suas crenças e sua observância religiosa tenham se modificado ao longo da vida. Devido ao importante papel que Washington

desempenha na história norte-americana, porém, a questão da sua fé continua a ser muito debatida.

O importante monumento erguido na cidade de Washington, homenageando esse grande vulto, foi feito de granito e revestido de mármore de Maryland. Com quase 170 metros de altura, ele reproduz as dimensões dos monumentos erguidos pelos maiores faraós do Antigo Egito. O Monumento a Washington tem a forma de um obelisco, um símbolo de orgulho que se lança rumo ao céu. Uma cerimônia maçônica acompanhou a colocação da sua pedra fundamental, em 1848, como está descrito em um dos verbetes deste livro.

Washington também era ligado à Francomaçonaria, tendo sido iniciado na Loja Fredericksburg, na Virgínia, e se tornou Aprendiz em 4 de novembro de 1752. Continuando suas iniciações, ele se tornou Mestre Maçom em 4 de agosto de 1753, aos 21 anos. Washington também foi membro da loja número 22 de Alexandria, e era Mestre dessa loja à época da sua posse na Presidência. Sua filiação à Francomaçonaria ainda jovem, e também sua participação em eventos como a colocação da pedra fundamental do Capitólio vestindo o uniforme de gala da fraternidade, nos mostra claramente que a Francomaçonaria era uma parte importante da sua vida.

Há evidências de que muitos dos grandes homens associados à Revolução Americana, incluindo Washington, Benjamin Franklin, John Paul Jones e Paul Revere eram maçons, bem como o marquês de Lafayette e muitos dos generais e principais comandantes militares de Washington. Dentre os signatários da Declaração da Independência, nove eram membros e sete outros tinham, pelo menos, alguma ligação com a Maçonaria. Dos 40 signatários da Constituição, nove eram maçons, 13 podem ter sido e seis outros se uniram mais tarde à confraria.

Uma coisa que diz muito sobre o caráter e a integridade de Washington é que até mesmo o seu adversário derrotado, o impassível rei britânico Jorge III, apreciava o caráter e o espírito de sacrifício que Washington demonstrava pelo seu país. O rei teria comentado certa vez que se o comandante em chefe desistisse da política e voltasse à vida privada ele poderia ser o "homem mais importante do mundo"

Ver também: Monumento Maçônico a Washington; Monumento a Washington.

Zohar, O

A noção de que as descobertas feitas no século XX na área de física, como a teoria das supercordas, pudessem ter sido previstas por textos ancestrais parece impossível. No entanto, Peter Solomon, personagem de *O Símbolo Perdido*, sugere exatamente isso à sua irmã Katherine, e afirma que o admirável texto que contém tais profecias é o Zohar.

Esse livro de sabedoria mística judaica é uma das obras mais importantes na Cabala. Zohar significa "esplendor" ou "radiância". Provavelmente desenvolvido na Europa Ocidental em algum momento entre os séculos XII e XIII, o Zohar é uma coleção de textos que são considerados os mais elevados exemplos da literatura judaica e da imaginação mística jamais escritos.

Arthur Green, em seu livro *A Guide to the Zohar* [Guia do Zohar], comenta, a respeito desse texto sagrado:

O Zohar é uma obra de fantasia sagrada, e digo isso sem contestar a verdade das percepções ali descritas nem a profundidade religiosa dos seus ensinamentos. A Idade Média foi uma época de fantasia. Anjos e demônios, principados celestiais, antecâmaras do paraíso, escadas para a alma, tesouros secretos do espírito que só podiam ser descobertos pelos eleitos, domínios esotéricos sem-fim — tudo isso está nos textos dos autores judaicos, cristãos e islâmicos ao longo da era medieval.

Devemos notar que o Zohar não é um item individual, e sim uma série de livros. Em algumas das traduções modernas há, ao todo, 23 volumes. Debate-se a verdadeira origem do Zohar, e hoje há duas possibilidades: uma delas, conforme citado acima, acredita que o texto final foi reunido na era medieval; a segunda, que tem como defensor o estudioso Gershom Scholem, sugere que o texto teve sua origem entre o primeiro e o segundo século da era cristã.

O que impressiona Katherine no Zohar é a descrição das dez *sephirot*. Peter Solomon ressalta que elas podem ser interpretadas como as dez dimensões do universo quântico — ou seja, a teoria das supercordas.

O conceito das *sephirot* é descrito no Zohar. Elas significam "enumerações", das quais existem dez, e por meios das quais Deus Se revela. Essas dez emanações são vistas como diferentes aspectos individuais da divindade e, quando representadas graficamente, formam no papel a tradicional Árvore da Vida da Cabala. Deus, como conceito do Zohar, engloba os aspectos masculino e feminino da criação e tem um "contraponto" feminino, chamado *Shekinah*. Esse tema do sagrado feminino já foi usado por Dan Brown em *O Código Da Vinci*.

 326

Robert Langdon e o decano da Catedral de Washington discutem o símbolo do circumponto em *O Símbolo Perdido*. Em uma ligação com o Zohar, Kether, a mais alta das sephirot, seria representada pelos cabalistas por meio do circumponto.

O Zohar é um texto complexo e detalhado que exige estudos de uma vida inteira para ser compreendido. Seus segredos e mistérios somente agora estão começando a vir à luz, e um número cada vez maior de pessoas do século XXI estão começando a buscar uma dimensão espiritual mais ampliada em suas vidas.

Ver também: Circumponto.

BIBLIOGRAFIA

LIVROS

Atkinson, W. W. *The Secret Doctrine of the Rosicrucians* (Forgotten Books, 2008).

Bacon, F. *The Essays* (Dodo Press, 2006) — No Brasil, *Ensaios de Francis Bacon*, publicado pela Editora Vozes.

_____. *The New Atlantis* (Dodo Press, 2006) — No Brasil, *A nova Atlântida*, publicado pela Editora Abril.

Baines, J. e J. Malek. *Atlas of Ancient Egypt* (Facts on File, 1980) — No Brasil, *Deuses, templos e faraós, um atlas cultural do Antigo Egito*, publicado pela Editora Folio.

Bartlett, R. A. *Real Alchemy: A Primer of Practical Alchemy* (Ibis, 2009).

Bartram, G. *Albrecht Dürer* (British Museum Press, 2007).

Bauer, A. *Isaac Newton's Freemasonry: The Alchemy of Science and Mysticism* (Inner Traditions, 2007).

Bauval, R. *Secret Chamber: The Quest for the Hall of Records.* (Arrow Books Ltd, 2000).

Bauval, R. e G. Hancock. *Keeper of Genesis: A Quest for the Hidden Legacy of Mankind* (Arrow Books Ltd, 1997).

_____. *Talisman: Sacred Cities, Secret Faith* (Michael Joseph Ltd, 2004).

Bayley, H. *The Lost Language of Symbolism* (Dover Publications, 2006) — No Brasil, *A linguagem perdida do simbolismo*, publicado em coautoria pelas editoras Cultrix e Pensamento.

Berg, R. P. *The Essential Zohar: The Source of Kabbalistc Wisdom* (Harmony/Bell Tower, 2004).

Bernstein, R. B. *Thomas Jefferson* (Oxford University Press, USA, 2005).

Bierlein, J. F. *Parallel Myths* (Ballantine Books, 1994).

Black, J. *The Secret History of the World: As Laid Down By the Secret Societies* (Quercus, 2007).

Blanchard, J. *Scottish Rite Masonry*, Vol. 1 (Lushena Books, 2001).

 *328*

Bryan, J. M. *Robert Mills: America's First Architect* (Princeton Architectural Press, 2001).

Capt, E. R. *King Solomon's Temple: A Study of its Symbolism* (Artisan Publishers, 2006).

Churton, T. *The Golden Builders: Alchemists, Rosicrucians, and the First Freemasons* (Weiser Books, 2005).

Clark, I. E. "Hiram Abif, Jubelum and King Solomon's Temple: A Solar Allegory." In: *Masonic Home Journal* (1929).

Copenhaver, B. P. *Hermetica: The Greek Corpus Hermeticum and the Latin Asclepius in a New English Translation, with Notes and Introduction* (Cambridge University Press, 1995).

Cox, S. *Cracking the Da Vinci Code: The Unauthorized Guide to the Facts Behind the Fiction* (Michael O'Mara, 2004) — No Brasil, *Decifrando o Código Da Vinci*, publicado pela Editora Bertrand Brasil.

_____. *Illuminating Angels & Demons: The Unauthorized Guide to the Facts Behind Dan Brown's Bestselling Novel* (Sterling, 2005) — No Brasil, *Iluminando Anjos e Demônios*, publicado pela Editora Bertrand Brasil.

_____. *The Dan Brown Companion* (Mainstream Publishing, 2006).

Cox, S. e S. Davies. *An A to Z of Ancient Egypt* (Mainstream Publishing, 2006).

Cox, S. e M. Foster. *An A to Z of the Occult* (Mainstream Publishing, 2007).

_____. *An A to Z of Atlantis* (Mainstream Publishing, 2008).

De Witte Peake, T. *Symbolism of King Solomon's Temple* (Kessinger Publishing, 2003).

Dell, P. *Benedict Arnold: From Patriot to Traitor* (Compass Point Books, 2005).

Dobbs, B. J. T. *The Foundations of Newton's Alchemy* (Cambridge University Press, 1983).

  329

_____. *The Janus Faces of Genius: The Role of Alchemy in Newton's Thought* (Cambridge University Press, 2002).

Drury, N. *The Dictionary of the Esoteric: Over 3000 Entries on the Mystical and Occult Traditions* (Watkins Publishing Ltd, 2002) — No Brasil, *Dicionário de Magia e Esoterismo*, publicado pela Editora Pensamento.

Ellis, J. J. *His Excellency: George Washington* (Vintage, 2005).

_____. *American Creation: Triumphs and Tragedies in the Founding of the Republic* (Knopf, 2007).

Fara, P. *Newton: The Making of Genius* (Columbia University Press, 2004).

Ferling, J. *The Ascent of George Washington: The Hidden Political Genius of an American Icon* (Bloomsbury Press, 2009).

Flammel, N. *Nicholas Flammel's Theory and Practice of the Philosopher's Stone* (Kessinger Publishing, 2005).

Freke, T. e P. Gandy. *The Hermetica: The Lost Wisdom of the Pharaohs* (Tarcher, 2008).

Gardiner, P. *Gnosis: The Secret of Solomon's Temple Revealed* (New Page Books, 2006) — No Brasil, *Gnose — a verdade sobre o segredo do Templo de Salomão*, publicado pela Editora Pensamento.

Gest, K. L. *The Secrets of Solomon's Temple: Discover the Hidden Truth that Lies at the Heart of Freemasonry* (Fair Winds Press, 2007) — No Brasil, *Os segredos do Templo de Salomão*, publicado pela Editora Madras.

Grabar, O. *The Dome of the Rock* (Belknap Press of Harvard University Press, 2006).

Green, A. *A Guide to the Zohar* (Stanford University Press, 2003).

Greer, J. M. *The Element Encyclopedia of Secret Societies and Hidden History: The Ultimate A-Z of Ancient Mysteries, Lost Civilizations and Forgotten Wisdom* (Harper Element, 2006).

Hall, M. P. *The Secret Destiny of America* (Philosophical Research Society, 2000).

 *330*

_____. *Lectures on Ancient Philosophy* (Tarcher, 2005).

_____. *The Secret Teachings of All Ages* (Tarcher, 2006).

Hamblin, W. J. e D. Seely. *Solomon's Temple: Myth and History* (Thames & Hudson, 2007).

Hauck, D. W. *The Complete Idiot's Guide to Alchemy* (Alpha, 2008).

Heaton, M. M. *The History of the Life of Albrecht Dürer of Nürnberg: With a Translation of his Letters and Journal, and some Account of his Works* (Adamant Media Corporation, 2005).

Hieronimus, R. with L. Cortner. *Founding Fathers, Secret Societies: Freemasons, Illuminati, Rosicrucians, and the Decoding of the Great Seal* (Destiny Books, 2005).

Higgins, F. C. *American Masons May Restore Solomon's Temple* (Kessinger Publishing, 2005).

Holmes, D. L. *The Faiths of the Founding Fathers* (Oxford University Press, USA, 2006).

Horne, A. *King Solomon's Temple in the Masonic Tradition* (HarperCollins, 1989) — No Brasil, *O reino do rei Salomão na tradição maçônica*, publicado pela Editora Pensamento.

Huie, W. G. "King Solomon's Temple: Its Design, Symbolism and Relationship to the Bible — Pamphlet" (Kessinger Publishing, 2006).

King, D. *Finding Atlantis: A True Story of Genius, Madness, and an Extraordinary Quest for a Lost World* (Harmony, 2005).

Klein, M. C. e H. A. Klein. *Temple Beyond Time: The Story of the Site of Solomon's Temple* (Van Nostrand Reinhold, 1970).

Knight, C. e A. Butler. *Solomon's Power Brokers: The Secrets of Freemasonry, the Church and the Illuminati* (Watkins Publishing, 2007).

_____. *Civilization One: The World Is Not as You Thought It Was* (Watkins Publishing, 2005) — No Brasil, *Civilização um: o mundo não é como você pensava*, publicado pela Editora Madras.

Knight, C. e R. Lomas. *The Hiram Key: Pharaohs, Freemasons and the Discovery of the Secret Scrolls of Jesus* (Fair Winds Press, 2001) — No

Brasil, *A chave de Hiram: faraós, francomaçons e a descoberta dos manuscritos secretos de Jesus*, publicado pela Editora Landmark.

_____. *Uriel's Machine: The Ancient Origins of Science* (Arrow, 2000) — No Brasil, *A máquina de Uriel: as antigas origens da ciência*, publicado pela Editora Madras.

_____. *The Book of Hiram: Freemasonry, Venus and the Secret Key to the Life of Jesus* (Element Books Ltd, 2003) — No Brasil, *O livro de Hiram*, publicado pela Editora Madras.

Laitman, R. M. *Introduction to the Book of Zohar* (Bnei Baruch/ Laithman Kabbalah Publishers, 2005).

Lomas, R. *The Invisible College* (Corgi Books, 2009).

Luck, G. (trad.) *Arcana Mundi: Magic and the Occult in the Greek and Roman Worlds — A Collection of Ancient Texts* (The Johns Hopkins University Press, 2006).

Mann, N. R. *The Sacred Geometry of Washington, D.C.* (Green Magic/Barnes & Noble, 2007).

Marrs, J. *Rule by Secrecy: The Hidden History that Connects the Trilateral Commission, the Freemasons, and the Great Pyramids* (HarperCollins, 2001).

Marshall, P. *The Philosopher's Stone: A Quest of the Secrets of Alchemy* (Pan Books, 2002).

Matt, D. C. *Zohar: Annotated & Explained* (Skylight Paths Publishing, 2002).

Matt, D. C. (trad.) *The Zohar: Pritzker Edition*, Vol. 1 (Stanford University Press, 2003).

_____. *The Zohar: Pritzker Edition*, Vol. 2 (Stanford University Press, 2004).

_____. *The Zohar: Pritzker Edition*, Vol. 3 (Stanford University Press, 2005)

_____. *The Zohar: Pritzker Edition*, Vol. 4 (Stanford University Press, 2006).

 *332*

McClenachan, C. T. *The Book of the Ancient and Accepted Scottish Rite of Freemasonry* (Stone Guild Publishing, Inc., 2009).

McCullough, D. *1776: America and Britain at War* (Penguin, 2006).

Mead, W. R. *God and Gold: Britain, America and the Making of the Modern World* (Atlantic Books, 2007).

Melanson, T. *Perfectibilists: The 18th Century Bavarian Order of the Illuminati* (Trine Day, 2008).

More, T., F. Bacon, H. Neville e S. Bruce. (ed.) *Three Early Modern Utopias: Utopia/New Atlantis/The Isle of Pines* (Oxford University Press, USA, 2009).

Oliver, Rev. G. *A View of Freemasonry from the Deliverance to the Dedication of King Solomon's Temple* (Kessinger Publishing, 2005).

Ovason, D. (ed.) *The Zelator: The Secret Journals of Mark Hedsel* (Arrow Books, 1999).

Ovason, D. *The Secret Symbols of the Dollar Bill: A Closer Look at the Hidden Magic and Meaning of the Money You Use Every Day* (Harper Paperbacks, 2004).

_____. *The History of the Horoscope* (The History Press, 2006).

_____. *The Secret Zodiacs of Washington DC: Was the City of Stars Planned by Masons?* (Arrow Books, 2006) — No Brasil, *A cidade secreta da Maçonaria*, publicado pela Editora Planeta.

Parry, J. A. *The Real George Washington* (National Center for Constitutional Studies, 1991).

Pike, A. *Morals and Dogma of the Ancient and Accepted Scottish Rite of Freemasonry* (Forgotten Books, 2008).

Pottenger, M. A. *King Solomon's Temple and the Human Body Are One and the Same* (Kessinger Publishing, 2005).

Quinn, D. M. *Early Mormonism and the Magic World View* (Signature Books, 1998).

Ralls-MacLeod, K. e I. Robertson. *The Quest for the Celtic Key* (Luath Press Ltd, 2005).

Rebisse, C. *Rosicrucian History and Mysteries* (Rosicrucian Order, AMORC, 2005) — No Brasil, *Rosa-cruz, história e mistérios*, publicado pela Editora Biblioteca Rosacruz.

Regardie, I. *Philosopher's Stone* (Llewellyn Publications, 1970).

Ridley, J. *The Freemasons: A History of the World's Most Powerful Secret Society* (Arcade Publishing, 2002).

Robison, J. *Proofs of a Conspiracy Against all the Religions and Governments of Europe, Carried on in the Secret Meetings of Freemasons, Illuminati and Reading Societies* (Forgotten Books, 2008).

Rosenkreutz, C. *The Rosicrucian Manuscripts* (Invisible College Press, LLC, 2002).

Salaman, C. e D. van Oyen; W. D. Wharton e J. Mahé (trad.). *The Way of Hermes: New Translations of the Corpus Hermeticum and the Definitions of Hermes Trismegistus to Asclepius* (Inner Traditions, 2004).

Schneider, M. S. *A Beginner's Guide to Constructing the Universe: The Mathematical Archetypes of Nature, Art, and Science* (Harper Perennial, 1995).

Scott, W. *Hermetica, Part 1: The Ancient Greek and Latin Writings Which Contain Religious or Philosophic Teachings Ascribed to Hermes Trismegistus* (Shambhala, 2001).

Shanks, H. *Jerusalem's Temple Mount: From Solomon to the Golden Dome* (Continuum, 2007).

Stavish, M. *The Path of Alchemy: Energetic Healing and the World of Natural Magic* (Llewellyn Publications, 2006).

Steiner, R. *Rosicrucian Wisdom: An Introduction* (Rudolf Steiner Press, 2000).

Three Initiates. *The Kybalion: A Study of the Hermetic Philosophy of Ancient Egypt and Greece* (Wilder Publications, 2009).

Tompkins, P. *The Magic of Obelisks* (HarperCollins, 1981).

 *334*

Vidal, G. *Inventing a Nation: Washington, Adams, Jefferson* (Yale University Press, 2003).

Waite, A. E. *Albert Pike and Freemasonry* (Kessinger Publishing, 2006).

Wheelan, J. *Jefferson's Vendetta: The Pursuit of Aaron Burr and the Judiciary* (PublicAffairs, 2006).

White, M. *Isaac, Newton: The Last Sorcerer* (Basic Books, 1999) — No Brasil, *Isaac Newton, o último feiticeiro — uma biografia*, publicado pela Editora Record.

Wilson, C. *The Philosopher's Stone* (Tarcher, 1989).

Yarker, J. *Two Ancient Legends Concerning the First Temple Termed Solomon's Temple* (Kessinger Publishing, 2004).

Yates, F. A. *Giordano Bruno and the Hermetic Tradition* (Chicago University Press, 1991) — No Brasil, *Giordano Bruno e a tradição hermética*, publicado pela Editora Cultrix.

MAPAS

AA City Map and Mini Guide: Washington (AA Publishing, 2008).

Washington Pocket Map and Guide (Dorling Kindersley Publishers Ltd, 2007).

Impresso no Brasil pelo
Sistema Cameron da Divisão Gráfica da
DISTRIBUIDORA RECORD DE SERVIÇOS DE IMPRENSA S.A.
Rua Argentina 171 – Rio de Janeiro, RJ -- 20921-380   Tel.: 2585-2000